RAUL

RAUL

POR TRÁS DAS CANÇÕES

CARLOS MINUANO

RIO DE JANEIRO, 2019

BestSeller

1ª EDIÇÃO

CIP-BRASIL. CATALOGAÇÃO NA PUBLICAÇÃO
SINDICATO NACIONAL DOS EDITORES DE LIVROS, RJ

Minuano, Carlos
M628r Raul Seixas : por trás das canções / Carlos Minuano. - 1. ed. - Rio de Janeiro : Best Seller, 2019.
: il.

Inclui bibliografia
ISBN 978-85-7684-602-4

1. Seixas, Raul, 1945-1989. 2. Musicologia. 3. Compositores - Brasil - Biografia. I. Título.

19-58249 CDD: 927.89
CDU: 929:78.071.1

Vanessa Mafra Xavier Salgado - Bibliotecária - CRB-7/6644

Texto revisado segundo o novo Acordo Ortográfico da Língua Portuguesa.

Design de capa: Leonardo Iaccarino
Imagem de capa: Calil Neto
Projeto gráfico e editoração eletrônica: Gabinete de Artes

Impresso no Brasil

ISBN 978-85-7684-602-4

Seja um leitor preferencial Record.
Cadastre-se e receba informações sobre nossos
lançamentos e nossas promoções.

Atendimento e venda direta ao leitor
sac@record.com.br ou (21) 2585-2002

Aos meus filhos, Clara Nana e Guilherme de Lucca.

A Paula Nogueira.

Aos meus pais, Anna Barbosa e Severino João (*in memoriam*).

A Raul Seixas (*in memoriam*).

SUMÁRIO

Apresentação

Parte 1: Só vim curtir meu rockzinho antigo

Parte 2: Essa metamorfose ambulante

Parte 3: Um furo no futuro

APRESENTAÇÃO

RAUL SEIXAS: UMA VIDA QUEBRANDO GRILHÕES

O caminho do fogo é a água
O caminho do barco é o porto
O caminho do risco é o sucesso
O do acaso é a sorte
O da dor é o amigo
O caminho da vida é a morte

("Caminhos", Raul Seixas, Paulo Coelho e Eládio Gilbraz)

Existem muitos livros sobre Raul Seixas, mas nem tantos sobre a "musicologia raul-seixista". É um terreno delicado. Afinal, o músico se tornou uma lenda, e seu cancioneiro, um baú de pérolas. Para parte dos fãs, o artista e sua cria se transmutaram numa ciência. Em outras tribos, seguidores preferem dizer que o fenômeno virou uma religião. Seja uma coisa, seja outra, ou ambas, fato é que, ao menos no Brasil, jovem ou velho, todos, em algum momento da vida, já ouviram ou gritaram: "Toca Raul!"

E se por alguma razão você não ouviu, certamente ouvirá. É o "raul-seixismo". Eu, pessoalmente, gosto da música de Raul, e também de suas ideias, desde bem jovem. Mas a ideia deste livro nasceu bem recentemente e de uma maneira no mínimo singular.

Há décadas pesquiso plantas psicodélicas, e no final de uma cerimônia com a bebida amazônica *ayahuasca*, em agosto de 2017, o dirigente da sessão resolveu colocar uma música para encerrar o trabalho, que aconteceu em um sítio no interior de São Paulo. Era o fim de semana do Dia dos Pais. A canção escolhida foi "Ê meu pai", de Raul Seixas e Claudio Roberto.

Se eu me sentir sozinho
Ou sair do caminho
E a dor vier de noite
Me assustar

E se eu perder coragem
Prá seguir viagem
A fé que me faltar
Eu vou buscar com você, meu pai!

A música, que eu já conhecia, me tocou de maneira diferente. Atingiu aquele lugar indistinto e incerto entre o estômago e a alma. E me pôs a pensar como essa música teria sido criada.

Com essa pergunta em mente, resolvi então dar um mergulho no cancioneiro do músico. Tive algumas conversas iniciais com a filha de Raul, Vivi Seixas, que me ajudou um bocado durante toda a pesquisa para o livro, e com sua mãe, a ex-esposa de Raul Kika Seixas. As duas, além das entrevistas que generosamente concederam, logo me orientaram a buscar também o apoio enciclopédico "raul-seixístico" de Sylvio Passos, que dispensa apresentações — afinal, todos sabem que o cara, além de músico, foi parceiro, amigo e fiel escudeiro do nosso saudoso Maluco Beleza. Ele é até hoje um dos mais atuantes guardiões da obra de Raul.

Era só o início de uma série extensa de inúmeras entrevistas, que poderiam também facilmente render um capítulo à parte. A começar por uma das primeiras, com o próprio Sylvio Passos, realizada no saguão do Sesc Consolação, por obra do acaso, ou não, o mesmo local em que ele pela primeira vez em um show esteve de frente com seu ídolo, Raul Seixas, onde era então o Teatro Pixinguinha.

O processo de pesquisa para o livro me levou também a uma aproximação intensa com o universo "raul-seixista". Essa etapa começou mais exatamente no dia 21 de agosto de 2018, na passeata de São Paulo, que acontece todos os anos desde a morte do Maluco Beleza.

Eu trabalhava na época em um jornal diário, e havia escrito no dia anterior uma reportagem sobre o evento. Apesar de curtir o som de Raul há décadas, nunca me passou pela cabeça ir a tal manifestação. Não fazia ideia, portanto, do que encontraria por lá. Por volta das seis da tarde liguei para o historiador Leonardo Mírio, outra fonte importante na fase inicial deste livro. Ele é autor de uma trilogia de fôlego que reúne uma enorme quantidade de entrevistas com pessoas que tiveram alguma relação com o roqueiro baiano. Perguntei a ele se já tinha gente reunida para a passeata.

A resposta de Mírio vem carregada de surpresa: "Cê tá louco, bicho? Tá lotado." Quando cheguei por volta das cinco da tarde à praça Ramos de Azevedo, em frente ao Theatro Municipal, região central da cidade, confirmei a informação. O lugar estava completamente tomado por fãs de Raul Seixas, de diferentes idades, estilos e lugares.

Por combustão espontânea e com zero divulgação, a maioria já estava por lá desde cedo. Por volta das onze da manhã começaram a chegar. De fato, tinha todo tipo de gente. Além de um enorme aglomerado de doidões chapados vi também famílias inteiras, com filhos pequenos, muitos jovens que haviam nascido após a morte do roqueiro baiano, adultos, idosos, e muitos sósias de Raul.

Tinha sósias também de Marcelo Nova, do Elvis, e até do Chapolin. Na passeata o clima é esse. É o anarquismo "raul-seixista". Os grupos vão se espalhando nas escadarias do teatro, em rodas, tocam violão, cantam, bebem, se aglomeram nos botecos dos arredores. Todo ano é a mesma bagunça, garantem diversos fãs que anualmente marcam presença no evento.

As conversas por lá, como não poderia deixar de ser, giram em torno do universo "raul-seixista", falam das músicas e das muitas histórias malucas do roqueiro. Em 2018, a passeata foi longe, e tive a oportunidade de ouvir uma boa porção delas. Como o dia em que Raul de tão chapado não reconheceu o músico Zé Geraldo. Algumas horas depois encontrei o músico na passeata — ele e outros artistas tocaram em homenagem a Raul em um palco na praça da Sé na mesma noite.

O artista confirmou a história. Em 1988, Zé Geraldo, que também já havia abusado da bebida, estava dando um tempo e, por isso, segundo conta, "estava em plena forma física, bonitão". E com a mudança no visual, não tinha quem convencesse o Maluco Beleza de que ele era ele mesmo. Demorou um bom tempo para Raul reconhecê-lo.

A homenagem ao Maluco Beleza é assim, cheia de histórias, desde a primeira edição da passeata, que aconteceu em 1990. O pontapé inicial foi da turma do fã-clube Raul Mania de São Paulo, e Sylvio Passos, claro, estava por trás pondo lenha na fogueira.

A primeira passeata, segundo Passos, foi inspirada na caminhada que o próprio Raul fez para divulgar a canção "Ouro de tolo" no Rio de Janeiro, ainda no começo da carreira, no dia 7 de junho de 1973.

A divulgação se concentrou na loja do fã-clube na Galeria do Rock, antigo reduto das tribos roqueiras na capital paulista. O mais autêntico templo udigrúdi da cidade. Folhetos também foram espalhados em postes, casas de shows, bares e botecos em geral. O boca a boca fez o resto.

Foi a histórica edição de 1990 que estabeleceu o modelo que passou a acontecer todos os anos. A concentração é realizada nas escadarias do Theatro Municipal desde cedo. E às seis da tarde, pontualmente, a passeata segue até a praça da Sé, com paradinhas estratégicas para repor estoques de bebidas, ida ao banheiro.

Mas nem todo ano é a mesma coisa – ao longo da noite ouvi falar de uma tal panela do diabo, que em 2018 não apareceu. Ela fez história na passeata e deixou muita gente doidona.

Era uma panela mesmo, encachaçada, colaborativa e encapetada com todo tipo de birita. Cada um colocava uma porção do que tivesse, quisesse ou pudesse: restos de cerveja, pingas, vinhos, uísques baratos.

E não era só bebida que ia para a panela. A coleta seletiva já incluiu LSD, folha de coca e outros ingredientes bizarros. E quem tivesse coragem bebia aquele caldo esquisito e diabólico. A grande maioria tinha.

Nesse primeiro rolê pela passeata, lá pelas tantas, já na praça da Sé, tive a sorte de encontrar Paulo Morelli, diretor da cinebiografia de Raul Seixas, produção da O2 Filmes, de Fernando Meirelles.

Parte da turma com a qual eu estava já no meio da madrugada terminou a noite no Bar do Kaká, na rua Augusta, centro da cidade. Segundo frequentadores do estabelecimento, é o mais antigo ponto de encontro na região hoje conhecida como Baixo Augusta. Existe até uma estátua em homenagem ao roqueiro.

Outra fonte importante para a pesquisa do livro encontrei no universo dos fãs do Maluco Beleza e nos vários fã-clubes. Ao longo da pesquisa mantive contato com diversos deles espalhados por todo o país. O mais importante, e também um dos mais antigos, é o Raul Rock Club, que completou 38 anos em junho de 2019.

Com quase duas décadas de existência, segue firme e forte comandado pelo maluco beleza Sylvio Passos, que durante a pesquisa e produção deste livro atendeu pacientemente às minhas perguntas para as mais diversas questões sobre o roqueiro baiano. Dois livros de sua autoria, *Raul Seixas por ele mesmo* e *Raul Seixas: Uma antologia*, ambos da Martin Claret, foram guias fundamentais da pesquisa, ao lado de uma dezena de outras publicações.

Por falar em livros, um bem importante para a minha pesquisa foi a publicação de Thildo Gama *Raul Seixas: Entrevistas e depoimentos*, de 1997. Por meio dele pude ter acesso a relatos de diversos amigos de infância, além de parceiros e familiares. Foi nele que descobri que seu Raul Varella Seixas durante viagens de trabalho pelo país deu muitos autógrafos na condição de "pai do Maluco Beleza" e que a mãe, dona Maria Eugênia, só assistiu a dois shows do filho, um em São Paulo e outro em Salvador.

Outro fã-clube com o qual tive contato está bem distante da capital paulista, o Raul Rock Piauí, fundado em 2011 por Bruno Lustosa. Assim como os outros, dedica-se à preservação da memória do pai do rock brasileiro, com a realização de tributos diversos. O número de associados tem crescido por causa do tamanho do acervo, que já foi até pauta de um programa de TV.

Mais antigo ainda do que o de Sylvio Passos, o fã-clube Novo Aeon foi fundado em 1975, pelo poeta e escritor Isaac Souza. É, possivelmente, o pioneiro.

Em 1987, o fã-clube foi transferido para a cidade de São Carlos, São Paulo, local onde reside seu fundador, e mudou de nome, passando a se chamar Associação Novo Aeon. A direção ficou a cargo de Alexandre Pedrosa e Isaac passou a se dedicar aos livros, palestras e exposições em homenagem a Raul Seixas. Além de seu acervo sobre o roqueiro, Isaac publicou de forma independente mais de uma dezena de livros. Com sua obra, seu acervo e por meio de entrevistas, também colaborou com este livro.

Outra colaboração imprescindível na pesquisa do livro, sobretudo na área da discografia, veio de um grupo muito simpático e esperto de colecionadores o historiador em formação Junior Oliveira, de Belo Horizonte (MG), fã de Raul desde os 3 anos, Amerinei Ferreira, de Abaetetuba (PA), Nivaldo Rodrigues, de Catanduva (SP), Rafael Galfano, de São Paulo (SP) e Luís Eduardo "Lampião", de Osasco (SP).

Viajar pelo cancioneiro de Raul Seixas, por meio de entrevistas e muitos bate-papos com músicos, parceiros, produtores, amigos, familiares, foi com toda a certeza um grande prazer. Por tudo o que ouvi, descobri, já teria valido. Mas quem conhece o Maluco Beleza sabe que nada em torno dele é muito simples. Para escrever sua biografia, ainda que musical e, portanto, seguindo a trilha de sua produção artística, foi preciso remexer em histórias que não estavam exatamente por trás dos discos, dos bastidores de gravações ou das composições.

Uma delas, e não apenas na minha opinião, a mais surreal de todas, estava na selva amazônica, para onde Raul viajou a fim de fazer shows. A viagem insólita pouco conhecida demandou um bocado de trabalho para que pudesse ser contada aqui. Foi um verdadeiro garimpo. Seus detalhes estavam perdidos, fragmentados em poucos registros e com pessoas que eu não sabia onde encontrar.

Só foi possível graças às pistas fornecidas por Sylvio Passos, Gato Félix e ao colecionador Lampião. Também foram fundamentais o relato com riqueza de detalhes oferecido pelo guitarrista Tony Osanah e o empenho da fotógrafa Cristina Villares, que revirou durante dias seus arquivos em busca de imagens inéditas guardadas há mais de trinta anos desse genuíno faroeste amazônico vivido pela trupe de Raul em 1985. Ela só achou depois de recorrer a são Longuinho.

Muitas outras histórias surgiram. Como, por exemplo, detalhes da viagem a Piritiba trazidos por Beto Sodré, amigo de Raul. A cada entrevista outras janelas se abriam, por onde se revelavam outras faces, nuances desse personagem tão intenso quanto complexo. Sua obra e sua personalidade são de uma riqueza que justifica a quantidade de livros publicados e outras tantas publicações que ainda serão escritas. Eu mesmo já soube de pelo menos mais umas três publicações que devem ir para o forno em breve, e todas com recortes diferentes.

Outra feliz coincidência deste livro foi assistir ao espetáculo *Ao som de Raul Seixas: Merlin e Arthur, um sonho de liberdade.* O musical, concebido e dirigido por Guilherme Leme, com texto de Marcia Zanelatto, reúne 25 canções do Maluco Beleza.

O universo mágico de Merlin foi colocado em um lugar sem tempo ou endereço certo e misturado ao cancioneiro de Raul Seixas. Entrelaçados e entranhados, ambos se revelaram de uma contemporaneidade gritante.

Ainda que não de modo explícito, a lenda da fundação da Távola Redonda, imbuída da ideia de um reino anárquico, embalada pelas letras libertárias de Raul, fazem uma crítica contundente sobre a realidade atual de opressão e cerceamento das liberdades no Brasil e no mundo.

Não por acaso, um dos momentos mais arrebatadores do espetáculo é o da música "A lei", de Raul Seixas.

Direito de viver
Viajar sem passaporte
Direito de pensar
De dizer e de escrever
Direito de viver
Pela sua própria lei
Direito de amar
Como e com quem ele quiser

Por fim, cabe dizer que este livro nunca teve a pretensão de fazer um estudo crítico da música de Raul Seixas. A proposta aqui é de um passeio, uma viagem musical pelo cancioneiro raul-seixístico e através dele navegar também pela grande aventura que foi sua vida.

E, claro, é um tributo ao artista Raul Seixas, que com sua obra, como bem disse Marcia Zanelatto, atravessou a vida "quebrando grilhões". Independentemente de seus muitos equívocos, derrapadas e capotamentos em alta velocidade, erros que, de um modo ou de outro, em maior ou menor grau, estamos todos sujeitos a cometer, é o seu brilho e a força de sua música, de sua poesia e de seu pensamento que o tornam presente e atual até hoje, mesmo décadas após sua morte.

Num outro nível do tempo, ou quem sabe fora dele, na dimensão misteriosa, para além da existência nesta terra estranha, que, oxalá, Raul Seixas siga com seu canto iluminado.

Carlos Minuano
2019

"ESTAVA SEMPRE AGARRADINHA NA BARBINHA DELE"

Eu era muito novinha quando meu pai morreu. Tinha 8 anos. Mas tenho muitas lembranças guardadas comigo. Ele sempre pegava minha mão e colocava em sua barba. Dizia para minha mãe que era para eu lembrar dele, e não esqueço mesmo da textura até hoje. Estava sempre agarradinha na barbinha.

Tinha também uma brincadeira que ele fazia comigo. Acho que eu tinha uns 5 anos nessa época. Ele criou um personagem, o Capitão Garfo, que seria tipo um primo do Capitão Gancho.

Ele pegava um garfo e colocava dentro da manga do casaco. E a onda do Capitão Garfo era pegar minhas bonecas e colocar dentro do congelador.

Acervo pessoal Vivi Seixas

Era uma brincadeira nossa. Lembro da cena, eu bem pequeninha diante da porta do quarto tentando impedir o Capitão Garfo de entrar, para proteger as bonecas. Minha mãe conta que no outro dia encontrava elas congeladas no freezer.

Tem até uma cartinha que ele escreveu para mim, de uma vez que esteve no hospital internado, na qual conta que o Capitão Garfo tinha aparecido por lá, que tinha deitado em cima dele, achando que era o doente.

Conversei com meu primo uma vez, o filho do Plínio Seixas, que me contou — com os olhos marejados — que o pai dele também tinha uma brincadeira parecida, o personagem era um camarão que usava óculos escuros e morava no fundo do mar.

As músicas também me deixam muito próxima dele, porque nelas sinto sua voz falando comigo. Tenho também gravações bem caseiras dele me pondo para falar, outras com ele cantando coisas bem de criança mesmo, tipo "ela gosta de mamadeira, e eu morro de amor por ela", em ritmo de blues.

Outra lembrança que tenho dele é da gente catando formiguinhas no quarto do hotel, no escuro, com lanterna, e colocando dentro de um potinho com uma pinça.

Também recordo que meu pai foi me visitar no colégio uma vez, eu já tinha uns 7 ou 8 anos. Ele já estava separado da minha mãe, apareceu de surpresa. Foram me avisar na sala.

Quando desci ele estava embaixo de uma árvore bem grande, me esperando, e ficamos ali sentadinhos conversando. Essas são as lembranças mais gostosas que tenho dele.

Vivi Seixas

ESSE "COWBOY FORA DA LEI" CHAMADO RAUL SEIXAS

Estivemos com Tancredo Neves em Salvador. Raul foi no aeroporto recebê-lo de sunga, camisa de manga comprida estampada de seda, sapato de couro e meias. As perninhas eram dois cambitos.

Raul tinha chegado do Rio e me pediu para levá-lo a um barzinho à beira-mar em Itapuã chamado Língua de Prata, onde gostava de comer umas lambretas (um molusco que habita a parte lamacenta dos mangues e um dos petiscos mais procurados na Bahia). Eu o levei até lá. Mas, chegando ao bar, ele quis uma bebida, só que não podia, como sempre, aí me aborreci, fechei a cara e fiquei contemplando o mar. Foi quando passou um menino vendendo o jornal *A Tarde*. Eu chamei o garoto: "Ô meu filho, venha cá." Aí Raul reclamou: "Porra, velho, você já me isolou aqui, tá puto da vida não sei por quê, agora ainda vai ler jornal?" Eu respondi que não, e mostrei a manchete, "Tancredo chega à Bahia", e sugeri de irmos ao aeroporto recebê-lo. "Mas assim como 'tou'?" Ele estava de sunga, camisa de manga comprida de seda estampada, sapato de couro, meias e óculos escuros. Eu disse: "Sim, por que não? Você é o Raul, cara, vamos lá."

Ele topou, mas antes disse que comeria umas duas dúzias de lambretas, tomaria mais umas duas cervejas e eu concordei, afinal, ele era adulto, não podia impedi-lo. Depois de comermos fomos lá esperar o avião do Tancredo nessa visita à Bahia durante o fim da campanha presidencial. Estavam lá vários governadores de estados, Francelino Pereira, de Minas Gerais, Marco Maciel, de Pernambuco, Tasso Jereissati, do Ceará, e uma multidão de outros políticos. Quando chegamos, abriram caminho e nos deixaram entrar na área reservada às autoridades, fomos bem perto do jatinho, quando a porta se abriu, Tancredo já estava descendo da aeronave e, quando viu Raul, gritou para ele: "Raulzinho!"

Raul respondeu: "Desça que eu tenho a solução para o país." Tancredo, rindo, desceu com um pouco de dificuldade a escada do jatinho, já estava velhinho, não tinha corrimão, era uma corda. Quando se aproximou, questionou: "Então me diga." "A solução é alugar o Brasil." Eles riram e se abraçaram, depois o candidato a presidente, já considerado eleito, comentou: "Jamais." Tinha uma quantidade estúpida de repórteres, fotógrafos e cinegrafistas.

Tancredo pegou Raul pelo braço e fomos para o saguão do aeroporto, tinha uma multidão no local. Os seguranças nos cercaram para que ninguém mais se aproximasse. Ele nos convidou para acompanhá-lo ao Centro Empresarial Iguatemi, onde faria uma palestra. Chegando lá, Raul me pediu que comprasse um disco dele para presentear Tancredo. Deixei ele sentado lá no minúsculo auditório, com capacidade para umas cem pessoas, mas tinha por volta de quinhentas.

Comprei o *Abre-te Sésamo* e uma caneta, e ele encheu o disco de dedicatórias, escreveu muita coisa. Quando terminou a palestra, Raul entregou o disco a Tancredo que, aliás, ele chamava de "velhinho".

Depois da morte do presidente, na primeira versão de "*Cowboy* fora da lei", Raul cita o "velhinho" na música: "Oh, coitado do Tancredo, Deus me livre, eu tenho medo, morrer dependurado numa cruz", que depois, para evitar problemas, ele mudou para "Oh, coitado, foi tão cedo(...)".

Para Raul, o fim de Tancredo foi este: pendurado numa cruz, como um mártir da abertura política.

Beto Sodré,
amigo e empresário de Raul Seixas.

PARTE 1

SÓ VIM CURTIR MEU ROCKZINHO ANTIGO

"Ói, ói o trem, vem surgindo de trás das montanhas azuis, olha o trem
Ói, ói o trem, vem trazendo de longe as cinzas do velho éon
Ói, já é vem, fumegando, apitando, chamando os que sabem do trem
Ói, é o trem, não precisa passagem nem mesmo bagagem no trem
Quem vai chorar, quem vai sorrir?
Quem vai ficar, quem vai partir?
Pois o trem está chegando, "tá" chegando na estação
É o trem das sete horas, é o último do sertão, do sertão"

("O trem das sete", faixa do álbum *Gita*, lançado em 1974 pela Philips.)

A inspiração para a canção "O trem das sete" veio das lembranças e da saudade que Raul Seixas sentia de Dias d'Ávila, onde a família tinha uma casa de veraneio e para onde viajavam no velho trem, também conhecido como Pirulito.

1 MOLEQUE DO MUNDO

Por diferentes razões, fatos e acontecimentos, 1945 foi um daqueles anos icônicos, que não dá para esquecer. As tropas russas venceram a batalha de Berlim, Hitler colocou fim à própria vida e os alemães finalmente jogaram a toalha. Era o fim da Segunda Guerra Mundial, um imbróglio de dimensões globais que espalhava morte e destruição por todas as partes do planeta desde 1939.

Mesmo ano que, em nome da paz, os Estados Unidos explodiram duas bombas atômicas sobre o Japão. A "Little Boy", jogada por aviões militares ianques, ceifou instantaneamente a vida de 70 mil pessoas em Hiroshima. Não satisfeitos, alguns dias depois os norte-americanos lançaram a "Fat Man", dessa vez em Nagasaki, causando a morte de mais 50 mil habitantes. A ideia era forçar o Japão a se render, mas não deu certo.

A história é mesmo cheia de pegadinhas, nuances e contrastes singulares. Infelizmente muitas vidas se foram, isso é fato. Algumas por causas naturais, doenças ou acidentes, outras, uma parcela gigantesca, em conflitos e guerras estúpidas das quais a maioria certamente não queria fazer parte. Por acaso ou não, em 1945 também aconteceu muita coisa bacana.

Ao mesmo tempo, e em todos os cantos do planeta, nasciam pessoas muito, mas muito legais. Vale destacar que 1945 foi um ano especialmente fértil para a música.

Logo no comecinho do ano chegava à Terra, mais exatamente em Londres, Rod Stewart, que viria a ser um dos artistas mais bem-sucedidos que conhecemos. Sua voz rouca e áspera é admirada mundialmente.

Em 6 de fevereiro, na cidade de Saint Ann, no interior da Jamaica, nascia outro gigante: Bob Marley, que, com suas canções carregadas de mensagens de paz, amor e igualdade social fez do reggae uma das sonoridades mais poderosas e populares do planeta.

Muita gente interessante apareceu aqui no Brasil também. Alguns dos nascidos em 1945 se tornariam protagonistas dos melhores momentos da nossa música. Em 10 de março nasceu o paulistano Wanderley Cardoso, uma das principais vozes do movimento conhecido como Jovem Guarda, que embalou o país em meados de 1960.

Muito pouco depois, no dia 17 de março, em Porto Alegre, foi a vez de Elis Regina, considerada a maior cantora brasileira de todos os tempos.

Mas a lista não para por aí.

Em, Salvador, Bahia, mais exatamente numa quinta-feira, dia 28 de junho de 1945, dia de santo Argemiro, às oito da manhã, nascia de parto normal, com quatro quilos e meio, Raul Santos Seixas, filho da dona de casa Maria Eugênia Santos Seixas e do engenheiro ferroviário Raul Varella Seixas.

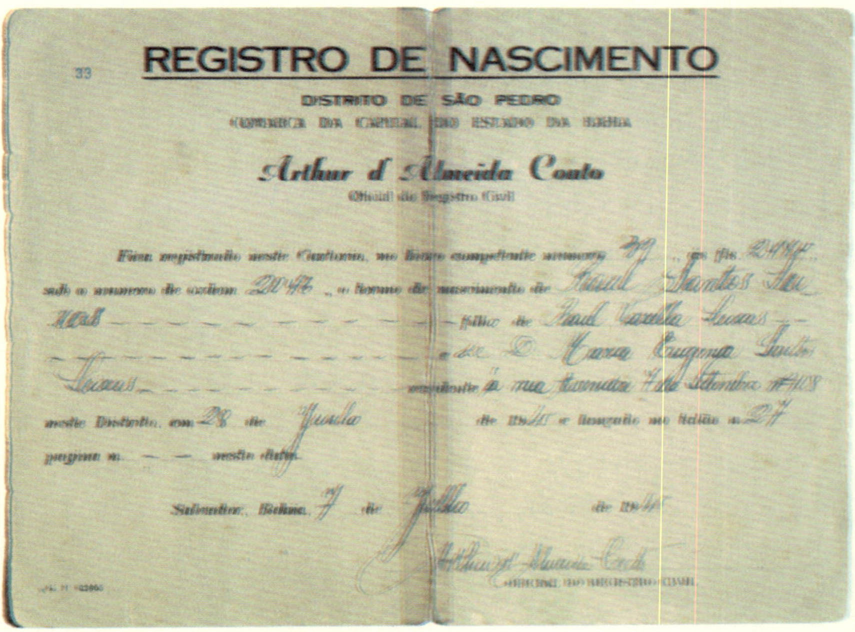

REGISTRO DE NASCIMENTO

DISTRITO DE SÃO PEDRO

Arthur d'Almeida Couto

Acervo Sylvio Passos

Registro de nascimento de Raul Seixas.

O menino não demoraria a revelar-se também uma bomba atômica — mas de criatividade. Sua música provocaria, anos mais tarde, uma verdadeira explosão — só que bem diferente das que sacudiam o planeta naquele ano esquisito.

Acervo Sylvio Passos

Raul ainda bebê, com a mãe, Maria Eugênia.

Raul nasceu em um casarão na avenida Sete de Setembro, número 108, próximo ao largo da Piedade, e lá permaneceu por cerca de dois meses. Era a residência dos avós maternos, Plínio Carlino dos Santos e Guiomar Pereira dos Santos.

Antes de trazer Raul ao mundo, Maria Eugênia tinha se instalado junto com o marido, temporariamente, na casa da mãe, porque era lá a base da parteira. Depois o casal, já com o bebê nos braços, retornou para sua residência, na rua Rio Itapicuru, 17, no bairro de Monte Serrat. Eles moravam nesse endereço desde o casamento, no ano anterior. Em dezembro de 1948, quando nasceu Plínio, o único irmão de Raul, Maria Eugênia e Raul Varella repetiram a operação.

Acervo Sylvio Passos

Álbum de família com árvore genealógica de Raul Seixas.

Acervo Sylvio Passos

Acervo Sylvio Passos

Acervo Sylvio Passos

Álbum com fotos de Raul recém-nascido.

Fotos da infância de Raul.

Nessa época Salvador ainda era uma cidade bucólica, sem prédios. Num tempo muito anterior aos smartphones e computadores, as pessoas registravam tudo em diários. Tecnologia precária, é fato, mas funcionava no caso da família de Raul. Foram os diários de bebê e uma infinidade de lembranças guardadas que nos permitiram saber, por exemplo, que os primeiros passos do nosso querido Maluco Beleza foram dados no dia 8 de junho de 1946, quando ele contava quase 1 ano.

Graças às anotações de dona Maria Eugênia sabemos, também, que o batismo na igreja Matriz da Boa Viagem aconteceu em 16 de setembro de 1945, que o cabelo do menino foi cortado pela primeira vez no dia 2 de março de 1946, que ele, por essa época, aprontava travessuras como quebrar um espelho da mãe, um copo da avó, que suas primeiras palavras foram "mamã" e "papá", que no primeiro Natal, com 5 meses, ganhou uma penca de presentes, entre eles um

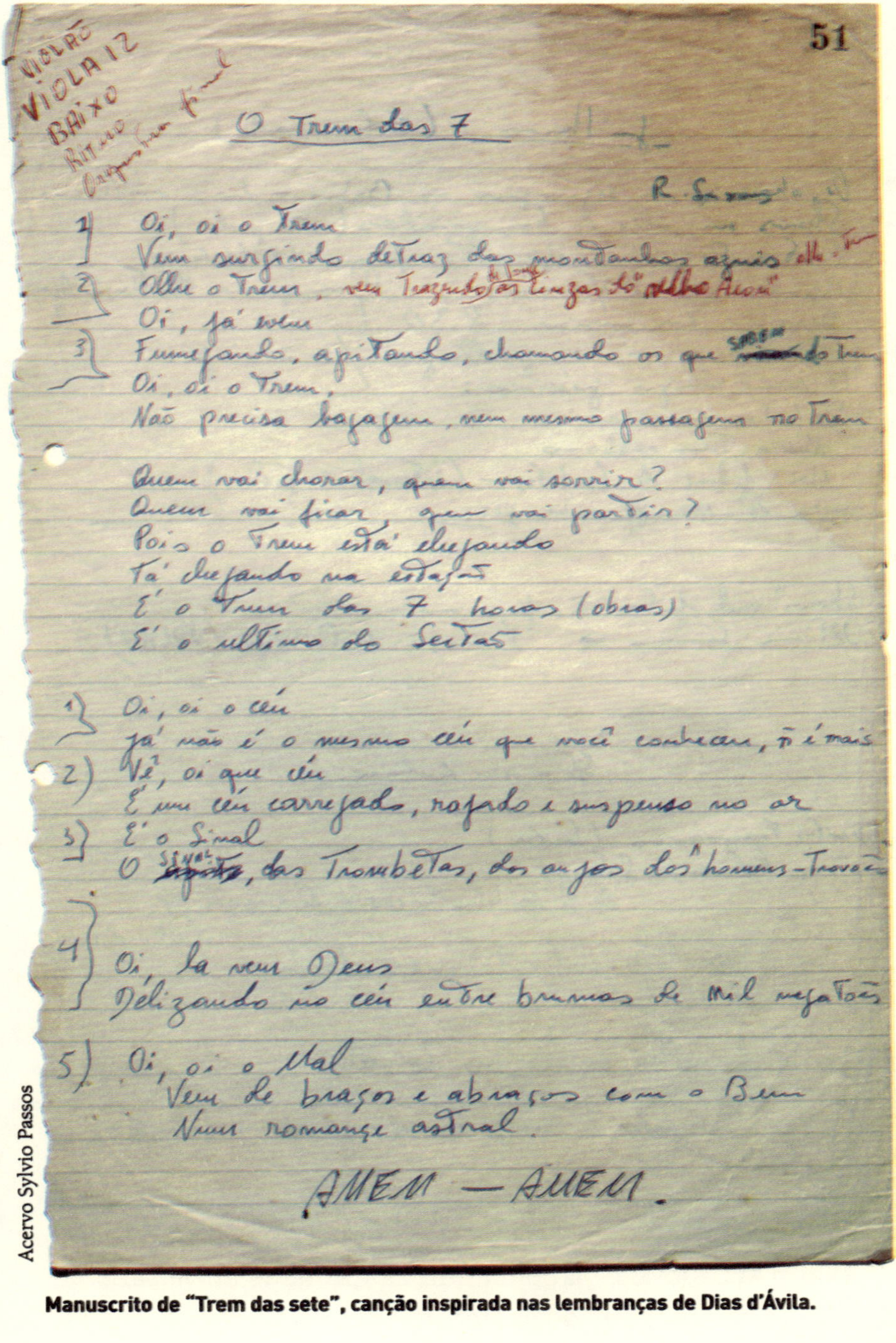
VIOLÃO
VIOLA 12
BAIXO
RITMO
Orquestra final

51

O Trem das 7

R. Seixas

1) Oi, oi o Trem
Vem surgindo detraz das montanhas azuis
2) Olha o Trem, vem trazendo de longe as cinzas do velho Aeon
Oi, já vem
3) Fumegando, apitando, chamando os que sabem do Trem
Oi, oi o Trem
Não precisa bagagem, nem mesmo passagem no Trem

Quem vai chorar, quem vai sorrir?
Quem vai ficar, quem vai partir?
Pois o Trem está chegando
Tá chegando na estação
É o Trem das 7 horas (obras)
É o último do sertão

1) Oi, oi o céu
Já não é o mesmo céu que você conheceu, não é mais
2) Vê, oi que céu
É um céu carregado, rajado e suspenso no ar
3) É o Sinal
O sinal das Trombetas, dos anjos dos homens-trovão

4) Oi, lá vem Deus
Deslizando no céu entre brumas de mil megatons

5) Oi, oi o Mal
Vem de braços e abraços com o Bem
Num romance astral

AMEM — AMEM.

Acervo Sylvio Passos

Manuscrito de "Trem das sete", canção inspirada nas lembranças de Dias d'Ávila.

ursinho, um sapatinho azul, um boneco, uma bola e um chapeuzinho branco, e que um de seus brinquedos preferidos era um jogo de dados coloridos.

A família Seixas tinha uma propriedade em Dias d'Ávila, pequeno município a cerca de sessenta quilômetros de Salvador que até 1985 era um distrito de Camaçari. A região já foi um importante polo turístico por suas belas paisagens, pelo clima agradável e o rio Imbassaí, em cujas margens havia lama considerada medicinal. Por conta da abundância de suas fontes, as melhores da Bahia, o local era conhecido como "Cidade das Águas", até que, em 1962, foi declarado oficialmente estância hidromineral pelo governo da Bahia.

A história da casa de Dias d'ávila é a seguinte: o avô de Raul, o velho Raul Justiniano Seixas, comprou de uma senhora da região uma fazenda enorme num lugar chamado Feira Velha, sob protestos da avó, Aura Varella Seixas. Isso porque as terras pareciam não servir para nada, eram meio brejo. Mas tinha rios maravilhosos de águas cristalinas.

Então o avô, que era um bom comerciante, resolveu lotear e vender os lotes inicialmente aos amigos. E o avô materno, Plínio Carlino dos Santos, foi um dos primeiros a comprar um lote e construir uma casa de veraneio. Mas Raul já tinha construído a casa dele na mesma rua, que hoje é a rua principal de Dias d' Ávila e leva o seu nome, avenida Raul Seixas — avô de Raulzito por parte de pai.

Mas a família Seixas sempre que ia para lá ficava na chácara do avô materno, Plínio, nunca na casa do avô Raul. Depois que os avós, tanto por parte de pai como de mãe, faleceram, o pai de Raul, Raul Varella, comprou um sítio na estrada entre Dias d' Ávila e Mata de São João para ir nos fins de semana. As viagens eram inicialmente à casa do avô materno, depois passaram a ser à residência dos pais.

Dias d'Ávila foi o cenário da primeira festa de aniversário de Raulzito, como era chamado por todos. A decoração do bolo, segundo lembranças da família, foi inspirada na Festa de São João, com desenhos de fogueiras, balões, bonecos soltando rojões — aproveitando a coincidência entre o aniversário e as festas juninas, que por aquelas bandas eram (e ainda são) mais comemoradas que o Carnaval. A mesa foi enfeitada de pacotinhos com brindes dentro.

Houvesse ou não festa de aniversário, não faltava diversão na casa de veraneio dos avós de Raul. Tinha quintal com piscina e pomar. O amigo de infância Olival Filho fazia parte da turma que pegava carona nos passeios à casa dos Seixas. A expressão "vá catar coquinho", que hoje em dia é uma forma (ainda que branda) de insulto, não faria o menor sentido para eles. Afinal, subir bem alto para pegar cocos era uma das brincadeiras preferidas da turma. Tanto que o avô Plínio teve de pôr ordem no campinho — ou melhor, no coqueiral.

Para evitar brigas e a destruição absoluta dos seus coqueiros, seu Plínio setorizou a área, distribuindo três pés para cada garoto. A ideia, que a princípio parecia boa, não só não resolveu o impasse, como criou outro problema: Raulzito e Plininho, para preservar suas propriedades, resolveram atacar o quintal da vizinha.

Além da ambição de economizar seus cocos, a ousadia de pular o muro era motivada pela facilidade na colheita: os coqueiros da vizinha eram do tipo anão, bem mais fáceis de arrancar. Claro que a invasão nem sempre passava despercebida, e os avós eram, invariavelmente, notificados da ocorrência.

A inspiração para a canção "O trem das sete" veio das lembranças e, segundo a mãe, Maria Eugênia, da saudade que Raul sentia de Dias d'Ávila. Por causa das péssimas condições da estrada, ainda de barro, as viagens quase semanais da família Seixas para a casa de veraneio eram feitas de trem, também conhecido como Pirulito, que saía de Salvador sempre por volta das sete horas. A lembrança do trem também tinha a ver com o fato de o pai de Raul trabalhar como engenheiro na Rede Ferroviária Federal.

Naqueles anos o trem era o principal meio de transporte, e o que saía de Salvador para Dias d'Ávila oferecia duas classes. A primeira, mais confortável, era aquela na qual a família Seixas viajava. A segunda tinha o apelido de Morcego, porque em geral circulava tão abarrotada que obrigava o povão a viajar pendurado nos corrimãos das portas.

Também havia um trem que, por sua beleza, era chamado de Martha Rocha. Para os mais jovens, cabe aqui lembrar que a moça que acabou nomeando o trem que ia de Dias d'Ávila à Cidade Maravilhosa foi um ícone baiano da formosura feminina.

Outro programa sempre incluído no roteiro em Dias d'Ávila era se jogar na água doce e cristalina do rio Imbassaí, que, assim como a lama, diziam possuir poderes medicinais. Conta-se por lá que essa água despertou a curiosidade de um jesuíta francês que morava na Bahia, o botânico e naturalista Camille Torrend.

Reza a lenda que o padre teria enviado para laboratórios europeus amostras da água e da lama do rio e conseguido confirmar as tais propriedades curativas de ambas. Raulzito e Plininho, porém, davam de ombros para essa lenga-lenga toda. Para eles, o fato científico servia no máximo para tirar sarro um do outro.

Como fizeram certa vez, quando estavam por lá, brincando no rio. Todos se pintaram com a lama preta, deixando só os olhos de fora, e terminaram o dia desse jeito. Quando chegaram em casa, o pai de Raul não aprovou a bagunça e o couro comeu feio.

Apesar das traquinagens típicas da idade, dona Maria Eugênia dizia que Raulzito fazia o papel de irmão mais velho da molecada. Nunca foi, por exemplo, de jogar bola com a turma. Na infância, antes da música, ele preferia se ocupar de outros assuntos, incluindo questões relacionadas aos mistérios da condição humana.

Raul confirma isso nos diários que escrevia sobre tudo, o tempo todo, e que guardava em seu baú: "O que me preocupava mesmo eram os problemas da vida e da morte, do homem, de onde vim, para onde vou, o que é que estou fazendo aqui."

Ele dizia que sua vontade era ser escritor. Suas indagações eram todas organizadas em muitos cadernos cheios de listas e anotações, e também em álbuns de fotografia. Perplexidade, medo, desejos, revolta, amores. Estava tudo lá.

No meio de uma infinidade de lembranças e anotações, Raul registrou o dia em que, aos 9 anos, ficou preso em uma geladeira enquanto brincava com o irmão, que na época tinha 6.

No andar térreo de sua casa, o avô Plínio consertava geladeiras. Embaixo de uma escada ficavam algumas bem velhas, para serem descartadas como sucata. Que ambiente seria mais perfeito para brincar?

A pequena dupla teve então a ideia, que de início pareceu excelente, de entrar em uma das geladeiras velhas para ver quem aguentava permanecer mais tempo trancado lá dentro.

No caso de Raul, o objetivo também era entender o ponto de vista de um legume, uma garrafa de leite, que às vezes passam dias confinados no eletrodoméstico. Para evitar problemas, os garotos criaram protocolos de segurança. O primeiro a entrar foi o pequeno Plínio. A porta foi fechada, e quando ele batesse Raul abriria. E assim aconteceu.

O angu desandou quando chegou a vez de Raul entrar na geladeira. Plínio fechou a porta e, talvez sem paciência para esperar mais tempo, com a responsabilidade típica de um garoto de 6 anos, resolveu dar uma voltinha no andar de cima da casa. Por sorte o menino encontrou a mãe, que perguntou pelo irmão. "Está dentro da geladeira", respondeu Plínio.

Maria Eugênia desceu as escadas feito louca, arrastando Plínio pelo braço, para libertar Raul, que já estava desmaiado e por pouco não morreu. Sobre esse dia, Raulzito contou que sentia o ar preso, que não conseguia respirar. "Era muito apertado, eu suava, de repente tudo escureceu e eu acordei na cama."

Em seu já revirado baú de escritos, Raul repassa e analisa algumas turbulências que sua mente enfrentava desde muito pequeno.

No diário, que segundo ele mesmo foi preenchido entre os 7 e os 15 anos — e cujo título era *Caderno da minha vida* —, há uma lista de aspectos negativos de sua personalidade. Os escritos finais já destacam o rock modificando sua realidade.

Aos 3 anos, Raul era medroso por causa de uma empregada que gostava de pregar sustos nele; aos 7, era leso porque vivia apanhando na escola; aos 9 se tornou claustrofóbico por causa do episódio da geladeira; aos 12, era abraçado por todos porque se parecia com Elvis Presley.

O diário traz ainda uma lista de sonhos do menino Raul aos 12 anos. Em primeiro lugar, ele queria ser forte (possivelmente para se vingar da molecada da escola que tinha batido nele no passado); desejava, depois, ser o primeiro aluno da classe (esse era mais difícil); e, em seguida, revelava vontades como a de ter um cinema e a de não morrer.

Dos 7 aos 11 anos, sua lista de sonhos era bem curiosa. Os desejos iam desde os mais óbvios, como uma bicicleta, uma piscina e uma motoneta (as *scooters* da década de 1950), até os mais elaborados ou arriscados, por exemplo, aprender a tragar (para fumar como gente grande, claro) e ser como Roy Rogers, cantor e ator norte-americano conhecido como "O Rei dos Caubóis".

Em outra lista do Raul sonhador, construída aos 14 anos, a vontade de expandir os horizontes fica evidente. Ele relacionou os lugares que gostaria de visitar, entre eles o Japão, o fundo do mar e (por que não?) o Universo de ponta a ponta. Nada muito complicado.

A veia literária de Raul, dizem, começou a se manifestar logo cedo, antes da escola. Aos 6 anos, escreveu seu primeiro "versinho". Em 1952 iniciou seus estudos no curso fundamental da escola particular Centenário, em Boa Viagem, com a professora Sônia Bahia Alice, que também era a proprietária do colégio.

Segundo a professora, Raul não era muito dado a traquinagens, tampouco era um aluno dedicado. Ele preferia ficar escrevendo e desenhando. Muito inteligente, porém desligado, conta ela, parecia viver num mundo de fantasia.

É dessa época sua fantástica e criativa produção de gibis, que ele vendia para o irmão mais novo. O personagem central dos quadrinhos era um cientista doidão, possivelmente o alter ego de Raul, que se chamava Mêlo — nome que, para eles, significava "maluco".

Numa maquininha do tempo com espaço apenas para ele, Mêlo viajava para mundos alucinantes. Entre os destinos por onde transitava destacavam-se lugares como o "nada" e o "tudo". A motivação das viagens excêntricas era buscar, em universos e espaços insólitos e sem lógica, respostas para as indagações de Raulzito.

Voltando ao universo escolar, a professora Sônia também deu aula, no pré e no fundamental, para o futuro colega de rock'n'roll Waldir Serrão, mas na escola pública Luiz Tarquínio, perto de Boa Viagem, onde ela também lecionava.

Sônia morava em frente à casa da família Seixas, na rua Rio Itapicuru, em Monte Serrat, e era amiga da mãe de Raul. O pai dos meninos era bastante participativo na escola: colaborava em festas e eventos e auxiliava nos assuntos eletrônicos, afinal, era engenheiro e manjava do assunto.

Foi durante os anos do fundamental no colégio Centenário, mais precisamente em 15 de novembro de 1955, que Raul, o qual, segundo testemunhas, estava bonitinho, coradinho, de olhos vivos e até gordinho, fez a primeira comunhão na capela da Igreja dos Mares, na Cidade Baixa.

Se na escola Raul se comportava bem, conforme relata sua professora Sônia, fora dela certamente não se pode dizer o mesmo. O menino aprontava de tudo um pouco durante a infância, na década de 1950, em Salvador. Um parceirão dessa fase foi Antônio Ramos, conhecido na época como Toinho.

Quase todos os dias, em período integral, Toinho ficava de bobeira na casa de Raul. Acabou se tornando um agregado da família, e no Natal até ganhava presente. Por falar em festejos natalinos, certa vez a bajulação com o garoto foi motivo de discórdia na casa, chegando muito perto da pancadaria.

O que desencadeou o quiproquó foi um caminhãozinho movido a pilha que Toinho ganhou do pai de Raul. Plininho, que queria um igual, ficou sem e ameaçou bater no garoto. Os dois ficaram um bom tempo sem se falar.

Mas Toinho não esquentava a moringa, continuava por lá. Almoçava, jantava e, de vez em quando, sempre que dava, filava a merenda da tarde. Ele, Raulzito e Plininho adoravam os pãezinhos caseiros que a vizinha, dona Clarice, fornecia para o trio por cima do muro, acompanhados de copos de Ki-Suco. Quando ficavam sem os pãezinhos de dona Clarice, os dois irmãos e Toinho lanchavam sanduíches de salame com Coca-Cola no armazém Pery, onde o pai de Raul tinha conta. No dia de pagar era sempre aquele susto.

Em certas ocasiões, segundo amigos de infância, a paz no ambiente era abalada, vê se pode, pelo Zé, funcionário do senhor Raul Varella Seixas. Meio espírito de porco, o rapaz gostava de zoar a molecada e até dava espetadas nas crianças com uma agulha.

O tal motorista tinha nascido em um lugar longínquo no interior da Bahia, que muitos não conhecem, outros dizem que não existe, e que tem um nome quase impossível de se pronunciar: Quenguenhem (se estiver com o nariz entupido, desista). Anos mais tarde, no antológico álbum *Krig-ha, Bandolo!* (lançado pela Philips em 1973), Raul brincaria, em uma vinheta, ser de lá também.

"Tá gravando aí, meu nego, já? Meu nome é Raul Santos Seixas, sou baiano de Quenguenhem, oito horas de mula e 12 de trem. Mas que o mel é doce é coisa que me nego afirmar, mas que parece doce, eu afirmo plenamente. É, parece que é isso. Deus é o que me falta para compreender o que eu não compreendo."

A vinheta entrou apenas na primeira e na segunda prensagens e em alguns exemplares da terceira edição, mas ficou fora da edição em CD e foi excluída de outras edições posteriores do vinil. Só voltou a aparecer no boxe *Maluco Beleza*, lançado em 2002, que inclui os seis primeiros álbuns, gravados na Philips, *Krig-ha, Bandolo!* (1973), *Gita* (1974), *Novo Aeon* (1975) e *Há 10 mil anos atrás* (1976), duas antologias com hits do rock dos anos 1950 e 1960 (*Raul Rock Seixas e 30 anos de rock*) e ainda um livreto ilustrado.

A tal Quenguenhem de fato existe. É um minúsculo povoado com meia dúzia de ruas pertencente à distante Tucano, cidadezinha do nordeste baiano. Segundo fontes seguras, o lugar nasceu pequeno e permanece assim até hoje; nunca foi para a frente.

RUA CHILE

No comecinho da adolescência, quando Raul e a turminha não ficavam escutando discos em casa, saíam pela cidade. Dinheiro eles não tinham, mas de vez em quando o menino dava seu jeito e resolvia a questão metendo a mão nos bolsos do paletó que o pai quase sempre deixava pendurado na sala. O que viesse era lucro.

Os rolês com a turma invariavelmente começavam subindo o Elevador Lacerda para uma visitinha rápida ao Café das Meninas, na esquina da rua D'Ajuda com a rua do Tira-Chapéu. Era considerado o café mais gostoso da cidade, tirado nas supermáquinas italianas Gaggia.

Claro que não era atrás de café que eles iam, e sim de cigarros. Marlboros comprados, um maço para cada, hora de sentar o pé rumo à loja Chá das Duas Américas, na badalada rua Chile, que, até a década de 1970, foi o principal point de Salvador, um conhecido circuito de compras, diversão e muito mais.

A rua Chile era o centro do poder, concentrado em repartições como o Palácio do Governo, a Assembleia Legislativa, a Câmara Municipal e a Prefeitura.

Para ficar de olho em tudo o que rolava, os jornais mantinham suas redações na mesma rua ou em algumas de suas travessas estreitas. Assim também faziam advogados, médicos e profissionais de áreas importantes, que instalavam seus escritórios e consultórios ali pelos arredores.

A rua era ponto de encontro de políticos, gente influente de todas as esferas. Intelectuais flanavam pelos cafés e livrarias famosas, como a Civilização Brasileira, onde Caetano Veloso foi apresentado a Gilberto Gil. Essa livraria ficava localizada em frente à loja de moda masculina do senhor Adamastor, pai de Glauber Rocha. Bem perto ficava o Palace Hotel, em cujo salão de chá tocava, sempre às cinco da tarde, a orquestra de Britinho e Seus Stukas. Era nesse hotel que os artistas desembarcados em Salvador se hospedavam.

A rua Chile era uma festa, uma passarela onde a elite local desfilava em todo o seu glamour. Como exemplo, dois casais exóticos que mais de uma vez foram vistos circulando por lá: Mick Jagger e Marianne Faithfull, Keith Richards e Anita Pallenberg.

Dizem que eles sempre viajavam ao Brasil de férias, principalmente para São Paulo e o Rio, e vez ou outra davam uma esticada até a Bahia, onde visitavam alguns terreiros de candomblé — pelo que se sabe, mais em busca de inspiração musical do que espiritual.

Dizem também que foi a sonoridade hipnótica dos atabaques do candomblé baiano que inspirou o batuque das primeiras notas da clássica "Simpathy for the Devil", composta por Jagger e Richards. Eles teriam chegado a Salvador no dia da lavagem das escadarias da Igreja do Nosso Senhor do Bonfim, em janeiro de 1968, e, impressionados, pediram para conhecer o ritual.

A canção entrou no memorável álbum *Beggars Banquet*, lançado no final do mesmo ano. Em uma das passagens dos Rolling Stones por Salvador, Raul esteve com Mick Jagger.

Voltando à notória rua Chile, o espaço tinha de tudo um pouco: a Casa Sloper, por exemplo, que oferecia perfumes, joias, roupas e acessórios femininos como lenços, bolsas e chapéus, e ainda a primeira loja de departamentos de Salvador, a Duas Américas, que comercializava tecidos e vestidos e ficou famosa por inaugurar na cidade a primeira escada rolante.

Antigamente quem cuidava do trânsito na capital baiana era a Polícia Militar, e na rua Chile, mais exatamente no cruzamento da praça Municipal, o guarda Pelé acabou se tornando outra atração do pedaço. Isso porque ele fazia seu trabalho com muito bom humor, exagerando nos gestos teatrais. Era uma verdadeira dança, com rodopios e poses. Muita gente passava por lá só para ver o guarda Pelé, tão famoso que chegou a fazer comercial da Varig na televisão.

No item entretenimento o cardápio não deixava a desejar. Para pegar um cineminha, tinha o Excelsior, o Liceu, o Art e o Glória (que depois virou Cine Tamoyo). E seria um sacrilégio imperdoável não destacar que a rua Chile, além de epicentro da boêmia soteropolitana, fez parte do período mais glorioso dos bregas em Salvador. Vale esclarecer que não estou me referindo aqui ao gênero musical, considerado de gosto duvidoso por alguns, mas, sim, a aconchegantes bordéis que ofereciam, a quem pudesse pagar, música, diversão e o prato principal: sexo.

Na rua Chile, quem buscava esse combo apimentado tinha à disposição endereços que se tornaram referências, como o Cimara Brito e o China do 63 da Montanha — este último considerado o melhor da cidade. Tinha ainda o saudoso Montecarlo, cuja clientela numerosa e endinheirada curtia ouvir o *crooner* da banda, por acaso o Bira, baixista que se tornou famoso tocando na banda do talk show de Jô Soares na TV. Especialistas no segmento garantem que aquela foi a época de ouro dos bordéis.

Aos mais incrédulos, para comprovar que o lugar era curioso, vale citar um ponto turístico um tanto quanto bizarro: a Faculdade de Medicina da Bahia, instalada no largo do Terreiro de Jesus. Uma das opções de passeio consistia em visitar o Instituto Médico-Legal para assistir às autópsias realizadas pelo legista Charles Pitex. O ápice desse programa era conferir de perto se o médico apoiava mesmo seu inseparável charuto entre os dedos do pé do morto, como tantos falavam.

A outra atração era ver bem de perto as cabeças do nosso Robin Hood do sertão, Virgulino Ferreira, o Lampião, de Maria Bonita e de outros do bando de cangaceiros que aterrorizaram o Nordeste nas décadas de 1930 e 1940.

Já deu para perceber que a rua Chile, com suas muitas histórias, seus endereços e personagens, renderia um livro só para ela. Por isso mesmo, para Raul e sua turma esse era o endereço certo para vagabundear, beber Dust Miller, ouvir música e, o mais importante, flertar com as meninas. E assim seguia a vida praticamente todos os dias, até acabar o dinheiro.

Nos períodos de vacas magras, o jeito era ficar em casa mesmo, ensaiando em frente ao espelho. O que não era exatamente um problema para Raul, porque seu pai adorava tomar uma cachacinha antes do almoço e mantinha em casa um pequeno arsenal de biritas. Tinha Caribé, Novaquino, Claudionor. Quando seu Varella ia trabalhar e dona Eugênia também saía, os filhos e os amigos atacavam o bar da sala para temperar as tardes musicais.

"Nunca fui ligado nessa coisa de raiz da música popular."

Além da cachacinha, algumas influências culturais (musicais e literárias) certamente vinham do pai de Raulzito. Um cara gente fina, que nem se importava em ser chamado de "pescoço de peru", apelido carinhoso que os amigos do filho escolheram para ele.

Antes do rock, a música foi lentamente entrando em Raul por causa das preferências dos pais. "Chofer de praça" e "Lorota boa", ambas de Luiz Gonzaga, estavam sempre no topo da lista das mais tocadas, mas se ouvia de tudo: música cubana, mexicana e até guarânias paraguaias. Boleros como "Cubanacan", da orquestra de rumba Lecuona Cuban Boys, também concorriam no hit parade da família Seixas.

Raul, que cantarolava tudo o que ouvia, começava, sem saber, a temperar seu cardápio musical com sonoridades distintas mas, como ele mesmo sacou, tempos depois, cheias de afinidades. O que era sucesso ele cantava, sem nenhum outro critério além desse. “Nunca fui ligado nessa coisa de raiz da música popular”, admitiu ele. Pixinguinha, por exemplo, só foi conhecer no Rio, anos depois.

A paixão pelos livros Raul também herdou do pai. Seu Varella sempre manteve em casa, no seu gabinete, uma biblioteca “de responsa”, de onde tirava o que lia para os filhos desde que eram bem pequenos. Clássicos como *Dom Quixote de la Mancha* e a enciclopédia *Tesouro da juventude* chegaram a despertar em Raulzito a vontade de ser escritor, tipo um Jorge Amado, trabalhando em casa, camisa aberta, o cigarro no canto da boca com aquela cinza enorme.

O mais importante, porém, foi que essa vivência despertou muito cedo no menino o prazer da leitura. E o interesse o levou a encontrar muitos outros livros, sobre astronomia, mistérios do Universo e coisas estranhas, temas que o pai também curtia. Estava plantada a semente, e em terreno fértil.

"E pelo mundo eu vou andando
Subo monte, desço serra
Minha viola vou tocando
Relembrando minha terra

E quando a tarde vai morrendo
Vou pegando minha viola
Se estou triste e sofrendo
Ela é quem me consola"

("Minha viola", faixa do álbum *Abre-te Sésamo*, lançado em 1980 pela CBS.)

A canção "Minha viola" foi composta por Raul Varella Seixas, o Raul pai, em 1964, depois que o pai dele, Raul Justiniano Seixas, faleceu. A inspiração veio das lembranças da última noite que eles passaram juntos, com o velhinho já bem doente por causa de um derrame que o deixara paraplégico.

2 INOCENTE, PURO E BESTA

Nas ruas de Salvador da década de 1950 era mais provável esbarrar em um norte-americano do que num baiano. Há quem diga, inclusive, que se ouvia por lá mais inglês do que português, ou "baianês". O motivo do desembarque gringo em terras soteropolitanas era o chamado "ouro negro", também conhecido por petróleo.

Na realidade, a presença de nativos dos Estados Unidos no Brasil, e não apenas na Bahia, é bem mais antiga. Relações comerciais entre os dois países existem desde o século XVII, e muitas delas passavam pelo porto de Salvador, que no período colonial foi a principal porta de entrada e saída de mercadorias.

Embora em volume ainda não tão expressivo, no início do século XX muitas famílias de norte-americanos, e também de espanhóis e portugueses, já viviam em Salvador, ocupadas com o comércio de importação e exportação. Foi, porém, depois da Revolução de 1930, que conduziu Vargas ao poder, que se iniciou um movimento de "americanização" no país.

De olho nas vantagens, o Brasil começou a acenar com ações diplomáticas. A ideia, obviamente, era tentar uma aproximação com os Estados Unidos, que após a Primeira Guerra Mundial despontavam como a maior potência global. O posicionamento do governo brasileiro se mostrou, por exemplo, na educação, com a fixação do ensino de língua estrangeira, sobretudo a língua inglesa, na instrução ginasial.

A "política de boa vizinhança" entre os dois países logo renderia trocas no território cultural. Nós exportamos Carmen Miranda e a Disney criou o Zé Carioca. No entanto, por trás da diplomacia havia uma estratégia de Getúlio Vargas, que, como se diz no popular, esperava matar duas cobras com uma cacetada só. Ao mesmo tempo que vendia a ideia da valorização da cultura brasileira em seu governo, tentava convencer a população de que o país era de fato uma nação.

Daí para a frente os vínculos entre o Brasil e os Estados Unidos, sobretudo no campo da cultura, só aumentaram. O Brasil aprendeu, por exemplo, a fazer cinema. Com o surgimento da companhia Atlântida no Rio de Janeiro, em 1941, as produções cinematográficas deram um salto em número e qualidade. Foi a época de Grande Otelo e Oscarito, dupla icônica de comediantes que de 1944 a 1954 foi responsável por arrecadações de bilheteria inéditas na então recente história do cinema brasileiro.

Por mais incrível, ou ridículo, que possa parecer, foram dois impiedosos matadores de passarinhos os responsáveis por abrir definitivamente as porteiras de Salvador para os gringos norte-americanos. Pelo menos é a história que ainda hoje corre por lá.

Em um dia qualquer, os dois caçadores saíram para montar armadilhas por ruas e terrenos do bairro do Lobato, em Salvador. Ao adentrarem um matagal, eles perceberam a vegetação suja com um óleo preto e espesso. Nesse local, mais exatamente no Campo de Candeias, estudos comprovaram que havia uma reserva de petróleo. Ali foi construída a primeira refinaria do Brasil, em 1941, que está ativa até hoje.

Versões mais oficiosas dizem que tudo isso é balela, e que os moradores do Lobato, ao relatar problemas com a água retirada de poços artesianos, é que teriam induzido à descoberta do ouro negro na região. Além do cheiro forte, esse óleo tinha uma característica no mínimo estranha: pegava fogo. Algumas famílias mais criativas usaram o líquido para acender lampiões.

Entusiasmados com as promessas de lucro da *commodity* a partir do início da produção comercial de petróleo no Brasil, pencas de norte-americanos começaram a desembarcar por estas bandas. Muitos engenheiros, camuflados de colaboradores, chegaram com a nobre missão de ajudar no desenvolvimento da prospecção petrolífera no Recôncavo Baiano, onde outras grandes refinarias foram construídas. O PIB baiano disparou, se tornando na época um dos maiores do país.

Com os lucros literalmente jorrando na região, a população da capital baiana praticamente dobrou de tamanho nos anos 1950, se comparada à década anterior. De cerca de 200 mil habitantes, saltou para "400 e lascou". Evidentemente, exercendo influência e impactos na vida cotidiana e cultural do lugar, as famílias norte-americanas representavam a maior fatia dessa nova cara de Salvador. Foi nessa época, por exemplo, que o Instituto Brasil-Estados Unidos abriu suas portas na cidade, promovendo eventos e cursos de línguas e ampliando ainda mais o espaço para as trocas.

Muito mais provinciana do que hoje, na Salvador da década de 1950 praticamente todo mundo se conhecia. E, para Raul Seixas, era ótimo que fosse assim. Principalmente quando a família se mudou, em 1958, para o apartamento 802 do edifício Tupinambá, na rua João das Botas, no bairro do Canela. O novo endereço era colado ao consulado americano, no Campo Grande.

Raul se tornou figurinha carimbada no consulado. Logo ficou amigo da turma da sua idade que circulava por lá, e a camaradagem facilitou seu acesso a novidades musicais em primeiríssima mão. Foi assim que teve o primeiro contato com o rock e com Elvis Presley, segundo relatos do irmão, Plínio Seixas.

Mas não foi só no consulado que Raul se abastecia de discos e informações. Segundo Plínio, os contatos eram muito mais com os filhos dos americanos que estavam construindo a refinaria Landulpho Alves, em Mataripe. "Eles eram sócios dos clubes que frequentávamos, a Associação Atlética da Bahia e o Clube Bahiano de Tênis", relembra Plínio.

Um dos amigos dessa época, que andava pelo mesmo circuito, era Paulinho Boca de Cantor, que viria a ser integrante de uma das bandas mais malucas do país, Os Novos Baianos, criada em 1969, da qual também fizeram parte Pepeu Gomes, Baby Consuelo (hoje Baby do Brasil), Luiz Galvão e Moraes Moreira.

Além do acesso aos novíssimos discos de rock, o contato com os americanos e a sonoridade gringa ajudou Raul a aperfeiçoar seu inglês. O básico ele aprendia nas aulas particulares que tinha com uma senhora suíça chamada Anita Costa Pinto.

Outra importante fornecedora de discos de rock era Sandy, uma garotinha gorducha que usava rabo de cavalo como a maioria das meninas da época, imitando a atriz francesa Brigitte Bardot — símbolo sexual incontestável nos idos de 1950.

O ponto de encontro era a Saint George School, onde a jovem estudava. Ela sempre viajava aos Estados Unidos e trazia coisas novas para Raul. O amigo de infância Luiz Eládio, mais conhecido como Lalado, possivelmente participava do esquema, porque estudava na escola e na mesma classe da menina. Aliás, por acaso, o dono do colégio gringo era o pai de Edith, que pouco depois se tornaria a primeira mulher de Raul.

Lalado e Raul depois estudaram juntos no Marista, e, mais tarde, na faculdade, onde um cursou engenharia e o outro tentou o curso de direito, mas desistiu pouco depois.

Enquanto muita gente por aqui desconhecia nomes como Elvis Presley, Chuck Berry, Little Richard e Fats Domino ou torcia o nariz para eles, Raul se esbaldava no som dessa tribo, graças a uma penca de discos de 78 rotações, descolados na base do empréstimo com os novos amigos americanos, que ele ouvia até gastar.

O som que Raulzito curtia naqueles tempos era o de uma turma da pesada que, depois de se esbaldar no rhythm & blues do delta do Mississippi, empreendia uma transição perigosa e arriscada entre o velho ritmo e outra sonoridade mais moderna, que, temperada com generosas pitadas de country, logo ficaria conhecida como rock 'n' roll

Cheio de riffs, solos de guitarra e ritmos acelerados, o rock se fundiu à música popular norte-americana, mudando sua cara para sempre. Mas a fusão não permitiu que o estilo, considerado o mais marcante do século XX, perdesse seu parentesco essencial com o blues, sonoridade definida pelo historiador Paul Oliver como o lamento dos oprimidos.

Aliás, até o nome, rock 'n' roll, veio de um blues de 1922, "My Baby She Rocks Me With a Steady Roll", do compositor, pianista e diretor musical James Bernie Barbour. Ironicamente, quem sugeriu o nome do novo estilo musical foi o produtor de um programa de música erudita de uma rádio em Cleveland, Alan Freed.

Em 1951, Freed passou por uma loja de discos e viu um bando de jovens dançando feito loucos ao som de um velho blues regravado depois da guerra por Big Joe Turner (há uma teoria segundo a qual o blues não existiria sem ele). Fissurado por música negra, o produtor da rádio erudita sugeriu ao seu editor que abrissem espaço na programação para o que ele chamou então de "rock 'n' roll". O termo não era recém-inventado: já tinha aparecido em muitas canções e também era uma gíria para sexo.

De tanto azucrinar os ouvidos dos donos da rádio, Freed conseguiu emplacar seu novo programa, que comandaria sob o pseudônimo de Moondog. Rádios de todos os cantos do país embarcaram na rabeira de Alan Freed, que, no entanto, morreu falido e desempregado em 1965, aos 45 anos.

É que, além de abrir caminho, com o programa "Moondog's Rock and Roll Party", para a sonoridade que arrebatou a América, Freed, visionário e sempre à frente de seu tempo, também foi o pioneiro de uma prática lazarenta que conhecemos por aqui como "jabá" (pagamento feito por gravadoras para que certas músicas entrem na programação). A maracutaia foi descoberta e ele viu seu nome envolvido em um imbróglio que ficou famoso como o "escândalo da Payola". Depois disso, Freed se viu desacreditado para o resto da vida.

Apesar da proximidade com o blues dos negros, quem começou a fazer sucesso e faturar uma boa grana com a nova sonoridade foi um loirinho gorducho com cabelo estilo "pega-rapaz", acompanhado por um grupo de jovens bem-comportados que nem de longe faziam alusão à imagem transgressora que ficaria associada ao rock. Em 1954, com terninhos caretas e gravatas-borboletas, a banda Bill Haley & His Comets (referência ao cometa Halley) surgiu na cena musical com o antológico disco *(We're Gonna) Rock Around the Clock*. Venderam 75 mil cópias logo de cara.

Ainda em 1954, a banda do gorducho esperto lançou *Shake, Rattle and Roll*, que ficou 12 semanas entre os vinte mais vendidos. Nada menos que 1 milhão de cópias foi vendido. No ano seguinte, "Rock Around the Clock" entrou na trilha do longa *Blackboard Jungle*, lançado no Brasil em 1955 com o título de *Sementes de violência* — um dos preferidos de Raul (ele dizia ter assistido oitenta vezes no cine Guarany).

O filme de Richard Brooks, que conta a história de um bando de estudantes aloprados que infernizam a vida de um professor, caiu rapidamente nas graças da juventude da época e fez "Rock Around the Clock" vender horrores. A estrondosa marca de 20 milhões de cópias foi alcançada por Bill Haley & His Comets.

Quem vive a era digital pode não fazer ideia da dificuldade que era ter, aqui no Brasil, discos com a versão original de grandes sucessos como "Rock Around The Clock" na década de 1950. Eles demoravam uma eternidade para chegar. Para driblar a impaciência, o jeito era esvaziar os bolsos comprando um importado. Havia a alternativa mais baratinha de se satisfazer com versões nacionais dos hits do momento, um modelo de negócio que começou a proliferar no país naquela época.

A pioneira "(We're Gonna) Rock Around the Clock", por exemplo, ganhou uma versão em 78 rotações, até que bem digna, disponibilizada pela Continental em 1955 — e isso antes do lançamento do filme de Brooks no Brasil.

Um detalhe importante: a música foi gravada na voz de Nora Ney, uma cantora de samba-canção daqueles bem deprê, dor de corno (quem não acreditar que escute "Ninguém me ama", que Nora gravou um pouco antes, em 1952; é de pedir que desliguem os aparelhos). O fato é que, apesar de sua bela voz, a moça nada tinha a ver com o novo estilo, dançante e agitado, que começava a despontar no horizonte.

TEMPLO DO ROCK CONTRA TROPICALISTAS

Enfim, o rock estava definitivamente lançado e punha o mundo todo para se sacudir. E por aqui, apesar das muitas dificuldades, de um jeito ou de outro, também chegou. Raul não via a hora de surfar nessa onda. Só não fazia ideia — embora desejasse isso desde cedo — que seu nome ficaria gravado para sempre na história do novíssimo ritmo.

Caderneta escolar do colégio Marista.

Identificação escolar do colégio Marista, com anotações de Raul.

Acervo Sylvio Passos

Com uma concepção toda própria e combinações improváveis, misturando, por exemplo, Elvis Presley com Luiz Gonzaga — que, ele sacou, tinham tudo a ver —, o filho do seu Varella rapidamente se tornaria a expressão mais genuína do rock brasileiro.

Logo de cara, Raul se jogou de cabeça. Não bastava ouvir o som: desde o início, ainda menino, queria ser o próprio rock. Então, seu comportamento foi incorporando o estilo do momento.

Topete e brilhantina no cabelo, jaqueta de couro, camisa meio aberta, chiclete na boca e um jeitão largado de falar e andar, ainda meio incomum em Salvador. A regra era ser como James Dean em *Rebel Whithout a Cause* (de Nicholas Ray, 1955), que aqui virou *Juventude transviada,* e também como Elvis Presley, que chegava todo rebolante à onda do novo ritmo.

No começo, a ginga e a pinta de roqueiro nem sempre funcionavam com Raul. Pelo contrário. "Eu era alvo de risos", disse ele em uma entrevista. E com os pais o efeito era ainda pior: para eles, a mutação do jovem baiano não cheirava lá muito bem.

No começo, a ginga e a pinta de roqueiro nem sempre funcionavam com Raul. Pelo contrário. "Eu era alvo de risos."

Queimava ainda mais o filme o fato de o mais novo rebelde sem causa de Salvador não gostar nada de estudar, ao menos não na escola. Uma das razões eram possivelmente as disciplinas caretas das grades curriculares de então. Ele dizia que nunca aprendeu nada no colégio, a não ser a odiá-lo. Seu histórico escolar, de fato, não era dos mais animadores.

Em entrevistas, ele contou ter repetido cinco vezes a segunda série do antigo ginásio, que cursou no colégio São Bento, no centro de Salvador.

Há controvérsias, porém, sobre a quantidade de repetições. Segundo o amigo, parceiro, fiel escudeiro, presidente do fã-clube oficial e enciclopédia "raul-seixista" ambulante Sylvio Passos, a quem Raul chamava de Sylvícola, foram três vezes que o músico teria repetido a segunda série do ginásio, e não cinco. "Como todo bom baiano, ele gostava de dar uma exageradinha na própria história", comenta. Já para outro amigo, o colega de infância Olival Filho, não foi nem uma coisa nem outra. Na versão dele, foram quatro vezes.

Passos mantém em seu acervo, entre muitas outras coisas, as carteiras escolares de Raulzito. Ele afirma que o amigo estudou no São Bento entre 1957 e 1959, e que em 1960 recomeçou no colégio interno Marista, onde conseguiu finalmente ser aprovado para a terceira série. Ali o futuro artista reuniu os primeiros parceiros e começou a flertar mais seriamente com a possibilidade de se lançar na música.

Se no campo artístico as coisas começavam a desenrolar, nos estudos a performance de Raul não melhorou no Marista – colégio de padres por onde passou também Gilberto Gil. Lá, ele repetiu a terceira série. O amigo Olival Filho acredita que a culpa era da escola, muito rígida. Segundo ele, não deixavam sequer fumar no pátio.

Nessa escola, um docente que também era psicólogo, recém-chegado da França, frei Dubois, resolveu realizar um teste psicológico com os alunos, procedimento não muito usual naquele tempo. Depois disso, a mãe de Raul foi chamada para uma conversa e aconselhada a prestar atenção à educação do filho, que tinha um QI bem alto.

Acervo Sylvio Passos

Da primeira comunhão ao rock, várias fases de Raul.

Para entender a formação roqueira de Raul é preciso recuar um pouco no tempo e na história, porque a coisa começou a tomar contornos mais definidos alguns anos antes. E a figura mais emblemática nesse processo foi Waldir Serrão, que ficou conhecido também como Big Ben. Um apelido que dizem ter sido criado por ele mesmo, na verdade uma tiração de sarro em cima de um disc jockey conhecido na época, o carioca Big Boy, e também do famoso sino britânico.

Quem apresentou Serrão foi um amigo em comum chamado Titó, que tinha explicado a Raul que conhecia um cara meio simples, mas que manjava tudo de rock e adorava Elvis. "Esse encontro foi fantástico, me preparei todo, botei a gola para cima, engomei o cabelo, botei o topete (...), fiquei esperando ele mascando chiclete, para mostrar que eu era mais cool, e ele chegou da mesma forma", relembrou Raul.

"Fui eu quem levou Raulzito para esse mundo [do rock], mesmo contra a vontade da dona Maria Eugênia, a mãe dele", contou o amigo Serrão, anos depois. Um dos pioneiros do rock na Bahia, Big Ben foi o criador, em 1957, da primeira banda em solo baiano: a Waldir Serrão e Seus Cometas. Nessa época, com 15 anos, ele já promovia matinês de rock e mantinha em sua casa o Elvis Club Rock, um dos primeiros fã-clubes brasileiros em homenagem ao ídolo americano.

"A gente procurava brigas na rua, quebrava vidraças e roubava bugigangas das lojas como nos filmes."

Aliás, há quem afirme ser Serrão — e não Raul — o verdadeiro pai do rock. Polêmicas à parte, ele foi também uma espécie de Chacrinha baiano. Além de músico, atuou como apresentador de rádio e televisão. Chegou até a disputar audiência com o Velho Guerreiro nas tardes de sábado com seu programa na TV Itapoan, *O som do Big Ben*, que comandou entre 1972 e 1984.

E isso bem depois do sucesso de *Só para brotos*, que Serrão — vale destacar —, com apenas 17 anos, emplacou em 1959 na Rádio Cultura, o primeiro programa só de rock na Bahia. É importante ressaltar também que, após o primeiro encontro com Big Ben, em 1957, o combo "inocente, puro e besta", características que de fato nunca combinaram com Raul, ficou ainda mais distante.

Começava ali, de maneira mais contundente, a fase rock 'n' roll, com muita rua e vadiagem ao lado do novo amigo. Iniciava-se também um ritual de passagem, que serviria como ensaio para o que viria logo mais. "A gente procurava brigas na rua, quebrava vidraças e roubava bugigangas das lojas como nos filmes", relatou Raul. A propósito, outro programa preferido da gangue de Raulzito era ir ao cinema.

Invariavelmente, a turma entrava no início da tarde e só saía depois da última sessão. Dizem que Raul assistiu mais de trinta vezes a *Balada sangrenta* (*King Creole*, de Michael Curtiz, lançado em 1958 e estrelado por Elvis Presley). Outro que ficou no topo da lista extensa dos mais vistos foi *O prisioneiro do rock'n'roll* (*Jailhouse Rock*, de Richard Thorpe, que estreou por aqui no ano anterior, 1957). Raul contava que esse tinha sido visto 28 vezes.

"Ele e Waldir Serrão ficavam apostando quem já tinha assistido mais ao filme", comenta o amigo, Carleba Castro, parceiro e baterista na banda Raulzito e os Panteras. As sessões começavam às duas da tarde, mas por volta das nove horas o bando já se reunia na frente de alguns dos cinemas nos quais eles batiam cartão: Aliança, Popular, Jandaia, Glória, Pax e Guarany.

Não pense você, caro leitor, que vida de roqueiro em Salvador era somente zoação e moleza. Encontrar uma guitarra para comprar, por exemplo, nem pensar. As lojas locais só vendiam violões de náilon e contrabaixos de madeira. Mesmo assim, apesar de ainda nem sequer distinguir os acordes, Raul já matutava sobre a possibilidade de formar uma banda de rock.

Para levar em frente a ideia, ele teve de montar a própria guitarra. E fez isso com a ajuda do amigo Mariano Lanat, usando uma tábua e o braço de um violão velho. Mariano viria a ser um dos seus principais parceiros musicais. Evidentemente, também não se podia comprar um amplificador. Primeiro, porque não vendiam nas lojas. E segundo porque, mesmo que por milagre aparecesse algum, Raulzito não teria dinheiro para adquirir um pelas vias convencionais.

Foi então que, outra vez, Raul passou por cima da adversidade recorrendo à criatividade. A solução encontrada foi usar um rádio velho do tio de Mariano. Não ficou lá essas coisas. Por causa do tamanho do cabo, o jeito era tocar sentado em cima do aparelho. Enfim, era o que havia.

O amigo Mariano, por sua vez, construiu o próprio contrabaixo, usando um tampo de fórmica marrom. A caixa de som foi outro improviso daqueles. O irmão de Mariano montou uma juntando 15 alto-falantes. Dizem que a geringonça pesava mais que um casal de elefantes e, claro, dava um baita trabalho para ser carregada nos shows improvisados que eles se aventuravam a fazer junto com outros dois amigos para a molecada gringa do Instituto Brasil-Estados Unidos.

Em 1959, Raul, ainda com 14 anos mas já superenturmado com Waldir Serrão, a quem chamava de "primeiro rocker baiano", resolveu dar uma turbinada no fã-clube de Elvis Presley, liderado pelo amigo. Esse "up" na verdade se resumiu a algumas paredes forradas com fotos roubadas em um quarto emprestado na Barão de Cotegipe, na Cidade Baixa.

Outro avanço promovido por Raul foi a fundação oficial, no dia 12 de outubro de 1972, do fã-clube Elvis Rock Club, auxiliado por Serrão e outros seis garotos. Os frequentadores eram os mesmos: gente simples, estivadores e empregadas, uma vez que o público não poderia ser outro, porque, segundo eles, "menina de família não dançava rock".

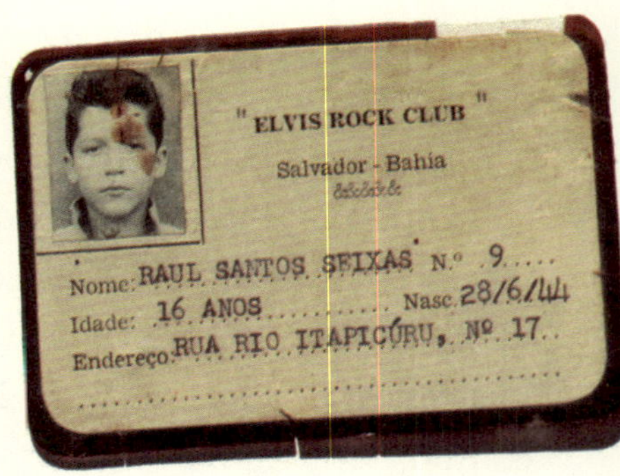

Acervo Sylvio Passos

Carteira do fã-clube do Elvis Presley.

Em 1962, aos 19 anos, Raul conseguiu formar sua primeira banda, Relâmpagos do Rock, com Enelmar Chagas, Thildo e seu irmão Délcio

Gama, que Raulzito havia conhecido em Dias d'Ávila. O jovem gostava de pôr apelido em todo mundo. Por causa de sua magreza, Raul era chamado por ele, carinhosamente, de Macarrão 18.

O primeiro show dos Relâmpagos do Rock foi na Rádio Sociedade da Bahia, numa manhã de domingo. Apesar do esquema ainda meio primário, o grupo chegou a se apresentar também em programas de televisão. Um deles foi o *Escada para o sucesso*, de que participaram como calouros — acompanhados no acordeão por ninguém menos que Gilberto Gil, que, também no início da carreira, fazia parte da orquestra que acompanhava os candidatos.

Outra apresentação foi no *Show dos novos*, na TV Itapoan, onde foram apresentados como cantores de "música de caubói". É dessa época aquela considerada a primeira foto de divulgação, tirada na loja Foto Real, na avenida Joana Angélica. No clique, Raul finge cantar em um microfone, que na realidade era um captador de violão.

Os Relâmpagos do Rock logo de cara tiveram uma baixa. Enelmar Chagas, que chegara por meio de Thildo, teve de sair do grupo por causa de um acidente que sofreu. Uma das poucas participações de Enelmar junto com os amigos foi no Good Neighbour Club, onde todas as tardes de sábado rolavam festinhas. Naquele tempo, o já citado baixista Bira, do talk show de Jô Soares, também animava os fins de semana no clube.

Alguns movimentos musicais dividiam corações e mentes dos jovens da época em Salvador. A turma de Raul fazia parte de um grupo que basicamente tocava e ouvia músicas estrangeiras, principalmente americanas.

O ponto de encontro era o Cine Roma, na Cidade Baixa, inaugurado em 1948 e erguido com o apoio (quem diria?) da irmã Dulce. Além dos filmes que exibia, acolhia as mais diversas manifestações culturais, incluindo shows endiabrados de rock. O endereço se tornou um dos points mais badalados da cidade.

O lugar fez tanto barulho que ficou conhecido como o templo do rock 'n' roll. Foi palco de apresentações musicais históricas, comandadas por Waldir Serrão. Artistas como Roberto Carlos, Jerry Adriani e Wanderléa tocaram por lá os primeiros acordes do movimento que ficaria conhecido pouco tempo depois como Jovem Guarda.

Infelizmente, no final da década de 1970, o Cine Roma descambou para a decadência, com exibições minguadas de filmes de pornochanchada e produções baratas de kung fu, enterrando de vez o passado glorioso como templo do rock.

Outra tribo, mais intelectualizada, antenada com a contracultura e a bossa nova, preferia passar longe do som estridente das guitarras do rock, porque, segundo aqueles jovens, o novo ritmo representava um tipo de invasão norte-americana que ameaçava nossa autenticidade cultural. Essa turma elegeu o Teatro Vila Velha como seu espaço.

Além de dar espaço à turma da dramaturgia, o local, que abriu suas portas em 31 de julho de 1964, quatro meses depois do golpe militar, se tornou um polo de resistência cultural, que abrigou desde o início jovens ligados aos movimentos sociais e estudantis. Também foi sede da Anistia Internacional e o palco onde foram julgadas e aprovadas as anistias políticas do cineasta Glauber Rocha e do guerrilheiro Carlos Marighella — ocasião em que o país pediu desculpas às duas famílias pelos atos criminosos durante o regime militar.

O Vila Velha foi ainda celeiro de um dos movimentos musicais mais criativos do país, o tropicalismo. E o trânsito dos futuros tropicalistas por lá começou da maneira mais improvável possível, bem no comecinho da história do espaço. Para ser mais preciso, no exato dia da inauguração.

A abertura do teatro seria celebrada com uma peça do dramaturgo Gianfrancesco Guarnieri. Só que o espetáculo não ficou pronto para a data, deixando uma brecha complicada para os organizadores preencherem. A tarefa de ocupar a vaga foi parar no colo de um grupo singular, que a uma semana do grande dia preparou e apresentou a peça-concerto *Nós*.

A trupe do improviso era composta por quatro jovens inspirados, duas mulheres e dois homens. Uma então vendedora da loja cult de vinis Roni Discos, no Porto da Barra, Gal Costa, uma secundarista do colégio Severino Vieira, Maria Bethânia, um estudante de administração, Gilberto Gil, e um aspirante a filósofo, Caetano Veloso. "Nesse movimento nós éramos naturalmente excluídos, e isso durou algum tempo", relembra Carlos Eládio.

Antes mesmo de circular por aquelas bandas, ainda na década de 1950, na cidade de Santo Amaro, a oitenta quilômetros de Salvador, Caetano já fazia coro com aqueles que não viam com bons olhos a chegada da era do rock ao Brasil. Uma das razões era a influência que começava a exercer no comportamento dos jovens, que imitavam os americanos com seus jeans e botas, chiclete, e no caso das meninas, o rabo de cavalo.

"Me pareciam um modelo pouco atraente porque embora fossem exóticos eram medíocres", escreveu Caetano no livro *Verdade tropical*. Essa cópia (visível, infeliz e malsucedida) do estilo americano era o principal motivo de sua crítica, porque, segundo ele, embora deslumbrados com o movimento do rock, os jovens não sabiam como acompanhá-lo de fato. "Ríamos deles, como se percebêssemos que atuavam como canastrões", prossegue o artista baiano.

Outra crítica de Caetano tinha a ver com o fato de que a onda do rock que começava a chegar ao Brasil não parecia trazer nenhum traço de rebeldia. Ele ressalta, por fim, em seu livro, que a influência norte-americana na nossa cultura não começou com o rock 'n' roll: "O cinema e a canção popular americanos — que nos anos 1920 já marcavam forte presença na vida brasileira — a partir dos anos 1940 passaram a dominar a cena."

Apesar disso, Caetano conta ter suado frio antes de ir assistir a *Ao balanço das horas* (*Rock Around the Clock*, dirigido por Fred F. Sears, de 1956), pois tinha sabido pela imprensa que o filme provocara um transe maluco nos espectadores. Havia até relatos de depredação de cinemas no Rio, onde a plateia dançou em cima das poltronas, de maneira muito semelhante ao que ocorreu nos Estados Unidos. "Fiquei com medo de ser possuído por alguma força irracional, como tantas vezes sentia no candomblé." Para seu alívio, nada disso aconteceu.

Ironicamente, foi só depois que Caetano Veloso e Gilberto Gil introduziram as guitarras na MPB que o distanciamento com os roqueiros praticamente acabou, segundo Eládio: "A questão não era pessoal, mas artística." O guitarrista acredita que o outro grupo se considerava dono de uma música, talvez, diferenciada. "Nunca soube o porquê, mas nos encontrávamos pelas ruas e conversávamos", ameniza o músico.

É bom sublinhar, ainda, que o embate cultural histórico entre os movimentos do rock e da MPB não afetou a amizade de Raul com Caetano e outros tropicalistas. No campo musical e no das ideias, a opinião de ambos parece também não ter sido afetada com o passar do tempo.

As últimas considerações de Raul sobre o tema foram encapsuladas na letra da canção "Rock 'n' Roll", parceria dele com outro baiano, Marcelo Nova, no seu álbum derradeiro *A panela do diabo*, de 1989 (Warner).

No Teatro Vila Velha
velho conceito de moral
Bosta Nova para universitário
gente fina, intelectual
Oxalá, Oxum, dendê
Oxóssi de não sei o quê...

A resposta de Caetano veio em 2001, na canção "Rock in Raul", do álbum *Noites do Norte* (Universal Music).

Quando eu passei por aqui
a minha luta foi exibir
uma vontade fela-da-puta
de ser americano (e hoje olha os mano)
de ficar só no Arkansas
esbórnia na Califórnia
dias ruins em New Orleans
o grande mago em Chicago
ter um rancho de éter no Texas
uma plantation *de maconha no Wyoming,*
nada de axé, Dodô e Curuzu

Raul infelizmente não teve tempo para comentar, ou responder. Mas fãs e roqueiros em geral não pouparam o tropicalista. Apesar do desdém da tribo da MPB em relação à música que Raulzito e sua turma faziam e curtiam, a qualidade artística e cultural de sua galera não deixava nada a desejar. Carlos Eládio, por exemplo, além de ouvir muita música americana, italiana e de chacoalhar ao som de Luiz Gonzaga, estudava música clássica e violino.

Por falar em influências musicais, apesar do impacto de Elvis e de outros roqueiros pioneiros na turma de Raul, quem realmente lhes deu um sacode foram os Beatles. Quando eles surgiram na cena musical, todo o resto ficou em segundo plano.

Sempre que se referia ao começo de sua carreira, Raul ressaltava que o quarteto britânico mudou sua história. "Me deram uma porrada", dizia ele. "Poxa, esses caras estão cantando realmente a

Com nova formação, o grupo Relâmpagos do Rock se tornou The Panthers.

Acervo Sylvio Passos

vida, estão dizendo o que há pelo mundo." Foi quando ele teve o estalo de que poderia fazer o mesmo. Por que não?

E ele fez. Em 1964, no mesmo ano em que a banda inglesa Rolling Stones lançou o primeiro álbum (*The Rolling Stones*), pela Decca Records, com nova formação, Os Relâmpagos do Rock se tornaram The Panthers. "Naquela época todas as bandas tinham nome de bicho", explica Raul.

Com as canções "Nanny" e "Coração partido", a banda de Raul deu um passo importante rumo à profissionalização, chegando a entrar em estúdio para o que seria o primeiro disco, um compacto pela gravadora Astor. Mas o trabalho não chegou a ser lançado ou comercializado; ficou no acetato e desapareceu por décadas.

Raul passou a vida toda procurando essas gravações, sem sucesso. Somente um ano depois de sua morte uma delas apareceu, em uma fita cassete, nas mãos de Gino Frey, por acaso o autor de "Nanny". Até hoje ninguém sabe da outra faixa, "Coração partido", composta pelo pai, Raul Varella Seixas, versão de uma música cantada por Elvis Presley no filme "Saudades de um pracinha" (*G.I. Blues*, de Norman Taurog, de 1960).

É certamente uma relíquia que quando (e se) aparecer valerá uma pequena fortuna. Na opinião de quem já bateu perna procurando por essa gravação, é mais fácil encontrar um cavalo alado com um chifre em espiral, de botas pretas, batendo asinhas de patinete pela avenida Paulista, exibindo uma camiseta com a frase "Toca Raul!".

Outra canção assinada pelo pai de Raul, da mesma década, em 1964, é "Minha viola". Essa porém teve um destino certo, o álbum *Abre-te Sésamo*, de 1980 (CBS). Foi composta depois que o pai, Raul Justiniano Seixas, faleceu. A inspiração veio das lembranças da última noite que passaram juntos, quando ele já estava bem doente por causa de um derrame que o deixou paraplégico.

"Oh, não sei por que
Gosto tanto assim de você
Não sei mais viver
Sem teus olhos azuis"

"Oh por quê?" foi a primeira canção composta por Raul Seixas, letra e arranjo, mas não entrou em nenhum álbum do artista. A inspiração veio da paixão por uma loirinha de olhos azuis chamada Edith Wisner, que anos mais tarde se tornaria sua primeira esposa.

3 EU VOU BOTAR PRA FERVER

Ver Raul pouco a pouco abandonar os estudos para se dedicar cada vez mais à música não agradava nem um pouco ao pai. Na opinião de seu Varella, o filho estava dando um passo em falso. A amizade de Raulzito com Waldir Big Ben Serrão também não era vista com bons olhos. "Eu não gostava desse ajuntamento porque desviava a atenção de Raulzito das coisas sérias, dos estudos."

Uma noite, Big Ben apareceu justamente na hora em que os pais de Raul saíam de casa para ir ao cinema. O patriarca da família Seixas resolveu, então, como se diz por aí, "se fingir de morto para comer o coveiro". Ele e Maria Eugênia entraram no carro (um Plymouth azul-escuro) e partiram, como se realmente fossem seguir para o passeio. Porém não.

O casal deu uma voltinha breve e retornou. Quando dona Eugênia e seu Varella chegaram, encontraram a casa lotada de moleques e o som estridente estalando no último volume. Nem é preciso dizer o que veio em seguida. Um baita corre-corre para desmontar o cenário, com todos em pânico, de cara amarelada.

A mãe também não apreciava a inclinação do filho para as artes. E não eram apenas os pais de Raul que tinham essa percepção. Naquela época, para uma fatia considerável da sociedade, artista era praticamente sinônimo de marginal.

Os pais tentaram de tudo para Raul engatar no estudos. Maria Eugênia chegou a escrever para o Instituto Rio Branco, fundado no mesmo ano em que Raul nasceu, e que desde 1946 é responsável pela seleção e o treinamento dos diplomatas brasileiros. Sim, a mãe de Raul queria que o filho fosse diplomata. Depois viram que não havia outro jeito e entraram no circuito para ajudá-lo.

Em 1964, ainda com a banda The Panthers, Raul começava a ficar conhecido em Salvador. Com o sucesso dos shows em clubes e festas, a banda começou a ser chamada para tocar no interior do estado. A badalação foi tanta que eles se tornaram o grupo mais caro da cidade.

O ano de 1964 foi outro daqueles efervescentes. Guerras e conflitos ardiam por todo o planeta. O pau comia no Vietnã entre os guerrilheiros comunistas de Hanói e os pseudodemocratas de Saigon, apoiados pelos dois fronts da Guerra Fria — de um lado a então União Soviética e a China e do outro, como não poderia deixar de ser, os Estados Unidos.

O sangue jorrava também nas violentas ditaduras em Angola, Guiné e Moçambique. No Brasil, a democracia, as liberdades individuais e de expressão sofreram um duro golpe com a tomada do poder pelo Exército na madrugada do dia 31 de março, instaurando um longo período de repressão e perseguição política no país.

O alento, como sempre, vinha das artes. A TV Tupi estreou em 1964 sua primeira novela, *Alma cigana*, que fez um sucesso estrondoso. Nos cinemas, chegaram às telas *blockbusters* como *O indomado*, *O satânico Dr. No*, que apresentou o personagem James Bond, o agente 007 ao público brasileiro, e até a adaptação de uma obra de Nelson Rodrigues, *O beijo*.

Na música, a criatividade despontava no horizonte, sinalizando um tempo fértil. Logo em janeiro, os Beatles lançaram o primeiro álbum nos Estados Unidos, *Meet The Beatles!*, pela Capitol Records. O sucesso foi tanto que a primeira aparição na televisão americana, no programa *Ed Sullivan Show*, atingiu uma audiência absurda.

Naquela noite, cerca de 73 milhões de pessoas assistiram à banda tocar "All My Loving", "Till There Was You", "She Loves You", entre outras. Foi muita gente. Para entender melhor a dimensão disso, o número representa quase metade do total de espectadores americanos. No mesmo ano, John Lennon lançou seu primeiro livro de poesias, crônicas e desenhos, *In His Own Write*.

Em Salvador, Raul Seixas e sua banda também viviam um bom momento. Apesar de as primeiras duas canções gravadas não saírem em disco, começaram a tocar nas rádios. E, para combinar com os tempos solares na música, o amor também chegou a sua vida. Ele conheceu Edith Wisner, filha de um americano que vivia na Bahia. A paixão levou ao primeiro casamento, mas antes, rendeu também a sua primeira composição: "Oh por quê?".

No áudio, a canção, que nunca foi lançada, mas circula pela internet, o irmão, Plínio, anuncia a primeira criação musical exclusivamente de Raul Seixas. "Raul, agora ele vai cantar uma música que ele fez a letra e a música (o arranjo) também. Essa é a primeira música que ele faz, porque versão ele faz várias. Ouçam, é 'Oh por quê?'."

Oh não sei por que
Gosto tanto assim de você
Não sei mais viver
Sem teus olhos azuis

Oh não há razão
Para ser esta louca paixão
Não sei mais viver
Sem teus olhos azuis

Os tais olhinhos azuis eram de Edith, que posteriormente seria homenageada com outras canções, como "Menina de Amaralina", esta, sim, incluída no álbum *Raulzito e os Panteras,* lançado em 1968 pela Odeon.

Mas o namoro de Raulzito, já um roqueiro conhecido em Salvador, com Edith não agradou nem um pouco ao pai da loirinha de olhos azuis, que, além de dono da Saint George School, era pastor na

Acervo Sylvio Passos

No colégio Ipiranga, mais uma tentativa de avançar nos estudos.

igreja presbiteriana. Não foram poucas as articulações do pastor Wisner para melar o romance. A moça chegou a ser mandada para os Estados Unidos, onde passou um ano estudando.

Em 1964, Raul se matriculou em uma turma do curso noturno no colégio Ipiranga, na ladeira do Sodré, em mais uma tentativa de avançar nos estudos. Tinha tudo para dar certo, porque a fama da instituição era “pagou, passou”. Parecia um perfil adequado aos planos de Raul, mas não foi exatamente o caso. Nessa fase a sala de aula foi sendo colocada de lado, gradualmente substituída pelo balcão da loja de discos Cantinho da Música.

Mas nem tudo foi perda de tempo no colégio Ipiranga. O encontro com o futuro baterista da banda Raulzito e seus Panteras, Antonio Carlos de Souza Castro, o Carleba, aconteceu nessa escola.

Carleba, que tinha mais ou menos 17 anos, vivia batucando na carteira, e o talento dele logo chamou a atenção de Raul, que já matutava sobre formar um novo grupo. Ritmado e exibido, todo mundo pensava que Carleba soubesse tocar de fato, mas na realidade ele nunca tinha sentado em frente a um instrumento de verdade.

Quando encontrou uma bateria pela frente, porém, Carleba já saiu tocando de cara. Tinha mesmo jeito para a coisa. A descoberta do talento foi no instrumento novinho de Thildo Gama que era o baterista na banda de Raulzito. Carleba começou a ir à casa do amigo quase diariamente para tocar, e foi num desses dias que Raul apareceu, viu uma performance do rapaz e o chamou para tocarem juntos.

Foto Junior Oliveira

Carleba em show realizado em 2011 que celebrou 44 anos do LP *Raulzito e os Panteras*, em Belo Horizonte (MG).

Raul, que amargava a saudade de Edith, decidiu abandonar os estudos e se jogar de vez na música. Nessa época começam as movimentações para formar sua primeira banda profissional, Raulzito e seus Panteras. Na primeira formação, Thildo era quem tocava bateria, mas este rapidamente perdeu o posto para Carleba.

No começo, Carleba ensaiava escondido com o líder e *crooner* da banda, Raulzito. Thildo, quando soube, ficou puto, bateu o pé, mas, para permanecer na banda, foi obrigado a optar por outro instrumento. Acabou se tornando o primeiro guitarrista dos Panteras.

Pouco depois chegou Carlos Eládio, e Thildo foi sumariamente descartado. Colegas da banda acreditam que isso tenha ocorrido também porque ele nunca se especializou de fato em nenhum instrumento; se revezava na bateria, na guitarra e no saxofone.

Os shows no Cine Roma começaram a ficar mais frequentes e profissionais. A banda passou a se apresentar em festas e shows em Salvador, incluindo o Balbininho, apelido do Ginásio de Esportes Antônio Balbino, localizado na ladeira da Fonte das Pedras.

Por lá, graças ao patrocínio do guaraná Platense, muitas vezes quem não tinha dinheiro podia trocar um ingresso por vinte tampinhas do refrigerante. Quem precisou contar com esse recurso foi o percussionista Dinho Nascimento, que naqueles dias ainda era apenas um garoto que gostava de Beatles, Rolling Stones e de Raulzito e seus Panteras.

Foto Junior Oliveira

Guitarrista Carlos Eládio Gilbraz em show realizado em 2011 em Belo Horizonte (MG).

Também rolavam shows no famoso Dendê Bar, no Vasco da Gama, onde a banda de Raulzito se revezava com o grupo de jazz Gessildo Caribé Band, do baixista Bira, mesmo local onde Gal Costa começava a se apresentar e por onde também davam umas canjas a então cantora Judy Spencer, ao lado de Paulinho Boca de Cantor e Edy Star. Ela mais tarde se tornaria iluminadora de grandes nomes da MPB, como Caetano Veloso e Maria Bethânia.

Chegaram a tocar até no brega Montecarlo. Já foi dito aqui, mas, para os que não se lembram, "brega" era o nome que tinham os prostíbulos, também conhecidos como meretrícios, zonas ou puteiros mesmo. Segundo Plínio Seixas, que estava junto com seu irmão naquela noite, as "putas" vibraram.

Em Salvador, também se apresentavam com frequência na Associação Atlética da Bahia, onde Carleba fez seu primeiro show. Era nesse local que o grupo ensaiava todos os domingos, perto da piscina. Lá não tocavam por dinheiro, mas por puro tesão — pela música e também pelas gatas estrangeiras que circulavam no pedaço. Já que Edith estava longe, Raul dava em cima das gêmeas Sandy e Pamela Craig. E tam-

Acervo Sylvio Passos

Carteirinha da Associação Atlética da Bahia, ponto de namoro, ensaios e shows.

bém de uma francesa chamada Laurette, que, apesar de não ser tão bonita, tinha pernas de parar o trânsito, ou, nesse caso, o clube.

O namoro também rolava quente no Cine Roma. Um dia, após um show, teve exibição de um filme com Elvis Presley. Raul convidou uma garota chamada Mercedes (Thildo era gamado na menina e morria de ciúmes), os amigos da banda chamaram cada um uma menina e foram namorar no escurinho do cinema.

Nesse dia o romance de Raul parece que não andou muito bem, porque no meio do filme se ouviu a voz dele chiando com a menina. "Ô minha filha, quer fazer o favor de largar do meu ganso?" Risada geral na plateia.

Aos poucos o processo de profissionalização ia acontecendo, e, em paralelo, o nome da banda foi mudando. The Panthers virou Raulzito and the Panthers e, em seguida, Raulzito e seus Panteras.

A banda começou a acompanhar artistas da Jovem Guarda que se apresentavam na cidade, entre eles, Roberto Carlos, que fazia sucesso com hits como "Lobo mau", "Calhambeque", "Negro gato" e "Mexerico da Candinha".

Outros nomes que começavam a despontar no cenário nacional, como Jerry Adriani, Wanderléa e Wanderlei Cardoso, aterrissavam em Salvador para se apresentar no Cine Roma, e era comum contratarem artistas e grupos locais para acompanhá-los.

Também dividiam a cena musical bandas como a Gentleman e Os Minos, de Pepeu Gomes, mas o grupo de Raulzito aos poucos foi se destacando e

Acervo Sylvio Passos

Fotos de divulgação da banda Raulzito e os Panteras.

se tornando a preferida dos artistas que tocavam por lá. Confiança e prestígio que conquistaram no palco, pela competência, mas também fora dele, e no berro em algumas ocasiões.

Na primeira vez que contratou Raulzito, Roberto Carlos ficou com um pé atrás por não conhecer a banda. Roberto chegou de táxi, duas horas atrasado, em frente da casa da irmã de Mariano, onde a banda estava, e tomou um baita esporro da turma.

Eles se reuniam para tocar e criar, e quem colocasse uma frase na letra era autor ou, ao menos, parceiro.

Não era para menos. Carleba conta que a banda estava desde a uma da tarde esperando o ídolo da Jovem Guarda. Ele tinha ficado de chegar às três, mas só chegou às cinco, alegando um atraso no voo.

Já em cima da hora, os Panteras logo foram pegando o amplificador todo invocado de Roberto, um Phelpa com reverberação, que para a época era uma baita novidade. Mas o cantor atravessou a conversa, dizendo que só passaria duas músicas com eles.

E lá veio outra bronca. Dessa vez foi Carleba que deu um gancho de direita em Roberto. "Por que passar só duas músicas se a gente tirou todas as canções do disco?" O ícone da Jovem Guarda não sabia que estava falando com os melhores de Salvador. Mas depois da terceira música ele percebeu o vacilo e relaxou.

E então, no dia 5 de junho de 1965, Roberto Carlos se apresentou na Bahia no Ginásio Antônio Balbino, acompanhado de Raulzito e seus Panteras, que, além da boa fama no rock, se consolidava como o melhor conjunto de baile da capital baiana. O show em que acompanharam o famosíssimo artista aconteceu durante o concurso Miss Bahia.

Já íntimos, no camarim, os meninos aproveitaram o tempo ocioso para dar uma espiada pelos buraquinhos no tabique de madeira, de onde era possível ver as garotas trocando de roupa, só de calcinha. Foi uma festa.

Depois disso, Roberto virou cliente assíduo. Em outro show, dessa vez no Cine Roma, organizado por Waldir Serrão, o dinheiro arrecadado não dava para pagar o cachê. Sem titubear, o produtor se mandou pelos fundos e nunca pagou ao cantor.

Naquela época, as composições próprias de Raulzito e seus Panteras, que depois iriam para o primeiro disco, começavam a sair do forno. Eles se reuniam para tocar e criar, e quem colocasse uma frase na letra era autor ou, ao menos, parceiro.

Foi nesse esquema que o baterista Carleba conseguiu emplacar duas parcerias com Raulzito e Mariano, "Dorminhoco" e "Me deixe em paz". Isso apesar de ser o mascote do grupo, o último a entrar.

Outra canção do álbum, "Vera Verinha", foi uma homenagem à sobrinha de Mariano, que na época tinha 4 anos e adorava brincar com as cordas do violão enquanto eles ensaiavam. A música é uma parceria de Raul e Eládio, que passava muito tempo na casa de Mariano, o qual, aliás, chegou a morar lá durante um tempo.

Vera Verinha
Veras verás
Que serás minha
Sempre serás

Vera menina
Preste atenção
Ouça o que eu digo
Nesta canção

Uma namorada de Eládio também foi homenageada, com a canção "Alice Maria". Ele escreveu parte da letra com Raul e compôs a melodia com Mariano.

O sucesso em Salvador já era evidente. Em 1966, durante o Festival da Juventude no Cine Roma, que tinha capacidade para 1.800 pessoas, Raulzito e seus Panteras levaram à loucura cerca de dois mil fãs. A banda foi obrigada a retornar cinco vezes ao palco para atender aos pedidos de bis da multidão.

E os shows começam a engrenar. Dia sim, dia não chegavam convites para o grupo tocar nas rádios Cultura, Excelsior e Sociedade. Na TV Itapoan chegaram a ter um programa só deles, com o nome da banda, *Raulzito e seus Panteras*.

Ainda assim, a ovelha negra do grupo, o baterista Carleba, encontrava tempo para fazer participações especiais em outras bandas e com outros artistas. A questão é que ele não apenas adorava jazz, como também curtia muito tocar o ritmo. E aí o jeito era atuar nas duas facções. Tocava jazz no grupo Gessildo Caribé Trio e rock com Raul.

Raul, naturalmente, não gostava nada da vida dupla do amigo, mas Carleba não estava nem aí. E, para deixar o chefe com o nariz ainda mais torcido, ele tirava um som de vez em quando no conjunto de baile de Thildo Gama, que só tocava bossa nova. Não foram poucas as vezes em que Raul brigou com Carleba nos ensaios, reclamando que ele estava tocando variações de jazz e não de rock.

A bronca era tanta que uma vez Raul e Mariano tentaram melar uma das exibições de Carleba na banda Thildo e Seus Bossas. Era um baile de debutante no morro do Gato. Os dois chegaram, começaram a tomar todas e zoar com a cara dos amigos.

Carleba não ligava. Afinal, para ele o jazz foi uma grande escola musical que o levou a tocar depois com grandes artistas — embora os estreitos e escamosos caminhos da música tenham se aberto de fato ao tocar com Raulzito.

Em 1966, Edith retornou a Salvador e o namoro ficou sério. Na realidade, apesar da distância, eles nunca tinham deixado de se comunicar. Durante todo o período em que ela esteve fora, o casal manteve contato por carta.

Os pais da menina, porém, não admitiam a ideia de a filha namorar um roqueiro, e a pressão fez Raul, completamente apaixonado, prometer abandonar a vida artística. Bem que ele tentou. No fim do ano decidiu sair do grupo, avisando apenas Mariano. A banda seguiu em frente com um novo nome, Panteras. Por volta do início de 1967, chegou um novo integrante, Emanuel, ex-Os Jormans, para ajudar nas guitarras.

Para mostrar que seu amor pela loirinha de olhos azuis era para valer, Raul voltou a estudar, fez supletivo e prestou vestibular para direito. Dizem que passou entre os primeiros colocados.

Sair da música era pura cascata, só uma armação para levar os sogros no bico.

Com a ficha mais limpa com os pais da menina, Raul e Edith se casaram em 28 de junho de 1967, mesmo dia em que Raul completava 22 anos. Para ganhar a vida, ele começou a dar aulas de inglês e violão. Um de seus alunos de música foi o norte-americano Daniel Dickanson, que morava bem perto da família Seixas.

O rapaz logo em seguida se mudou para os Estados Unidos, mas manteve contato com o antigo professor, enviando discos que eram lançados por lá. Um deles foi o *We're Only in It for the Money*, do Mothers of Invention, de Frank Zappa, um dos artistas que plantaram as sementes do futuro álbum que seria lançado em 1971, o *Sessão das 10* (CBS).

Esse mesmo amigo lhe enviou depois, em junho do mesmo ano, o lendário *Sgt. Pepper's Lonely Hearts Club Band*, dos Beatles, certamente uma das primeiras cópias que chegaram por aqui.

Por outro lado, o curso de direito não foi para a frente. Raul tentou a psicologia. Também não deu certo. Os amigos já sabiam desde o início, mas ficava cada vez mais evidente para todos que a ideia de sair da música era pura cascata, só uma armação para levar os sogros no bico enquanto não pintava uma ideia melhor.

A VOLTA DE RAULZITO

A música não demoraria a fisgar Raul novamente. E o caminho de volta começou a se desenhar no horizonte quando os Panteras foram chamados para acompanhar um show no aristocrático Clube Bahiano de Tênis em outubro de 1967, onde se apresentariam juntos o humorista Chico Anysio, a estrela da Jovem Guarda Jerry Adriani e a musa da bossa nova, Nara Leão.

Quase na hora da apresentação Jerry foi informado, ainda no hotel, que a banda que faria o acompanhamento não poderia comparecer. O motivo? Pretos não entravam no tal clube nem pela porta da cozinha (Gilberto Gil cita isso na canção "Tradição", do álbum *Realce*: "No tempo que preto não entrava no Bahiano nem pela porta da cozinha").

O grupo contratado para a noite, Os Jormans, tinha dois músicos negros entre seus integrantes. O mais curioso foi isso acontecer em meio a uma grande movimentação e gritaria mundial em torno da luta contra a segregação racial e ao surgimento dos movimentos negros na década de 1960, como o Black Power e os Panteras Negras.

Causa mais indignação ainda o fato de ter ocorrido em um estado onde cerca de 70% da população era formada por negros e pardos. A atitude do clube, a propósito, já poderia ser enquadrada como crime na época, pois violava a Lei Afonso Arinos, vigente no país desde 1951, que proibia a discriminação racial. Sem tempo para polêmicas, porém, Jerry preferiu resolver o problema de outro jeito: descolando outra banda.

A dica certeira foi chamar Os Panteras, que já eram conhecidos na cidade. E lá foram eles, o baixista Mariano Lanat, o guitarrista Perinho Albuquerque e Carleba, todos brancos, claro.

Apesar de a banda ser bem recomendada, Jerry Adriani ficou um pouco preocupado. Afinal, de última hora e no improviso seria difícil segurar a apresentação. A surpresa veio quando ele descobriu que Os Panteras sabiam todo o seu repertório de cor e salteado e, se preciso fosse, emendavam ainda Beatles, Elvis, Chuck Berry e muitos outros.

Foi só dar umas dicas básicas e o show foi um sucesso. Os Panteras saíram do palco sob aplausos. Até Nara Leão ficou impressionada e sugeriu a Jerry chamá-los para tocar com ele. Começava ali, por obra do infalível acaso, uma grande amizade entre Jerry e Os Panteras, que duraria por toda a vida.

Jerry, que na época tinha um programa na TV chamado *A grande parada*, ficou muito contente e disse à banda que, quando quisesse tentar a sorte no Rio, era só falar com ele. E foi exatamente o que fizeram. Na Kombi do empresário Alex, o trio se mandou para a Cidade Maravilhosa. Foram sondar o ambiente.

Logo em seguida veio o convite para Os Panteras acompanharem Jerry Adriani, Nara Leão e Chico Anysio em uma excursão pelo Nordeste em um evento chamado *Show da Rhodia*, empresa francesa que, em 1919, abriu por aqui uma promissora fábrica de lança-perfumes, um spray também conhecido como Rodouro, que agitou muitos carnavais antes de ser proibido em 1961.

Já em 1955, percebendo que a festa do lança-perfume estava com os dias contados, a Rhodia decidiu diversificar sua atuação e partir firme e forte para a produção de fibras sintéticas. Para vender o peixe, e aproveitando o fato de o Brasil ser na época uma referência mundial em algodão, a empresa lançou uma audaciosa estratégia de marketing que durou mais de uma década.

Começaram então os shows-desfiles da Rhodia, que exibia a moda dos estilistas mais incensados daquele momento, pioneiros da alta-costura nacional, como Dener e Jorge Farré, em coleções desenvolvidas sob a coordenação do ilustrador mineiro Alceu Penna, autor do figurino de Carmen Miranda e da famosa seção de moda *Garotas do Alceu*, publicada na revista *O Cruzeiro*, que inspirava e ditava as tendências religiosamente seguidas pelas brasileiras.

Além disso, os eventos contavam com a participação de artistas plásticos, como Iberê Camargo, Tomie Ohtake, Milton Dacosta, Nelson Leirner, Ivan Serpa, Manabu Mabe, Alfredo Volpi e Willys de Castro. Completavam o cardápio artístico, dança e música da melhor qualidade. O ator Raul Cortez era, em geral, o mestre de cerimônias.

Em meio aos desfiles-shows, que atraíam multidões em todo o país, performances de artistas começavam a mudar a cena musical brasileira, e para melhor. Era o caso de Gal Costa, Caetano Veloso, Gilberto Gil e Rita Lee, junto com os Mutantes. Jerry Adriani, Nara Leão, Chico Anysio e Os Panteras passaram pelo evento em Recife, mas ainda sem Raulzito.

Acervo Sylvio Passos

Ao voltar, Raul admitiu que sair da banda tinha sido para enganar o pai de Edith.

Pouco depois, outro convite para mais uma turnê, dessa vez pelo interior da Bahia, com Jerry, Nara e Chico Anysio. Nessa ocasião, a turma, sentindo a falta do parceiro, decidiu chamar Raul, que topou na hora e admitiu que tudo o que tinha feito, de sair da banda a retomar os estudos, tinha sido para enganar o pai de Edith.

E foi assim, atendendo a pedidos, que Raulzito retornou aos Panteras. Mas a banda impôs uma condição para a volta. Eles passariam a se chamar Raulzito e os Panteras, e não mais Raulzito e seus Panteras. Todos concordaram. Pairava ainda uma questão, que ameaçava significativamente a volta do roqueiro à música e a tentadora viagem: o que fazer com relação a Edith?

"Pense num dia com gosto de infância
Sem muita importância procure lembrar
Você por certo vai sentir saudades
Fechando os olhos verá"

("Você ainda pode sonhar", do álbum *Raulzito e os Panteras*, lançado em 1968 pela Odeon.)

A versão composta por Raul para "Lucy in the Sky with Diamonds", do álbum Sgt. Pepper's Lonely Hearts Club Band, *dos Beatles, teve o trecho inicial vetado pelo produtor da gravadora. O trecho "Pense num dia com gosto de infância" era, na canção original, "Pense num dia com gosto de jaca". A ideia se referia a algo semelhante à expressão, muito usada, "acordar com gosto de cabo de guarda-chuva na boca", mas não teve jeito: foi preciso mudar a letra.*

4 QUERO IR

Abastecido com muito LSD e embalado pelo surgimento do novo rock psicodélico, 1967, em diferentes pontos do planeta, foi de fato um ano muito louco. Nos Estados Unidos, logo em janeiro, os poetas beatnik Allen Ginsberg e Gary Snider idealizaram uma grande roda de oração, que girava no sentido anti-horário, para abençoar a contracultura dentro de um ritual hindu. O evento, que ficou conhecido como o primeiro grande encontro hippie, aconteceu numa manhã ensolarada no Golden Gate Park, em São Francisco, na Califórnia, a margem mais corrompida do chamado "sonho americano".

Organizada por um jornal marginal, *The Oracle*, a roda hippie no parque de São Francisco teve uma trilha sonora inesquecível. Grateful Dead, Jefferson Airplane e Big Brother and the Holding Company (da cantora Janis Joplin) foram algumas das bandas que tocaram de graça nesse dia radiante. Além de sanduíches de peru, distribuídos fartamente aos presentes, teve ainda muito ácido do bom, do tipo "White Lightning", oferecido gentilmente por Owsley Stanley, uma espécie de superempresário dos psicodélicos naqueles tempos alucinados.

Era só o começo de uma onda que iria explodir com tudo no chamado "verão do amor", uma grande marcha hippie pela paz, que nos Estados Unidos aconteceu no dia 15 de abril, reunindo cerca de 300 mil pessoas. Outras manifestações aconteceram em várias partes do mundo.

Na Inglaterra, foi também o momento de uma grande metamorfose na sonoridade dos Beatles, que por pouco não tinham encerrado a carreira no ano anterior. Depois de cancelar shows, mudar os cortes tigelinha e se lançar também nas experiências psicodélicas, o fantástico quarteto de Liverpool lançou um dos discos mais icônicos, inesquecíveis e abstratos da história do rock, *Sgt. Pepper's Lonely Hearts Club Band*. A capa do álbum, criada pelo artista Peter Blake, é uma das imagens mais representativas daquela época colorida e vibrante.

No Brasil, sob o comando da ditadura militar, a realidade era bem outra. Distante do colorido psicodélico e da vibração libertária que arrebatava Londres e a Califórnia, por aqui os dias estavam mais para o preto e branco. Ambiente propício para a música de protesto, que deu um salto quântico, entrelaçada com o Cinema Novo do baiano Glauber Rocha e o movimento estudantil, cada vez mais radical.

A música, aliás, ocupava o horário nobre da TV Record. Mas o sucesso do programa *Jovem Guarda*, nos domingos à tarde, começou a sinalizar que a MPB poderia estar perdendo força e lugar, vitimada por uma nefasta invasão cultural americana, percepção que até motivou a realização de uma insólita passeata contra a guitarra elétrica.

Foi também o ano da explosão do tropicalismo e de uma cisão na MPB. Boa parte disso teve como cenário a terceira e histórica edição do Festival da Record, em outubro de 1967. Os destaques foram Chico Buarque, que defendeu "Roda viva", Roberto Carlos, que começou vaiado mas virou o jogo com o samba "Maria, carnaval e cinzas", e Elis Regina, interpretando "Samba de Maria", de Vinicius de Moraes e Francis Hime.

O festival marcou ainda a consagração de Gilberto Gil, já tomado pela sonoridade dos Beatles e dos Rolling Stones, que levou o segundo lugar com "Domingo no parque", tocada junto com os Mutantes, e de Caetano Veloso, que de início foi alvo de uma vaia monumental, vencida depois no talento e no gogó, com uma apresentação primorosa da canção "Alegria, alegria", ao lado do grupo de cabeludos argentinos Beat Boys, que usaram e abusaram das malfaladas guitarras elétricas – aliás, o real motivo da chiadeira da plateia obtusa.

Quem levou o primeiro lugar foi "Ponteio", interpretada por Edu Lobo e Marília Medalha. Um dia depois da final na Record, a Globo exibiu o desfecho do seu segundo Festival Internacional da Canção, revelando o talento de Milton Nascimento, que entrou no páreo com três canções, "Maria, minha fé", "Morro Velho" e "Travessia".

Enquanto isso, em Salvador, Raul Seixas, recém-casado com Edith, se coçava inteiro, sem saber o que fazer com o convite dos Panteras para uma inesperada e eletrizante volta ao grupo em uma turnê pelo Nordeste, com Jerry Adriani e companhia. A ideia de meter o pé na estrada para tocar ao lado de um artista de projeção nacional não era qualquer coisa. Mas, com medo de melar o casamento, aos prantos e lamentos, ele a princípio pensou seriamente em recusar.

Raul se viu numa sinuca de bico. Sabia que sua relação com Edith poderia naufragar. O impasse foi relatado a Jerry, que, quando soube da questão de Raul, e interessado na presença dele no grupo durante a turnê, resolveu o problema rapidamente. "Se for esse o problema, está resolvido. A mulher do Raulzito é convidada da produção. Levamos na excursão."

O regresso de Raulzito, entretanto, não agradou a todos. Para o empresário do grupo, Alex, era um erro. Após um breve arranca-rabo entre eles, e de ser alterada toda a logística da turnê, afinal a trupe teria um casal a mais na viagem, Raul e Edith partiram para uma lua de mel no mínimo singular. Na Kombi do empresário dos Panteras, os roqueiros se embrenharam pelo interior da Bahia, abrindo os shows de Jerry Adriani, Chico Anysio e Nara Leão.

Foi nessa viagem que Raul e Jerry se conheceram e se tornaram amigos. Não demorou para se tornarem compadres. O ídolo da Jovem Guarda batizou a primeira filha do roqueiro com Edith, Simone.

Para coroar a amizade, ainda na estrada, Raul ofereceu ao amigo uma primeira música, "Tudo que é bom dura pouco". Foi sua primeira composição gravada por um artista conhecido nacionalmente.

Entrou no disco de 1969 de Jerry, que teve bom desempenho no mercado. O álbum foi lançado também em Portugal, em 1970.

Com um nível de intimidade já avançado, Jerry chamava Raul de "magrinho elétrico". Feliz pelo sucesso da turnê, o galã da Jovem Guarda começou a botar pilha em Raul para que ele se mudasse com Edith e os Panteras para o Rio.

Aos trancos e barrancos, eles foram. A turma toda, incluindo Edith, decolou do então Aeroporto Dois de Julho, em Salvador, rumo à Cidade Maravilhosa. Nos bolsos, quase nem um tostão e os números de telefone de alguns amigos valiosos, como Chico Anysio e Jerry Adriani.

Na bagagem, além dos instrumentos, uma penca de músicas. Bem mais do que o bastante para o sonhado primeiro disco. Entre elas, uma versão em português pra lá de inspirada em "Lucy in the Sky With Diamonds", do álbum *Sgt. Pepper's*, lançado pelos Beatles pouco antes da mudança dos Panteras para o Rio.

A falta de grana começou a trazer problemas já no Aeroporto Santos Dumont, porque, para retirar os instrumentos despachados, eles teriam de pagar uma taxa.

Nesse primeiro perrengue, quem socorreu a turma foi Chico Anysio. O apartamento onde eles ficariam hospedados, de Egberto, irmão de Mariano, ficava na Urca, onde estava localizada também a TV Tupi, e era lá que o humorista tinha um programa. A grande ideia, que acabou funcionando, foi ir até lá pedir trabalho a ele.

Chico recebeu muito bem o grupo, e deu um jeitinho de encaixá-los no programa. Eles tocariam para a plateia nos intervalos das gravações e ainda fariam uma participação no quadro de um dos personagens, o do Coronel Limoeiro e Teresa Cristina. Raulzito e os Panteras viria a ser a banda que tocava na festinha que a esposa organizava na ausência do marido, e que sempre chegava de surpresa.

Era bem mais do que esperavam. Perfeito. Tudo certo. Com exceção de apenas um único detalhe: os instrumentos estavam retidos no aeroporto. Não havia outro jeito, abriram o jogo com o humorista. Mas Chico não se abalou e, numa demonstração inquestionável de generosidade e paciência, adiantou, do próprio bolso, o cachê para a rapaziada. E revelou: "É a primeira vez na história da TV Tupi que um cachê é pago antes da apresentação."

E foi assim, por caminhos tortuosos e esburacados, que Raulzito e os Panteras fizeram sua primeira aparição na televisão em rede nacional, no *Chico Anysio Show*. Por um dos descaminhos eventuais do destino, esse registro histórico desapareceu num incêndio ocorrido na emissora.

Instalados no Rio, ganhando a vida no programa do Chico Anysio, era hora de batalhar o grande sonho de gravar o primeiro disco. E eles começaram a bater na porta de várias gravadoras. A sorte pareceu querer acenar com um sorriso num certo dia nos corredores da CBS.

Havia semanas os Panteras, Carleba, Eládio e Mariano, tentavam sem sucesso falar com o produtor Jairo Pires, que estava dando uma canseira na turma. Na tarde em questão, por um desses acasos surrealistas da vida, Roberto Carlos resolveu dar uma passadinha na gravadora.

De volta do Japão, onde tinha gravado um disco, Roberto chegou à CBS todo animado. Com uma câmera Nikon, provavelmente comprada na viagem, o cantor fotografava quem encontrasse pelo caminho. Foi quando se deparou com os Panteras. Carleba logo mandou: "Tudo bem? Lembra da gente?" A resposta veio rápido: "Claro que lembro."

Sem botar fé, Carleba emendou: "Lembra nada!" Mas Roberto estava falando sério: "Não lembro o nome, mas vocês são os Panteras da Bahia." Ele perguntou o que o grupo fazia ali e, depois de saber, correu até a sala de Jairo para tentar desenrolar a história. E conseguiu.

Logo retornou com a notícia: "Podem subir. Ele vai atender vocês agora." Aí foi uma festa. Subiram, falaram com o produtor e em seguida foram ao estúdio para uma audição.

Conversa vai, conversa vem, de repente a porta que parecia aberta ameaçou se fechar de novo na cara do grupo. Jairo explicou que lá na CBS não ia rolar, porque já tinham bandas que faziam um som semelhante ao dos Panteras. Mas disse para eles procurarem no dia seguinte Milton Miranda, na Odeon, subsidiária da gravadora EMI no Rio de Janeiro.

No dia seguinte, com nó na garganta, frio na barriga, aperto no peito, foram bater na porta da Odeon. Depois de mais ou menos cinco minutos de conversa, Miranda falou: "Bora gravar!" E assim Raulzito, Eládio, Carleba e Mariano assinaram o contrato com a EMI Odeon, mesma gravadora dos Beatles, no dia 25 de setembro de 1967.

Escolher as músicas que entrariam no disco não foi tarefa das mais simples. O produtor queria que Raulzito e os Panteras fizessem iê-iê-iê romântico. Raul rebatia dizendo que preferia iê-iê-iê realista.

A influência dos Beatles nas canções e na concepção do disco era evidente. Da capa, inspirada em *With the Beatles,* de 1963, às canções, como na já citada versão que Raul fez de "Lucy in the Sky with Diamonds". Esta, teve, logo de cara, um trecho vetado pelo produtor da Odeon.

Logo no início a versão de Raul causou polêmica: "Pense num dia com gosto de jaca, sem muita importância." Milton Miranda logo encrespou. "Pô, isso não existe!" Apesar de todas as argumentações de que a ideia se referia a algo semelhante à expressão, muito conhecida e usada, "acordar com gosto de cabo de guarda-chuva na boca", não teve acordo e a letra precisou ser alterada. Mas o resultado final agradou a todos. "Pense num dia com gosto de infância."

No final, o repertório não foi o que a gravadora queria fazer nem o que estava nos planos de Raulzito e os Panteras, mas, enfim, com contrato assinado, músicas definidas, era hora de partir para o estúdio. Raul Seixas dividiu as guitarras com Eládio e os vocais com Mariano. Na bateria, Carleba. O álbum teve ainda a participação do orquestrador e regente Orlando Silveira e direção musical de Lyrio Panicali.

Por uma questão de estratégia de mercado, o disco foi lançado, nas versões mono e estéreo, só depois do Carnaval de 1968, para não concorrer no fim do ano com os lançamentos de peixes grandes, como Roberto Carlos.

"Não tínhamos ideia do que era ou não comercial."

Tempos depois, em 1984, o álbum teve uma reedição em estéreo, vinil e cassete cuja qualidade sonora chegou a ser elogiada pelo próprio Raul Seixas. Houve também uma edição em 1989 que trazia no canto superior esquerdo a chamada "1º disco de Raul Seixas". Essa edição foi lançada em LP, cassete e CD.

Talvez pelo fiasco nas vendas, ou por não serem exatamente as músicas que queriam ter gravado, o álbum não teve shows de divulgação. O disco só foi tocado na íntegra pelos Panteras em maio de 2009, no palco Toca Raul, que exibiu 24 horas de homenagens ao roqueiro baiano, dez anos após sua morte, em uma edição da Virada Cultural de São Paulo.

FOME NA CIDADE MARAVILHOSA

Por ironia, assim como cantou Raul em sua primeira canção gravada por Jerry Adriani, "Tudo que é bom dura pouco". A alegria dos Panteras de gravar o primeiro disco não foi longe. O lançamento foi um fiasco. Apesar da via-crúcis da banda pelas rádios com o álbum embaixo do braço para dar uma alavancada na divulgação, não teve jeito. O som não emplacou.

De acordo com as anotações de Raul em seus diários sobre a fase que chamou de "época da fome", eles acabaram complicando demais na escolha das músicas. "Não tínhamos ideia do que era ou não comercial." Depois de nada dar certo, chegaram a mudar o nome da banda para tentar faturar algum trocado com shows noturnos por bares do Leblon. Se apresentavam como *The Folk Four*.

Naquele momento de muitas interrogações e desânimo, um novo sopro de esperança veio com Jerry Adriani, que estava no auge da carreira, disputando corações e mentes com Roberto Carlos. O cantor voltou a entrar no circuito para ajudar a turma. Desde comprar instrumentos, após os Panteras serem roubados, até ser fiador na locação de um apartamento, o galã do iê-iê-iê se mostrou ponta firme. Outra ajuda veio no convite para que Raulzito e os Panteras se tornassem sua banda de apoio oficial.

Mas a aventura dos intrépidos roqueiros baianos na Cidade Maravilhosa não terminou lá muito bem. Com o minguado cascalho que vinha da participação no *Chico Anysio Show*, eles seguiram tentando a sorte no Rio. Raul e Edith ficavam num apartamento alugado em Ipanema, no edifício Upaci, na rua Visconde de Pirajá. Os Panteras e o empresário Alex, inicialmente, moraram no pequeno apartamento de dois quartos onde viviam Egberto e sua esposa. Todos, por tempo indeterminado, tomando café da manhã, almoçando, jantando, usando o banheiro.

Como já era de esperar, a barra pesou na casa de Mariano. Faltava tudo: dinheiro, comida e, principalmente, espaço. O jeito foi alugar um apartamento no mesmo prédio, e no mesmo andar, onde estavam Raul e Edith. Mas a situação não melhorou muito. Para ser mais preciso, foi um período infernal, um verdadeiro caos. Até fome eles passaram.

A estratégia para driblar a pindaíba incluía acordar ao meio-dia, para assim pular o café da manhã e partir logo para o almoço, que muitas vezes era um sanduíche de mortadela no boteco mais próximo. No jantar o cardápio também quase sempre era pouco animador, invariavelmente uma sopinha rala na base do improviso.

O fato incontestável é que estava dando tudo errado. Uma porrada dura para Raul, que acreditava estar pronto para o sucesso. Em seus diários, ele relatava com perplexidade a falta de norte e o medo daqueles dias difíceis e esquisitos que enfrentavam. "Por azar chegamos no final da safra, não entendíamos nada do que se passava. Agnaldo Timóteo de um lado e Caetano, Gil e Mutantes do outro." Ele também não entendia como ninguém conhecia por lá Chuck Berry, Mick Jagger, Vanilla Fudge e Frank Zappa.

Com a situação cada vez mais difícil, um a um, todos foram desistindo. Mariano foi o primeiro. Corre o boato de que na verdade ele foi embora por causa de Carminha, uma namorada de Salvador. O irmão de Raul, Plínio, que também tocava e chegou a ter uma banda chamada Eles Quatro, veio da capital baiana para cobrir o amigo e, a partir de então, assumiu o contrabaixo na banda.

O combinado era ficar no apartamento com os Panteras, Eládio, Carleba e Emanuel, no mesmo andar onde moravam Raulzito e Edith. Mas a esculhambação era de assustar, e os rapazes mal tinham onde dormir. Pilhas de louça suja, bagunça por todos os cantos e um mau cheiro pavoroso, pior que fim de feira. Plínio não aguentou e pediu para ficar com o casal.

Raul topou, mas por lá outros problemas atazanavam. Não foi exagero a história de "ter passado fome por dois anos na Cidade Maravilhosa", verso cantado por ele em "Ouro de tolo" *(Krig-ha, Bandolo!,* 1973).

Os pais de Raul e de Mariano seguraram as pontas por um tempo, ajudavam como podiam, mandavam dinheiro para o aluguel, comida. Houve uma fase em que a turma passou à base de feijão-mulatinho e farinha que Maria Eugênia mandava da Bahia. O jantar era sopa... de feijão, lógico.

Plínio conta que, de tão traumatizado, ficou um longo período sem comer feijão. A mãe de Raul também fazia o que podia para dar uma turbinada nas vendas do disco. Comprou cerca de trinta cópias para presentear as amigas, mas não foi o bastante.

De manhã, Plínio tinha que descer para roubar leite. Embaixo do prédio havia uma padaria, e o entregador deixava caixas com várias garrafas do produto em frente à porta. Ele pegava apenas uma para reforçar o desjejum da banda.

O cachê como banda de apoio era uma mixaria. Para Raul a situação era ainda mais frustrante, porque na maioria das principais apresentações ele ficava de lado — afinal, Jerry Adriani era o cantor.

É dessa época a conhecida frase de Raul: "Sou o pandeirista do Jerry Adriani." Circulam fotos dele no programa do Chacrinha tocando o instrumento de percussão. Ele também tirava sarro do fato de os Panteras serem colocados para escanteio até nos cartazes que anunciavam os shows: "Hoje Roberto Carlos, Wanderley Cardoso, Jerry Adriani e muitos outros." "Olha nós aí", brincava o roqueiro.

Bom humor não faltava, mas o futuro que conseguiam enxergar não parecia nada engraçado. Ainda assim, durante um tempo Plínio não arredou pé: entrou no esquema de divulgação do disco, acordava cedo todos os dias e se mandava para as rádios com o álbum na mão, pedindo que tocassem. Tudo em vão.

A gota d'água para Plínio foi uma excursão a São Paulo que fizeram quase no final de 1968, mais uma vez na Kombi. Jerry fazia o show e eles o baile. E depois tinham ainda de trazer de volta para a velha perua todas as muitas pencas de badulaques, incluindo várias dezenas de cabos e instrumentos.

Em seguida, hora de engolir o choro, esquecer do cansaço e voltar para a estrada com destino ao Rio. Nada de descansar em hotel. Não dava mais para ele, que, durante o percurso do retorno, deu a notícia: "Vou embora para Salvador." Raul tentou fazer o irmão mudar de ideia, mas não teve jeito. Ele se mandou antes de o ano terminar.

Os roqueiros baianos, por ideia de Raul, chegaram a pedir socorro para o produtor artístico mais ogro da cena cultural brasileira, Carlos Imperial, que se autoproclamava "rei da pilantragem". Carleba foi contra. "O cara é um bostético." Para quem não sabe, de acordo com alguns dicionários, o termo refere-se a um indivíduo infeliz, burro, idiota, que defeca em si mesmo. Com certeza você deve conhecer alguém assim, ou até uma porção de indivíduos como esse. Só que na Bahia um locutor usava a palavra também como sinônimo de "crítico musical".

Ainda assim, lá foram eles, Raul, Eládio e Carleba. Ao chegarem ao apartamento de Imperial, na rua Barata Ribeiro, 814, foram anunciados pela secretária do produtor ogro como um conjunto musical da Bahia. Imperial, além de produzir artistas famosos como Elis Regina e Erasmo Carlos, tinha fama de descobridor de novos talentos.

Ele abriu a porta sem camisa e com o barrigão de fora e topou ouvir os roqueiros. Raul pegou o violão e começou a cantar. Na segunda música, Imperial interrompeu o som e, com seu jeito todo delicado e fino de ser, falou: "Vocês vieram aqui pedir a minha opinião? Isto que vocês fazem tem 16 mil conjuntos aqui no Rio fazendo igualzinho. Meu conselho é: peguem o primeiro ônibus e voltem para a Bahia."

Raul ficou arrasado. Ainda insistiu por mais três meses, mas depois, já em 1969, começaram os desentendimentos com Edith por causa das péssimas condições que o casal enfrentava. Aí ele não segurou o tranco, espanou de vez e desistiu do Rio de Janeiro. Voltou para sua terra natal com uma das mãos na frente e a outra atrás, desiludido e deprimido. O baque foi enorme, como ele próprio descreveu depois.

"Quando eu cheguei com a mala de couro forrada de pano forte, brim cáqui, eu trazia essa mala cheia de ideais e a cabeça cheia de dez anos de espera. O peito só faltava arrebentar. Mas pouco a pouco foram os sonhos se transformando em pesadelos. E, como nada dava certo, eu fui obrigado a voltar para Salvador."

Depois de Raul, Emanuel também foi embora. Carleba e Eládio se seguraram mais um tempo tocando com Jerry Adriani, até que, a caminho de Mato Grosso para um show, debaixo de uma baita chuva, às duas da madrugada, o carro em que estavam se espatifou numa árvore. Eládio teve duas costelas quebradas e em seguida também voltou para Salvador.

O que ninguém imaginava naquela época de dureza e fome é que décadas depois o primeiro disco da banda seria disputado a tapa por colecionadores de todas as idades e regiões do país e até de fora dele, que topam pagar verdadeiras fortunas por alguma edição do álbum.

As primeiras edições em mono são vendidas hoje na internet por mais de 2 mil reais. As mais raras, já na versão estéreo, podem passar de 6 mil. Carleba afirma ter visto até por 15 mil, embora especialistas em vinis afirmem ser um absurdo total e absoluto. Ninguém paga isso. Ou paga?

Segundo Fred Cesquim, diretor do selo de vinis Record Collector, *Raulzito e os Panteras* está entre os dez discos mais caros e raros do mercado brasileiro. Da primeira prensagem estéreo, ele afirma que até hoje só viu dois.

Por falar em dinheiro, o contrato de Raulzito com a Odeon era de dois anos e previa o mínimo de dois discos anuais, mas, com o fracasso nas vendas, acabou saindo apenas um disco. E não pingou mais nenhum cascalho para a banda.

Um dos motivos para o desempenho pífio do álbum, na opinião de Carleba, foi a falta de divulgação pela gravadora. Segundo ele, Clara Nunes, que estava iniciando junto com eles, teve um tratamento bem diferente.

Carleba afirma que o contrato com a Odeon só saiu para cumprir metas de gravação. Cumprir catálogo. E assim a banda acabou, não gravou mais nada. Era o fim definitivo dos Panteras. Sem rescisão e, o pior, sem pagamento. Ficou o dito pelo não dito.

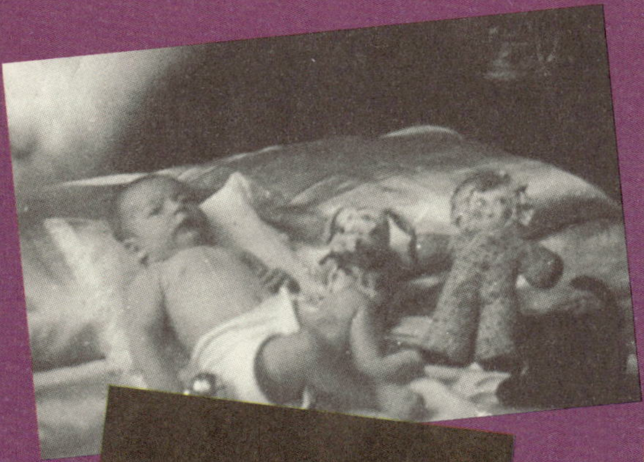

Acervo Sylvio Passos

"Doce, doce amor,

Onde tens andado,

Diga por favor,

Doce, doce amor,

Doce, doce amor,

Que eu vou te encontrar,

Meu bem seja onde for.

Está fazendo uma semana,

Que sem mais e nem menos eu perdi você,

Mas não sei determinar ao certo,

Qual foi a razão meu bem, vem me dizer"

("Doce, doce amor", de Raul Seixas, gravada por Jerry Adriani no álbum *Pensa em mim*, lançado em 1971 pela CBS.)

A canção "Doce, doce amor", de Raul Seixas, gravada por Jerry Adriani no álbum Pensa em mim, *de 1971, foi um de seus maiores sucessos e não parece, à primeira vista, conter nenhuma mensagem além de um lamento romântico, bem típico do cancioneiro da Jovem Guarda. Só que ela é bem mais do que isso. Segundo Jerry, por trás da aparente balada de amor existe o lamento indignado diante da promulgação do AI-5, que iniciou um dos ciclos mais nefastos da ditadura militar no Brasil. A canção foi apresentada a ele uma semana após o anúncio do decreto, conforme a própria letra descreve: "Está fazendo uma semana que sem mais e nem menos eu perdi você."*

5 BURACO DE RATO

A repressão, com seu expediente tenebroso de prisões, torturas e censura, e que já tinha infernizado o ano no Brasil, prometia subir alguns graus após o nefasto 13 de dezembro de 1968. Que me perdoem os nascidos na data ou aqueles que cultivam lembranças mais elevadas desse dia, mas foi então que o ministro do Trabalho, Jarbas Passarinho, em reunião com o general Costa e Silva, mandou "às favas os escrúpulos", antes da promulgação do perverso Ato Institucional nº 5, o AI-5.

A data ficou marcada como o início do período mais duro da ditadura militar no Brasil. O AI-5, que teve vigência durante dez longos anos, deu poder de exceção ao governo militar, permitindo punir arbitrariamente qualquer um que fosse considerado inimigo do regime.

Os efeitos do AI-5 não demoraram muito para serem sentidos. O ano seguinte, 1969, terminou com o assassinato de Carlos Marighella na alameda Casa Branca, em São Paulo. Marighella era considerado o "inimigo número um" do regime militar. Mesmo antes disso, a ditadura botou muita gente para correr.

A perseguição na música ficou ainda mais pesada. O governo percebeu que apenas proibir certas canções não estava funcionando. Então, logo em dezembro de 1968, Caetano Veloso e Gilberto Gil foram presos, acusados de desrespeitar o Hino Nacional e a bandeira do Brasil. Foram dois meses de cana; saíram em fevereiro do ano seguinte. Depois da prisão, fizeram um show de despedida, em julho de 1969, e se mandaram para Londres.

Outros, por conta própria, decidiram fazer as malas e picar a mula, como Geraldo Vandré, que fugiu para o Chile, e Chico Buarque, que foi para a Itália encontrar sua então esposa, Marieta Severo. Por lá, em Roma, no dia 28 de março, nasceu a primeira filha do casal, a também atriz Silvia Buarque.

Tempos de ânimos exaltados e radicalismos de ambos os lados do front, antes de ir embora, Chico, que não foi preso, sofreu a pior vaia de sua vida ao lado do amigo e parceiro Tom Jobim. O fato ocorreu num Maracanãzinho entupido de gente, durante a final da terceira edição do Festival Internacional da Canção, em 1968.

A belíssima canção "Sabiá", dele e de Tom, anunciada como vitoriosa, pareceu muito "lírica" para os tempos sombrios que o país atravessava. O público esperava a vitória de "Pra não dizer que não falei de flores", um hino contra a ditadura militar, de Geraldo Vandré. E aí não deu outra. Os "revolucionários" de plantão no estádio mandaram um coro de vaias contra a música.

Segundo o próprio Chico, foi de fazer inveja ao ogro Carlos Imperial, campeão incontestável de vaias. Sem os tropicalistas e outros nomes de relevo no circuito, quem começava a brilhar na cena musical era Wilson Simonal, que, com muito suingue e simpatia, cantava o "abençoado por Deus e bonito por natureza". Depois ele também seria exilado, mas por aqui mesmo, acusado de ser dedo-duro da ditadura.

Outro exilado no próprio país, por razões adversas, foi Raul Seixas, que a contragosto retornava à Bahia pela porta dos fundos, bem no início de 1969, para se tornar um bancário ou alguma outra coisa do gênero. Mas nem por isso ele deixou de mandar seu recado, por meio da música, sobre o momento tenebroso que o Brasil enfrentava. Uma semana depois do decreto do AI-5, ele entregou ao amigo Jerry Adriani a canção "Doce, doce amor".

A música, que se tornou um dos maiores sucessos do galã da Jovem Guarda, gravada no álbum *Pensa em mim*, de 1971, à primeira vista não parece conter nenhuma outra mensagem além de um lamento romântico, mas é bem mais do que isso. Por trás da aparente balada de amor, um lamento pela perda da liberdade no Brasil.

O retorno forçado à Bahia não teve nenhuma relação com os anos de chumbo, mas foi uma fase obscura e confusa da vida de Raul, e até hoje não muito comentada. Segundo ele mesmo descreveu anos depois, estava fora de si. Evitava contato com as pessoas e passava a maior parte do tempo trancado no quarto lendo filosofia.

Quem teve de pegar no batente durante o primeiro período sabático de Raul foi Edith. Americana, dava aulas de inglês e ganhava bem; sobravam até uns trocados para o marido. Com o dinheiro ele comprou uma moto, uma cinquentinha da Yamaha.

"Eu sei como eu me sentia dentro de uma determinada época pelos vestígios deixados por mim."

Raul não estava bem, começou até a se tratar com psiquiatra. Edith e a família, preocupados, conversavam baixinho para ele não ouvir sobre seu comportamento depressivo e quase paranoico. Raul, claro, sempre atento, logo sacou. Mas se fez de surdo.

Por outro lado, segundo Raulzito, a má fase rendeu os melhores escritos. "Eu sei como eu me sentia dentro de uma determinada época pelos vestígios deixados por mim." Nas anotações em seu diário, cheio de recortes de jornal, observações davam uma noção de como ele estava durante os dias finais da primeira temporada frustrada no Rio de Janeiro. "Passei a agredir a plateia, usava bigodes e cavanhaques ralos, era o antigalã."

Mas o destino voltou a mudar de rumo quando, certo dia, ele encontrou pelas ruas de Salvador o diretor da CBS Evandro Ribeiro. Os dois ficaram amigos, a princípio sem nenhum propósito profissional. Mas os enciclopédicos conhecimentos musicais de Raul acabaram surpreendendo o executivo da gravadora.

Quando surgiu uma vaga, deixada pela saída do produtor Jairo Pires, Evandro chamou Raul para ocupar o cargo, e, como o próprio roqueiro comentou em uma entrevista, "Vupt, Rio de Janeiro, de novo!". Dessa vez para atuar como produtor, ele embarcou com Edith, malas e sonhos para encarar novamente a Cidade Maravilhosa.

Na fase que antecedeu o retorno, Raul já andava fazendo composições para artistas da CBS. Em torno de quatro compactos foram lançados em 1969. Foram, aliás, os direitos autorais dessas músicas que lhe renderam o dinheiro para a volta ao Rio em dezembro de 1969. Mais precisamente, 4.426,09 cruzeiros novos.

O valor desse cheque era referente a pagamentos pela canção "Se você me prometer", gravada pela banda Os Jovens, e a regravação da versão, feita por Raul e lançada no álbum *Raulzito e os Panteras*, de "I Will", de Dean Martin, e "Um minuto a mais", do disco *Leno*, primeiro álbum solo do artista, ambas de 1968.

Também no pacote de músicas pagas, outra versão feita por Raul, de "How'd We Ever Get This Way", de Andy Kim, que virou "Um novo amor há de vir", gravada pelo grupo The Sunshines também em 1968, e o sucesso "Tudo que é bom dura pouco", gravado por Jerry Adriani e lançado em 1969.

Além do dinheiro que recebeu antes de viajar de volta ao Rio, ainda ficou com um crédito a ser pago, por outras composições. Entre elas, "Se ela não serve para você, também não serve para mim", gravada por Ed Wilson, "Obrigado pela atenção", que foi para a banda Renato e Seus Blue Caps, e ainda a versão feita por Lafayette de "Tudo o que é bom dura pouco".

Por falar em versões de músicas, elas dominavam o mercado. O iê-iê-iê "Banho de lua", grande sucesso de Celly Campello na década de 1960, veio do rockzinho italiano da cantora Mina, "Tintarella di luna". Roberto Carlos também entrou na onda com "Splish splash", originalmente de Bobby Darin, adaptada por Erasmo Carlos em 1963.

A dupla Leno e Lilian aproveitou a moda com "Pobre menina", versão de "Hang on Sloopy", dos americanos The McCoys. Wanderléa também fez a festa. De oitenta músicas gravadas, cerca de cinquenta eram versões, incluindo dois de seus maiores sucessos, "Ternura" ("Somehow It Got to Be Tomorrow, Today") e "Pare o casamento" ("Stop the Wedding").

Com o pouco do dinheiro que havia sido pago pelas composições já gravadas por artistas da CBS, Raul e Edith, em sua segunda temporada no Rio, tiveram de ficar hospedados por um tempo na casa de uma tia de Raul no Leblon.

No dia 2 de março de 1970, Raul foi formalmente contratado como assistente artístico de segunda categoria no departamento artístico da gravadora Discos CBS S/A Indústria e Comércio, localizada na rua Visconde do Rio Branco, região central do Rio.

Sua tarefa seria cuidar dos discos de artistas populares, como os do amigo Jerry Adriani, Diana, Renato e Seus Blue Caps, Tony & Frank e Sérgio Sampaio, que se tornaria seu parceiro. Enfim, um emprego normal, com registro em carteira, horário para entrar, almoçar e ir embora. O expediente começava às nove e seguia até as seis das tarde, parava do meio-dia à uma para almoçar e depois era só bater o ponto para se mandar.

Pode parecer careta demais, ainda mais para Raul Seixas, mas foi lá, dentro do estúdio, assim como os Beatles, que ele aprendeu todos os macetes e as mumunhas sobre fazer música comercial, fácil, intuitiva, bonitinha, com uma mensagem direta e certeira. E ele tinha muito a falar. Ali veio o insight de que o sonho de ser escritor poderia se concretizar nos discos.

A fase de Raul como produtor foi um momento fértil e fundamental de sua carreira, uma vivência que moldou seu estilo, afiou sua técnica de criar, mas que ainda segue pouco conhecida por razões diversas, polêmicas e controversas.

Sua produção nesse período foi intensa. Até 30 de setembro de 1972, quando saiu da gravadora, foram aproximadamente 26 títulos entre compactos e LPs e mais de cinquenta composições gravadas por diferentes artistas. Por incrível que pareça, algumas músicas desse período figuram entre as mais regravadas do artista.

Uma delas é "Ainda queima a esperança", de Raul em parceria com Mauro Motta, inicialmente gravada por Diana em 1971 e que depois teve quase uma dezena de novas versões. Entre elas, Gilberto e Gilmar no mesmo ano, Maida & Maisa em 1992 e em 1996, Leonardo em 2004, e por fim, Érika Martins e Telecats, já em 2006.

A música "Ainda queima a esperança" teve ainda uma versão em espanhol lançada em duas gravações na Argentina com o título "Aun quema una esperanza", sendo uma pela cantora Marcia e outra por Patricia Dean.

Outra dessa lista é "Se ainda existe amor", lançada por Balthazar em 1975. Com mais de dez regravações, deixou no chinelo canções muito mais conhecidas como "Gita" e "Maluco beleza", que também fizeram sucesso na voz de outros artistas.

Depois de Balthazar, que, aliás, era parente do cangaceiro Lampião, a canção "Se ainda existe amor" também foi regravada por Cleber Costa em 1975, Juventude em Embalo em 1977, Lourenço e Lourival em 1989, Jayne em 1991, Luizinho Reis em 1991, Leonardo em 2005, Adalberto e Adriano em 2007, Thales e Thiago em 2007, Rud e Robson em 2008, Chanceller & Montenegro em 2009 (com participação especial de Jayne), sem falar na infinidade de regravações de artistas sertanejos pelo Brasil afora.

Em 1995, uma pesquisa reuniu fitas originais das sessões de gravação da fase dele como produtor da CBS. Esse outro baú do Raul guarda um cancioneiro ainda desconhecido, com músicas como "Estou completamente apaixonada" (Diana), "São coisas da vida" (José Ricardo), "Shala-la — quanto eu te adoro" (Leno).

Dezenas de fonogramas foram editados em estéreo, a maioria pela primeira vez, e seriam lançados pela Sony em 1997 na trilogia de álbuns *Deixa eu cantar*, que traria 51 registros dessa fase de Raul. Isso se o projeto não tivesse sido cancelado por receio de um processo judicial.

Uma reclamação sobre "direito de imagem" por parte de uma das herdeiras legais de Raul pedia um alto valor para a liberação das obras. Para o autor do projeto, Marcelo Fróes, que empreendeu o valioso garimpo do cancioneiro desconhecido, restou o sentimento de frustração, segundo afirmou para uma reportagem da revista *Rolling Stone Brasil*. "A sensação é que há um desejo de abafar as origens jovem-guardistas, nada bregas, de Raulzito."

Esse período na CBS foi um momento também de encontros e reencontros criativos. Um nome importante para Raul nesse início ainda meio desenturmado e recém-chegado ao Rio foi Gileno Osório Wanderley Azevedo, o Leno, que ele havia conhecido em 1968, na Urca, no show de lançamento do disco *Raulzito e os Panteras*.

Na Jovem Guarda o cantor ficou conhecido pela parceria com Lilian Knapp. A famosa dupla Leno e Lilian, uma das primeiras a apostar no formato homem e mulher e que fez sucesso com hits como "Pobre menina" e "Devolva-me".

Sempre que possível, Leno levava o casal Raul e Edith para curtir o Rio de Janeiro. Os passeios variavam entre shows e filmes. Um dos rolês foi ver a grande estreia de *Woodstock*, de Michael Wadleigh (1970), que teve Martin Scorsese no time de edição.

Leno e Raul ficaram completamente doidos com o filme, premiado com o Oscar de Melhor Documentário. O longa conta a história do mais maluco e icônico festival de música de todos os tempos, que rolou entre 15 e 18 de agosto de 1969 nos Estados Unidos.

O evento, catalisador do espírito contracultural incorporado naquela época, atraiu meio milhão de pessoas para ver atrações como Grateful Dead, Janis Joplin e até Ravi Shankar. Cercas foram derrubadas e o festival, que esperava receber 200 mil pagantes, terminou gratuito.

Em outro passeio, Leno e o casal foram ver a apresentação de A Bolha, uma rapaziada que antes tocava iê-iê-iê na banda The Bubbles, mas acabava de retornar desbundada do Festival da Ilha de Wight, rapazes cheios de instrumentos de primeira linha e canções experimentais de pegada mais autoral, ainda não tão comum nesta parte "terceiro-mundista" do planeta.

Depois de delirar com os bichos-grilos de Woodstock, Raul se entusiasmou mais ainda com o som diferentão da galera que voltava da Ilha de Wight. O cenário para Leno era dos melhores, pois com o enorme sucesso da dupla formada com Lilian, ele tinha sido contratado como artista solo da CBS e participado da quinta edição do Festival Internacional da Canção.

A grande ideia veio como um furacão: encaminhar sua música e o rock brasileiro para uma nova direção. E ele chamou Raulzito para lhe ajudar a pôr em curso o plano audacioso. O resultado foi cristalizado no disco *Vida e obra de Johnny McCartney*, que seria o terceiro álbum solo do cantor, gravado nos estúdios da CBS de novembro de 1970 a janeiro de 1971.

Capa do disco *Leno - Vida & Obra de Johnny McCartney*.

Quando Raul começou a trabalhar na CBS, a aproximação foi imediata. A sala do roqueiro baiano na sede da gravadora era bem ao lado do estúdio onde Leno gravava. Então, mesmo sem ser chamado, estava sempre por lá. A boa química e a semelhança no gosto musical entre eles já tinha sido confirmada na parceria "Se sou feliz, por que estou chorando?", gravada por Renato e Seus Blue Caps.

No disco, o primeiro álbum brasileiro gravado em oito canais, Raul mostrou suas múltiplas facetas, jogou em várias posições e em todas com os pés nas costas. Participou da produção, do arranjo, da composição, tocou violão e ainda ajudou nos vocais.

A dupla teve o apoio sofisticado das bandas A Bolha e Renato e Seus Blue Caps, o reforço nos vocais ficou por conta do

Trio Ternura e dos Golden Boys, além de dois ex-integrantes da uruguaia Los Shakers, que ostentava a fama de melhor grupo da América do Sul, mas acabava de encerrar a carreira.

Tinha tudo para dar certo, um time de malucos da melhor qualidade com um objetivo grandioso em comum: cozinhar novas sonoridades, temperadas com letras mais livres, críticas e politizadas. A ideia era fazer algo revolucionário, um divisor de águas no rock brasileiro.

O título *Vida e obra de Johnny McCartney* tem a ver com essa proposta. O que pode parecer uma referência aos Beatles, certamente uma das principais influências da turma toda, é na verdade uma crítica, segundo Leno, apontada para os pseudointelectuais e suas ideias "vanguardistas", que proliferavam naqueles desbundados anos 1970.

A tal "obra" que consta no título era uma brincadeira inspirada na reforma pela qual o estúdio passava durante a gravação. O personagem Johnny McCartney, um irônico pop star fake, tema da música que dá nome ao disco, parceria de Leno e Raul, ganhou até um figurino especial: um terno de lamê, feito por Edith, mulher de Raul.

Da construção do personagem, com seu perfil satírico, até detalhes da letra e de como deveria ser cantada para dar uma pegada autobiográfica, Raul dava todos os toques. Pouco depois, o figurino de Johnny seria utilizado também por Edy Star na capa de outro voo experimental, dessa vez de Raul, o disco *Sociedade da Grã-Ordem Kavernista apresenta sessão das 10*, de 1971.

Outra faixa do disco, "Lady Baby", parceria de Raul e Carlos Augusto, reuniu tanta gente no estúdio que precisou ser gravada em três sessões. Para variar, tudo ideia do roqueiro baiano, que inventou um arranjo instrumental em tom de fanfarra dos antigos coretos de rua.

Também é desse álbum a primeira música que Raul afirmava ter orgulho de ter escrito, que traduzia suas ideias. A parceria com Leno no hard rock pesado "Sentado no arco-íris" foi sua estreia como compositor no Festival Internacional da Canção de 1971.

No mesmo álbum há ainda a bem-humorada "Sr. imposto de renda", outra com Leno. Esta marca o primeiro baseado fumado juntos, embora Raul não fosse muito dessa praia. As risadas de fundo na gravação ao longo de toda a faixa, segundo Leno, têm a ver com esse fato.

"Sentado no arco-íris tão perto e tão distante, milhões de anos-luz lá no fundo de mim mesmo, fico em vão sem saber, fico em vão a buscar aonde Deus está."

Uma curiosidade (entre tantas) desse disco é a canção "Convite para Ângela", parceria de Leno e Raul de 1970 que ressurgiria como "Sapato 36" no disco *O dia em que a Terra parou*, de 1977 (Warner). Nesse "autoplágio", comum na obra do roqueiro baiano, ele utilizou o mesmo arranjo para emendar uma letra ácida, que dava uma espetada em cheio no governo Geisel e no ambiente de repressão e censura que sufocava as liberdades no país. Ela foi repaginada com o auxílio de Claudio Roberto, parceiro também em todas as outras músicas do álbum.

A canção "Convite para Ângela" está impregnada da atmosfera hippie da década de 1970.

Aqui está meu convite
É de papel de crepom
Moro na casa amarela
De telhado marrom
Lá não existe mobília
A gente senta no chão
Fuma um cigarro amassado
E eu toco o meu violão

Em "Sapato 36" o arranjo ganhou um tom de crítica política, que à primeira vista pode parecer um recado para o pai, uma vez ele tinha questões familiares mal resolvidas, mas na verdade é uma provocação contra a ditadura militar e a repressão dos anos de chumbo.

Por que cargas d'água
Você acha que tem o direito
De afogar tudo aquilo que eu
Sinto em meu peito
Você só vai ter o respeito que quer
Na realidade
No dia em que você souber respeitar
A minha vontade

No disco *Vida e obra de Johnny McCartney*, a última faixa também leva a assinatura de Raul, "Bis", mais uma parceria com Leno. A música retoma o personagem-tema da obra. Mas o país vivia o auge da ditadura militar, e o álbum, que tinha a pretensão de mudar os rumos do rock tupiniquim, não terminou bem: esbarrou na censura, que vetou quatro faixas, entre elas duas parcerias com Raul.

A maré não estava boa. Todos os artistas tinham de enviar suas composições para a Divisão de Censura de Diversões Públicas, um departamento da Polícia Federal dentro do Ministério da Justiça. O órgão se prestava ao papel de impedir a circulação de mensagens subliminares subversivas.

Depois do golpe de 1964, o departamento, criado em 1972 para cercear conteúdos no rádio, cinema e televisão e defender a moral e os bons costumes, ganhou uma nova função, a de controle político. Com isso, intensificou a censura a filmes, músicas e peças teatrais com qualquer crítica, ainda que velada, à ditadura instalada.

Para alguns artistas não bastava mandar a letra: eles tinham até que mudar o próprio nome, adotando algum pseudônimo. Foi o caso de Chico Buarque, que ficou tão manjado entre os censores que era só pingar uma letra com seu nome no departamento que logo metiam o carimbão de "vetada". O jeito foi arranjar um pseudônimo.

Foi o que ele fez na canção "Acorda, amor". Quando foi lançada pela primeira vez no disco *Sinal fechado*, de 1974, a autoria era atribuída a um tal Julinho da Adelaide.

O personagem de Chico chegou até a dar uma entrevista para Mário Prata no jornal *Última Hora*, em 1974. Cúmplice da artimanha, o jornalista abriu o texto dizendo que o novo compositor era uma figura das mais notórias, simpáticas e comentadas do momento. "Não se admite mais uma festa ou roda de samba sem a presença de Julinho da Adelaide."

Já para o disco de Leno e Raul não teve jeito: foi direto para a gaveta. A CBS nem tentou liberar; achou experimental demais, comercial de menos e não teve dúvida: cancelou a história toda. Por um bom tempo se pensou que o trabalho estivesse perdido completamente, porque a gravadora informou que as fitas seriam apagadas para serem reutilizadas em outras gravações.

"Quando se quer entrar num buraco de rato, de rato você tem que transar."

O material só reapareceu em 1994, durante a pesquisa do jornalista Marcelo Fróes nos arquivos da CBS. As fitas estavam do mesmo jeito que tinham sido deixadas mais de duas décadas antes, ou melhor, quase do mesmo jeito; o material estava já bem detonado.

Ainda assim foi possível recuperar as gravações e o álbum foi finalmente lançado, no formato CD, em 1995. Em vinil, entretanto, só teve uma edição depois de quase cinquenta anos da gravação nos estúdios da CBS: em 2018, pela Record Collector Brasil em parceria com o selo 180.

Acervo Sylvio Passos

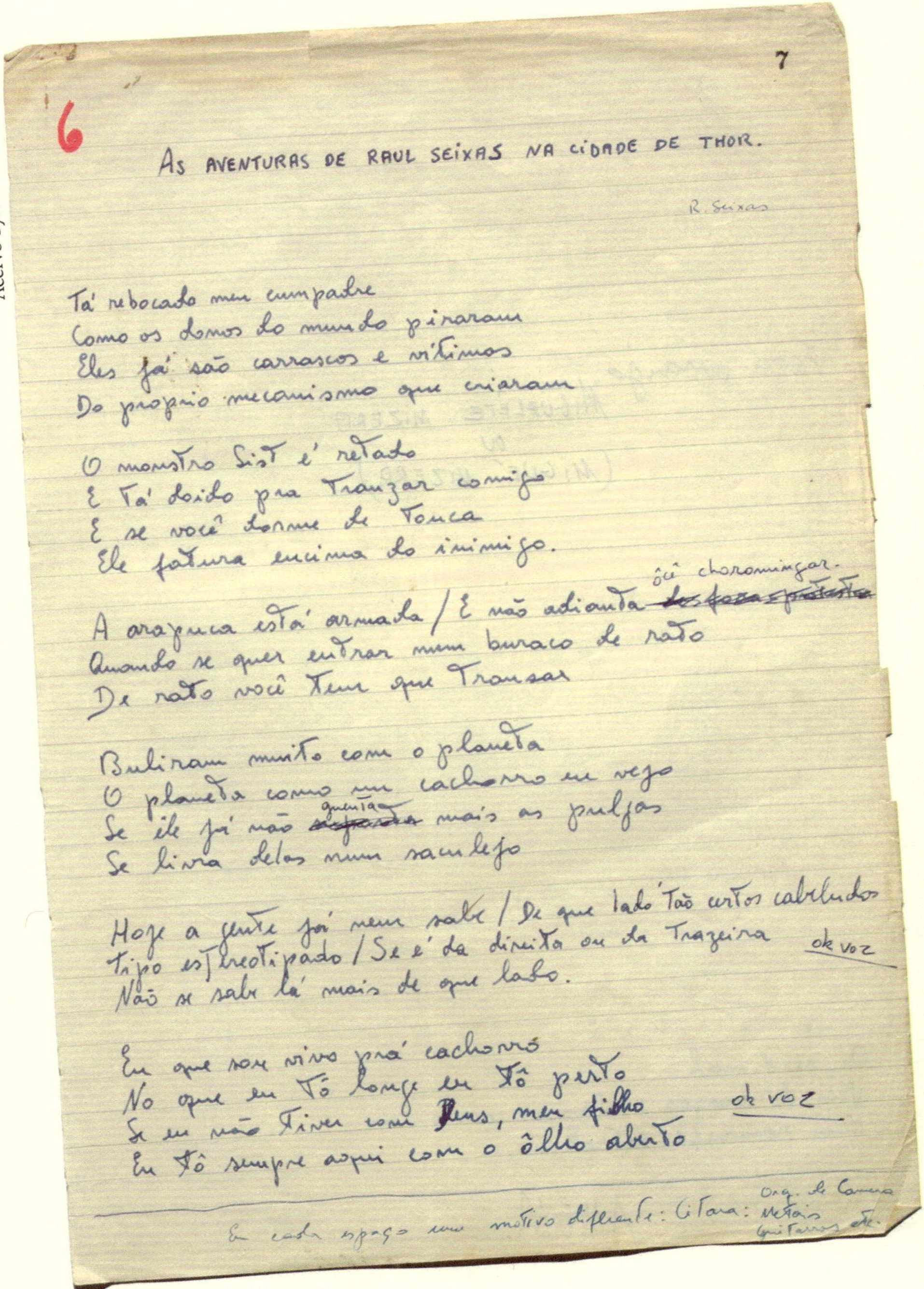
6

7

AS AVENTURAS DE RAUL SEIXAS NA CIDADE DE THOR.

R. Seixas

Tá rebocado meu cumpadre
Como os donos do mundo piraram
Eles já são carrascos e vítimas
Do próprio mecanismo que criaram

O monstro Sist é retado
E tá doido pra transar comigo
E se você dorme de touca
Ele fatura encima do inimigo.

A arapuca está armada / E não adianta ôcê choramingar.
Quando se quer entrar num buraco de rato
De rato você tem que transar

Buliram muito com o planeta
O planeta como um cachorro eu vejo
Se ele já não ~~suporta~~ guenta mais as pulgas
Se livra delas num sacolejo

Hoje a gente já nem sabe / De que lado tão certos cabeludos
Tipo estereotipado / Se é da direita ou da traseira — ok voz
Não se sabe lá mais de que lado.

Eu que sou vivo prá cachorro
No que eu tô longe eu tô perto
Se eu não tiver com Deus, meu filho — ok voz
Eu tô sempre aqui com o ôlho aberto

Em cada espaço um motivo diferente: Cítara: Org. de Camera, Metais, Guitarras etc.

O processo de aprendizado no jogo dos ratos é citado na letra de "As aventuras de Raul Seixas na cidade de Thor".

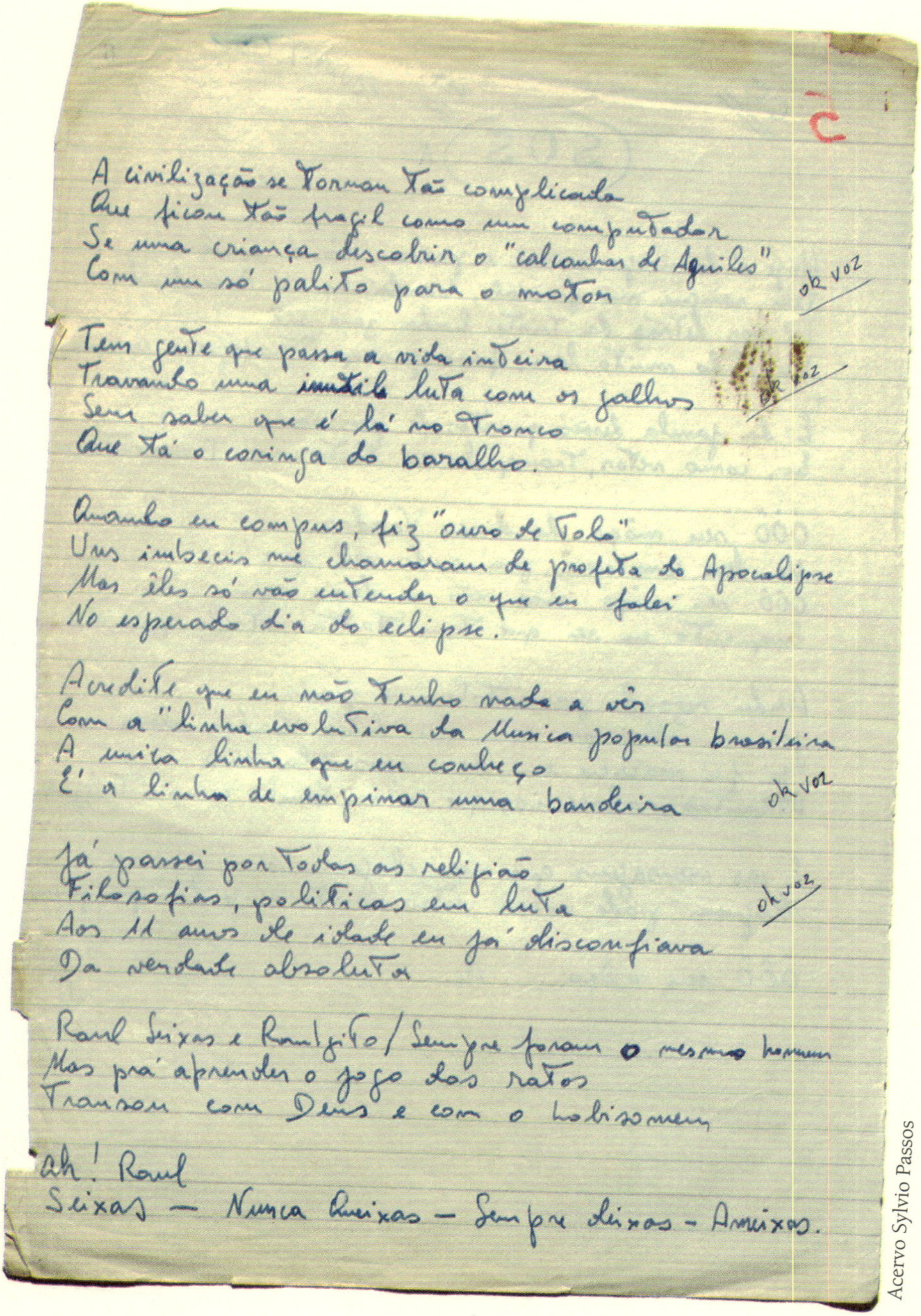
A civilização se tornou tão complicada
Que ficou tão frágil como um computador
Se uma criança descobrir o "calcanhar de Aquiles"
Com um só palito para o motor
ok voz

Tem gente que passa a vida inteira
Travando uma inútil luta com os galhos
ok voz
Sem saber que é lá no tronco
Que tá o coringa do baralho.

Quando eu compus, fiz "Ouro de Tolo"
Uns imbecis me chamaram de profeta do Apocalipse
Mas êles só vão entender o que eu falei
No esperado dia do eclipse.

Acredite que eu não tenho nada a ver
Com a "linha evolutiva da Musica popular brasileira
A unica linha que eu conheço
É a linha de empinar uma bandeira
ok voz

Já passei por todas as religião
Filosofias, politicas em luta
ok voz
Aos 11 anos de idade eu já discunfiava
Da verdade absoluta

Raul Seixas e Raulzito / Sempre foram o mesmo homem
Mas prá aprender o jogo dos ratos
Transou com Deus e com o lobisomem

Ah! Raul
Seixas — Nunca Queixas — Sempre deixas — Ameixas.

Acervo Sylvio Passos

Além de aprender os macetes da indústria fonográfica, que mostraram a ele como fazer canções populares e atingir todas as camadas sociais e culturais, a passagem pela CBS foi fundamental por fornecer as bases para seus planos mirabolantes.

Apesar das desventuras do disco, a viagem experimental não foi em vão, sobretudo para Raul. Além de aprender os macetes da indústria fonográfica, que mostraram a ele como fazer canções populares e atingir todas as camadas sociais e culturais, a passagem pela CBS e toda a bagagem musical que recebeu foi fundamental por fornecer as bases para seus planos mirabolantes. Ideias ferviam em sua cabeça, quase saltando para fora.

Em seus diários, começava a ganhar contornos mais definidos a utopia de mudar a indústria pelo lado de dentro. Os tropeços eram parte do processo de aprendizado e implicações de suas intenções revolucionárias. Afinal, como ele próprio cantou em "As aventuras de Raul Seixas na cidade de Thor", "Quando se quer entrar num buraco de rato, de rato você tem que transar". Um próximo e delirante voo musical surrealista não demorou a rolar.

Acervo Record Collector Brasil

Encarte do disco *Leno - Vida & Obra de Johnny McCartney.*

"'Ahpate, ahpateado'
'Gosgordo, gosgordura'
'Urrantes, urrantejoulas (...)'
'Atribo, atribovina'"

A canção "Rinoceronte III" foi uma das músicas censuradas compostas por Raul Seixas para o álbum Sociedade da Grã-Ordem Kavernista apresenta Sessão das 10, *lançado em 1971 pela CBS. O disco foi produzido em parceria com Sérgio Sampaio, Miriam Batucada e Edy Star, que também teve todas as composições vetadas pela censura.*

6 SÓ ACREDITO EM QUEM PULOU O CERCADO

No alvorecer de 1970, anos que ficaram conhecidos como a década do desbunde, Raul Seixas tinha vários problemas e muitas ideias na cabeça. A grana, que na primeira viagem ao Rio faltou, agora estava pingando em doses bem mais generosas. Mas ele andava meio ressabiado com o que produzia na CBS, canções bregas, rockzinhos inofensivos, boleros e tangos românticos. Teve até um disco de samba com uma pegada meio de macumba, *Bota samba nisso*, de Oswaldo Nunes, lançado em 1971. Do amigo Jerry Adriani, na CBS, Raul produziu três discos.

Dá para perceber que talvez não tenha sido uma fase da qual Raul se orgulhe muito, a julgar pelo vazio de entrevistas. Raul raras vezes falou sobre sua extensa carreira de produtor, e quando entrava no assunto pouco se aprofundava. Pode ser, claro, pela carência de indagações mais instigantes por parte da imprensa. Mas por algumas de suas anotações desse período é possível ter a impressão de que ele não estava curtindo aquela fase.

Raul estava a fim de aprontar pesado. E uma grande traquinagem estava bem perto de rolar na forma de mais uma aventura musical, bem mais exótica e original que a parceria com Leno.

A pilha que faltava para o novo voo de Raul veio de Sérgio Sampaio, que andava meio de bobeira no Rio de Janeiro. Nascido e criado em Cachoeiro de Itapemirim, mesma cidade de onde veio Roberto Carlos, ele chegou à Cidade Maravilhosa em 1970 para apresentar algumas músicas de sua autoria à gravadora CBS.

Depois de largar um bico como locutor de rádio, Sérgio começou a frequentar rodas de novos compositores e acabou ficando amigo de uma figura chamada Odibar, parceiro do cantor Paulo Diniz, que tinha emplacado uma das músicas mais tocadas do ano, "Quero voltar pra Bahia".

Odibar chamou Sampaio para um teste que faria na CBS. Ao chegarem à gravadora, adivinhe quem os atendeu. Com seu conhecido figurino de produtor, óculos de grau e o terninho preto, que Paulo Coelho dizia parecer uniforme de agente funerário, foi Raul quem recebeu ambos.

Primeiro Raul pediu que Odibar apresentasse suas músicas, mas não se empolgou com o que ouviu. Sérgio viu ali uma oportunidade. Ainda bem jovem, estava meio perdido no Rio de Janeiro. Morava com o irmão, Dedé Caiano, e passava os dias procurando alguma chance de dar início à carreira artística na cidade.

Por isso, nem pensou duas vezes. Meio sem jeito, confessou suas intenções para Raul. "Olha, eu tenho um negocinho aqui, simples. Se você não se importar eu posso cantar." Ele não conhecia ainda nada de gravação, estúdio, a engenharia da coisa, absolutamente nada. Como se diz por aí, "neca de pitibiriba".

Raul, com uma interrogação no rosto, ouviu atentamente o jovem músico tocar. Sampaio então mandou "Coco-verde", parceria com Odibar.

Eu me ligo é numa rede
e num pé de coco-verde
eu me ligo é na Tereza
minha amiga irmã

O roqueiro e produtor baiano ficou atento, com os olhos arregalados. Ao final, perguntou: "Tem mais?"

E tinha. Sampaio tocou "Chorinho inconsequente", de outra artista em começo de carreira.

Queria ter o meu amor lá no cinema
no poeira de Ipanema, gargalhando pra valer
e uma patota inconsequente na Tijuca
estraçalhando a minha cuca e me dando o que fazer

O artista capixaba cantou de olhos fechados e só quando terminou percebeu que Raul estava abaixado perto dele, visivelmente entusiasmado com a canção. Depois Raul chamou a dupla para tomar um café num boteco em frente à gravadora.

Ao saírem, enquanto elegantemente abria a porta para os músicos, Raul cochichou ao pé do ouvido de Sampaio, sem que Odibar escutasse: "Volta amanhã."

A ideia inicial de Raul era passar "Coco-verde" para outro artista da CBS gravar. Mas Sampaio encrespou. "Música minha quem canta sou eu." Raul se espantou, afinal era um artista em começo de carreira, mas respeitou. E eles se tornaram amigos.

Depois do infeliz desfecho do álbum com Leno, do qual se afastou um pouco após o episódio, Raul decidiu investir no novo compositor capixaba. Em janeiro de 1971 contratou Sérgio Sampaio, com quem logo em seguida assinaria diversas parcerias.

O primeiro projeto foi um compacto de Sampaio, lançado em março com "Coco-verde" e "Ana Juan", com direção artística de Raul, arranjos de Ian Guest, a participação dos músicos de Renato e Seus Blue Caps e ainda o irmão do capixaba, Dedé Caiano, no coro. Não foi aquilo que se poderia chamar de um grande sucesso, mas as rádios tocaram durante o ano e o resultado foi considerado satisfatório pela gravadora.

Pouco depois, Sérgio e o irmão foram tentar a sorte no segundo Festival de MPB de Cachoeiro de Itapemirim e se deram bem. Levaram o prêmio principal com a canção "Pequeno mistério (Little Mistery)".

Quando retornou ao Rio, encontrou Raul empolgado, com muitas ideias e planos. O produtor queria fazer algo na direção do que estava rolando na cena musical, repleta de trabalhos conceituais, como *Sgt. Pepper's Lonely Hearts Club Band*, dos Beatles, *Freak Out!*, do The Mothers of Invention, de Frank Zappa, e o brasileiro *Tropicália ou Panis et Circencis*, de Caetano Veloso, Gal Costa, Gilberto Gil, Nara Leão, Os Mutantes e Tom Zé.

Outro que logo se reuniu ao bando para o inusitado projeto foi o baiano de Juazeiro Edivaldo Souza, hoje Edy Star, que cresceu no largo do Bonfim, na Cidade Baixa, em Salvador, e era conhecido de Raul desde a adolescência. É dele a carteirinha número 27 do Elvis Rock Club, devidamente assinada por Waldir Big Ben Serrão.

Edy também cantava nas rádios da cidade e fazia sucesso com uma versão gay de "La Bamba". Raul, que também tocava na emissora, não curtiu muito a brincadeira e eles durante um tempo se olharam meio atravessado.

Para irritar ainda mais o roqueiro baiano, Edy passou um mês ligando para Raul fingindo ser uma fã apaixonada. Para se exibir, Raul gravou a conversa e mostrou para Waldir Serrão, diretor do programa na rádio, que logo percebeu a sacanagem: "Ô Raul, tu é besta mesmo. Não tá vendo que é Edy?"

Foto Junior Oliveira

Edy Star em show de 2011.

Raul ficou puto, mas depois riu da zoeira e eles acabaram se tornando amigos. Na capital baiana, Edy também era zoado. Ficou conhecido, aliás, como Edy Bofélia, uma alusão ao personagem Ofélia, interpretada pela atriz Sônia Mamede na primeira versão do programa *Balança mas não cai.*

Só em 1969, já com um programa de música na TV Itapoan, o *Dimensão jovem*, seu nome passou a ser Edy do Rock. Foi nesse programa que o grupo Novos Baianos pisou num palco de televisão pela primeira vez.

Além de apresentador de TV, Edy tentava a vida no teatro e na música. Em 1968, com o nome Edy Souza, defendeu a canção "Dia cheio de Ogum", de Capiba, no festival de música O Brasil Canta no Rio, produzido pela TV Excelsior, que aconteceu em oito estados simultaneamente. O evento foi um dos primeiros nesse formato.

As canções selecionadas foram para o disco que levou o nome do festival, *O Brasil canta no Rio*, lançado em 1969 pela Philips. Entre elas, "Modinha", de Sergio Bittencourt, interpretada por Taiguara, "Berenice", de Celso Paschoal, com Beth Carvalho, e "Você passa eu acho graça", de Ataulfo Alves e Carlos Imperial, na voz de Clara Nunes.

O baiano também se apresentou muitas vezes no templo do rock, o Cine Roma. Edy, aliás, reclamava da desorganização dos shows, que eram marcados para as dez horas, mas só começavam às onze e em geral com mais artistas do que público. Segundo ele, quem também não costumava aparecer era o cachê.

Por acaso, a passagem pela TV Itapoan foi abreviada pela falta de pagamento. Com o cachê atrasado havia quatro meses, num belo sábado, ele aproveitou a participação que também fazia no programa *Poder jovem*, de Domitila Garrido, para pôr a boca no trombone.

Quando o diretor do canal, Paulo Nassif, viu Edy reclamar no ar que estava com o pagamento atrasado, ficou puto, entrou no estúdio e arrancou o artista do palco, também ao vivo. Aos chutes, colocou Edy para fora do programa e da emissora.

Ainda se recompondo, na escadaria da TV Itapoan, Edy se voltou para o diretor da emissora e, com as mãos na cintura, perguntou, aos berros: "Mas você vai me pagar, né?" Por sorte, no mesmo dia em que foi colocado no olho da rua em grande estilo, passou para beber umas em um boteco no centro de Salvador e lá encontrou o amigo Raul, com quem, aliás, já tinha trabalhado no programa de rádio *Só para mulheres*, produzido por Waldir Serrão.

Depois de algumas biritas, o roqueiro, que naquele momento se preparava para se mudar para o Rio e assumir o cargo de produtor na CBS, disse que estava mesmo pensando em procurar por ele. Raul já estava escalado para lançar quatro artistas e um deles poderia ser Edy, que a princípio pensou que o convite fosse mentira, uma pegadinha para se vingar daquela zoeira dos trotes.

Sabendo do calote na TV Itapoan e que o amigo estava completamente duro, o roqueiro baiano pagou sua passagem de ônibus para o Rio, e aí ele percebeu que a parada era séria. Chegando por lá, para que Edy se garantisse com algum trocado, colocou-o rapidinho para trabalhar.

O resultado foi um compacto produzido por Raul, com "Aqui é quente, bicho", e "Matilda", lançado em 1970 e no qual o artista passou a adotar o novo pseudônimo, Edy Star.

Bem no início de sua estada no Rio, Edy viveu um episódio para lá de inusitado. Uma semana antes de começar o Carnaval carioca de 1970, quando descia as escadas do prédio da CBS, ao sair para a rua esbarrou com o relações-públicas da gravadora, que lhe apresentou a uma garota estrangeira que estava com ele, toda esquisita, de óculos Ray-Ban, vestindo uma roupa cigana e calçando uma babucha árabe. Sem dar muita bola para os dois, Edy cumprimentou o casal e foi embora.

Em casa, remexendo os discos a fim de escolher alguma coisa para ouvir, se deparou com o antológico *Cheap Thrills*, segundo álbum da Big Brother and the Holding Company, lançado em 1968.

Foi só então que a ficha caiu: a menina esquisita era Janis Joplin, que passava férias no Brasil. Para Edy só restava chorar por não ter dado a mínima para a garota, já que no dia seguinte ele embarcaria para Salvador a fim de curtir a folia por lá.

Depois do Carnaval, de volta ao Rio, foi chamado para participar dos novos planos que Raul começava a elaborar com Sérgio Sampaio. Edy tinha um currículo transversal perfeito para o que estava sendo planejado: cantor, ator, compositor, dançarino, produtor, figurinista, pintor, entre *otras cositas mas*.

O artista, que foi também um dos primeiros a arrebentar o armário e se assumir gay, tinha outra característica que pesava a favor. Ele transitava livremente por todas as tribos; cantava na turma do rock, mas também ciscava à vontade entre os tropicalistas. Conhecia Caetano Veloso, Maria Bethânia e até Gilberto Gil, de quem foi colega na TV Itapoan.

Raul buscava algo anárquico, questionador, que misturasse influências de sonoridades brasileiras e estrangeiras.

Quando Raul e Sampaio definiram que era preciso formar uma banda para gravar o trabalho que estava prestes a ir para o forno, logo chamaram Edy, que evidentemente topou de cara a maluquice. E a turma começou a matutar sobre a ideia.

O plano, concebido mais por Raul e Sérgio, era dar uma rasteira na mediocridade que reinava em muitas camadas da sociedade e, principalmente, na indústria musical. Pouco a pouco a coisa foi tomando corpo, ganhado cara e vozes.

Aliás, a turma percebeu que justamente nos vocais faltava algo: uma voz feminina. E começaram a procurar por ela. Cogitaram chamar Diana, que na época namorava Odair José. Também pensaram em Lilian, da dupla com Leno. Mas ambas tinham uma pegada muito romântica e foram descartadas.

Foi então que Edy lembrou-se de uma cantora que conheceu em um show na boate Drink, logo que chegou ao Rio: Miriam Batucada. Apesar de se apresentar em programas badalados da televisão, como os de Hebe Camargo e Ronnie Von, a cantora ainda não tinha conseguido decolar de fato.

Depois de uma breve e divertida conversa com a moça, ela ganhou um apelido, Doutor Silvana, por causa dos óculos enormes que usava, e foi rapidamente incorporada ao bando.

Faltava ainda definir o conceito. Sérgio queria fazer um disco incômodo, segundo ele, "que fedesse, desse nojo mesmo". Raul buscava algo anárquico, questionador, que misturasse influências de sonoridades brasileiras e estrangeiras.

As discussões aconteciam no apartamento de Raul, nessa etapa já com os quatro reunidos. Pensavam também em detalhes como o repertório, o que cada um cantaria, sempre alinhado com a essência do projeto: quebrar padrões. Nada de canções afinadinhas, pelo contrário; o negócio era desafinar geral.

Desses encontros veio o nome do álbum. Quando milongavam sobre o que seria da sociedade após uma guerra nuclear, chegaram à possibilidade de uma volta às cavernas. E assim surgiu o termo "kavernista", que acabou inspirando o nome do grupo, Sociedade da Grã-Ordem Kavernista, que depois seria emendado com a faixa-título do disco que estava para nascer, "Sessão das 10".

A capa do disco voltou da gráfica mais de vinte vezes por causa do tom da cor vermelha do título "Sessão das 10", que nunca assumia a forma gosmenta desejada por Raul.

E assim, após definirem as composições, os kavernistas partiram para os "finalmentes". O duro momento de mandar as letras para análise da censura. Como já era de esperar, elas começaram a ser vetadas. As justificativas eram que as músicas faziam alusão ao LSD e pareciam conter mensagens subversivas ocultas.

A coisa começou a ficar bem esquisita. Tudo o que pingava por lá com o nome de Edy voltava. A gravadora sugeriu então que nenhum material assinado por ele fosse enviado. Raul e Sérgio tiveram de rebolar para preencher os buracos no disco.

Resgataram coisas mais antigas, como "Chorinho inconsequente" e "Sessão das 10", que se tornou a faixa-título, e encomendaram coisas novas, caso de "Soul tabaroa", da dupla Antônio Carlos e Jocafi, a convite de Miriam.

Mesmo com a cara inicial desfigurada, o disco mantinha sua identidade conceitual. Tinha de tudo, do rock ao candomblé, passando pelo samba, xaxado, frevo, iê-iê-iê e com pitadas generosas de brega e sofrência. Com esse caldeirão de ritmos, o bando partiu para o estúdio. As gravações começaram na última semana de junho e contaram, claro, com a mesma mesa de oito canais estreada no disco com Leno.

Na primeira semana de julho, após menos de 15 dias de trabalho, o álbum estava pronto. Os arranjos ficaram com Ian Guest junto com os grupos Renato e Seus Blue Caps e a banda de Lafayette. Na guitarra, Renato Barros; no baixo, Paulo César Barros; no órgão, Lafayette; a bateria ficou com Tony Pinheiro.

Raul se revezou na guitarra e no baixo, Sérgio tocou violão. E no famoso coro de "Sessão das 10" as participações especiais de Luiz Carlos Ismail, que também cantava nos discos de Roberto Carlos, Leno, alguns integrantes da banda Golden Boys e de Renato e Seus Blue Caps.

A capa do disco é uma história à parte. Voltou da gráfica mais de vinte vezes, sempre por causa do tom da cor vermelha do título "Sessão das 10", que nunca assumia a forma gosmenta desejada por Raul. Abaixo do letreiro, os quatro kavernistas posicionados em frente à tela do badalado cinema Império, na Cinelândia, ajudam a reforçar a ideia amalucada do disco.

Raul aparece de jeans e camiseta, com uma bolsa de juta, um medalhão com o símbolo hippie, fazendo o tipo "ripimpé", ou "hippie em pé", que, aliás, aparece em uma vinheta do disco. Sérgio faz a linha povão, com uma camiseta da seleção brasileira – é bem verda-

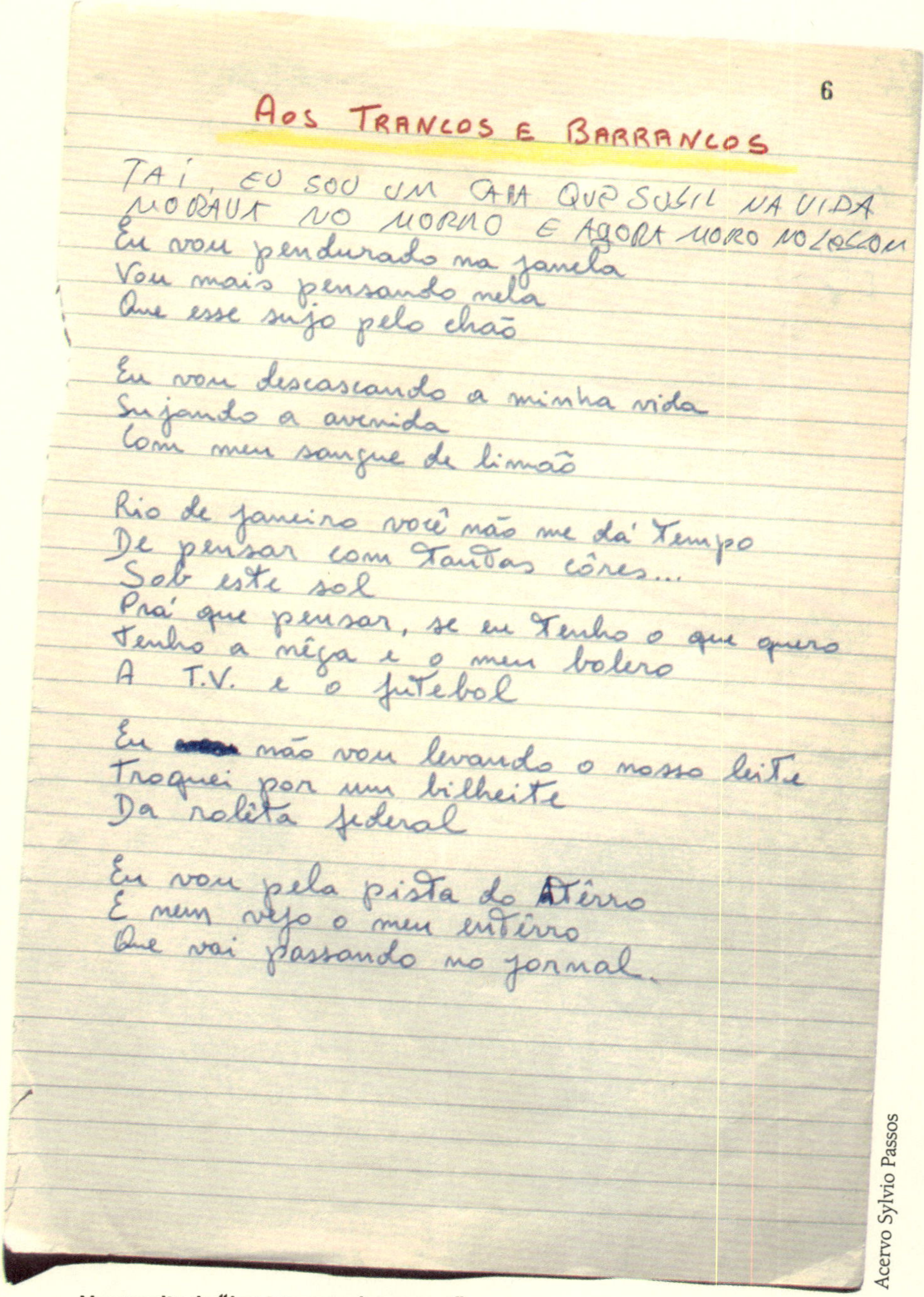

6

AOS TRANCOS E BARRANCOS

TAÍ, EU SOU UM CARA QUE SUBIU NA VIDA
MORAVA NO MORRO E AGORA MORO NO LEBLON
Eu vou pendurado na janela
Vou mais pensando nela
Que esse sujo pelo chão

Eu vou descascando a minha vida
Sujando a avenida
Com meu sangue de limão

Rio de Janeiro você não me dá tempo
De pensar com tantas côres...
Sob este sol
Prá que pensar, se eu tenho o que quero
Tenho a nêga e o meu bolero
A T.V. e o futebol

Eu não vou levando o nosso leite
Troquei por um bilhete
Da rolêta federal

Eu vou pela pista do Atêrro
E nem vejo o meu entêrro
Que vai passando no jornal.

Acervo Sylvio Passos

Manuscrito de "Aos trancos e barrancos", do álbum *Sessão das 10*.

de que esse figurino hoje em dia teria outra conotação, mas na década de 1970 ainda fazia sentido. Miriam atacou de Supergirl, com capinha e minissaia.

Edy teve tratamento especial. Além do casaco usado no disco de Leno, ganhou uma roupagem toda elaborada por Raul com a colaboração de Edith, que nessa época participava eventualmente das produções dando uma força no figurino. A ideia era emplacar um estilão tipo pop star meio riponga chique, com direito a camisetinha recortada, calça pata de elefante e bota de couro.

Enfim, o sonhado disco *Sociedade da Grã-Ordem Kavernista apresenta Sessão das 10* foi lançado, em 21 de julho de 1971, pela gravadora CBS. Um pequeno detalhe, porém, melaria o novo voo criativo. Embora se diga por aí que tudo teria sido feito às escondidas, não é verdade. O diretor Evandro Ribeiro, que estava nos Estados Unidos cuidando de um disco de Roberto Carlos, sabia do álbum e inclusive autorizou seu lançamento. A questão é que ele não sabia da história completa, muito menos que Raul apareceria como um dos artistas.

Com o disco enviado para rádios e imprensa, algumas faixas começaram a tocar e as críticas começaram a ser publicadas. O grupo preparava até um show de lançamento no teatro Tereza Rachel, onde ainda apresentaria uma versão de "Vapor barato", de Waly Salomão e Jards Macalé, mas foi surpreendido por um telegrama do diretor de Evandro Ribeiro, endereçado a Raul Seixas, com a seguinte mensagem: "What is this?"

Poucos dias depois do telegrama, Raul, Sérgio e Edy foram chamados à salinha do chefe, que havia retornado da viagem. O couro comeu. Ele disse que não tinha gostado do resultado, sobretudo por não ter a cara da CBS, uma gravadora de música popular, sem espaço para as experimentações do disco kavernista.

Quanto a Raul, a bronca foi mais pesada. Ele não poderia ter aparecido como artista, e sim como produtor. E o diretor completou: se quisesse ser cantor, deveria ir para a Philips. Era o fim da linha para os kavernistas. Depois de mais ou menos dois meses, a gravadora retirou o disco do mercado.

Com isso, as vendas foram um fiasco e o álbum passou batido pela crítica mais especializada, com algumas pouquíssimas exceções, mas na margem contracultural da mídia, que elogiou a pegada bem-humorada presente nas músicas.

Em 1995, o disco reapareceu em edição limitada em formato de CD, lançado pelo selo independente Rock Company com apoio do fã-clube oficial de Raul Seixas. A tiragem foi minúscula. Depois, em 2000, a Sony, que detém hoje o acervo da CBS, relançou o álbum meio de qualquer jeito, sem remasterização, sem encarte com as letras. Até a contracapa original, com a ficha técnica e fotos dos integrantes do grupo, desapareceu na nova edição.

Só em 2010 a gravadora produziu uma remasterização do disco e lançou uma nova edição, com uma cara parecida com a do vinil original, do encarte com letras às artes da capa e contracapa. Outra edição foi lançada em 2018 pela Polysom, prensada em vinil de 180 gramas.

No fim das contas, o álbum se tornou uma pérola da contracultura, uma espécie de "Sgt. Pepper's tropicanalhista". E o vinil original é disputado a tapa por colecionadores. Para comprar um, tal como o álbum *Raulzito e os Panteras*, é necessário desembolsar uma pequena fortuna.

VÊ, É O SINAL, É O SINAL DAS TROMBETAS, DOS ANJOS E DOS GUARDIÕES
ÓI, LÁ VEM DEUS, DESLIZANDO NO CÉU ENTRE BRUMAS DE MIL MEGATONS

Eu devia estar sorrindo e orgulhoso
Por ter finalmente vencido na vida
Mas eu acho isso uma grande piada
E um tanto quanto perigosa

É que lá vou eu de novo
Brasileiro nato
Se eu não morro eu mato
Essa desnutrição
A minha teimosia
Braba de guerreiro
É que me faz o primeiro
Dessa procissão...

Pai já tô indo-me embora
Quero partir sem brigar
Pois eu já escolhi meu sapato
Que não vai mais me apertar

E ESSE CAMINHO QUE EU MESMO ESCOLHI
É TÃO FÁCIL SEGUIR POR NÃO TER AONDE IR

TEM QUE ACONTECER ALGUMA COISA, NENÉM
PARADO É QUE EU NÃO POSSO FICAR
QUERO TOCAR FOGO ONDE BOMBEIRO NÃO VEM
VOU RASGAR DINHEIRO, TOCAR FOGO NELE
SÓ PRA VARIAR

"Vende-se no açougue
sangue de fato
fato de sangue
nas paredes
do hotel do sossego
nas cercas embandeiradas
que separam quintais"

(Anotação em um dos diários de Raul Seixas.)

Hábito comum do roqueiro baiano, Raul reaproveitava trechos de muitas das anotações que fazia em seus cadernos para compor novas canções, em alguns casos muitos anos depois de ter escrito os esboços. Esse diálogo poético com sua própria obra está espalhado de maneira complexa por todo o seu cancioneiro. O trecho acima é de um texto que contém ideias que seriam utilizadas por ele na canção "Ouro de tolo", lançada primeiro em um compacto, em maio de 1973, e em seguida no álbum Krig-ha, Bandolo!, *ambos pela Philips.*

7 QUARENTA E OITO QUILOS DE BAIÃO

Depois de mais um tombo com o escracho sarcástico de *Sociedade da Grã-Ordem Kavernista apresenta Sessão das 10*, Raul seguiu tocando a vida. Diferentemente do que se conta por aí, ele não foi demitido da CBS por causa da traquinagem. Quem quase dançou foi o diretor, Evandro Ribeiro, por ter permitido que aquela maluquice acontecesse.

A gravadora não queria perder Raul, seu melhor produtor. Afinal, era o que dava mais lucro, não extrapolava o tempo no estúdio e tinha um talento especial para extrair o melhor dos artistas que produzia. Por isso mesmo não estava nos planos da CBS lançá-lo como artista. Como estava era perfeito.

Só que não para Raul. Apesar de continuar no trabalho como produtor, que, aliás, lhe rendia uma boa grana, continuava com a ideia fixa de se lançar como cantor.

Ele também continuava apostando nos colegas kavernistas. Um ano depois de *Sessão das 10*, em 1972, produziu o compacto *Diabo no corpo*, de Miriam Batucada, e o LP que marcou a estreia da cantora Diana.

A gravadora, entretanto, não queria Sérgio Sampaio. Sua poética experimentalista modernista era complexa demais para o mercado. As canções do artista capixaba passeavam por estilos variados, como samba e choro, e dialogava com a literatura de nomes como Kafka e Augusto dos Anjos.

O rock, entretanto, ele afirmava ter conhecido com o amigo Raul. Antes, música, para Sérgio, era só Orlando Silva, Altemar Dutra e outros bem distantes do ritmo americano.

Ainda assim, na CBS ele compôs "Sol 40 graus", que assinou como Sérgio Augusto. A canção foi gravada pelo Trio Ternura e foi um grande sucesso em 1971. Tanto que o grupo gravou outras duas músicas dele, entre elas "Vê se dá um jeito nisso", parceria com Raul.

Outro cantor do time da gravadora, José Roberto, também gravou uma parceria do capixaba com Raul, "Amei você pouco demais". E a canção de seu primeiro compacto, "Coco-verde", foi regravada por Dóris Monteiro.

Mas não era o suficiente para Sérgio, que queria mesmo era brincar, botar pra gemer, gingar, pra dar e vender. Era esse o espírito, e um trecho da inspirada marcha-rancho, de estrutura musical simples e mensagem direta, "Eu quero é botar meu bloco na rua", faixa-título do álbum, mas lançado não pela CBS e sim pela Philips, encaminhado pelo amigo Raul.

Ainda produtor da CBS, Raul apareceu na sede de outra gravadora, a Philips, na avenida Rio Branco. Chegou com seu traje usual: terninho preto, cabelo penteado, óculos e maletinha, também preta, estilo James Bond, e junto com ele levava o artista que queria lançar, Sérgio Sampaio.

Na reunião, foi recebido pelo trio mais criativo e bem-sucedido da música brasileira, composto pelo chefão da gravadora, André Midani, o então produtor musical Roberto Menescal e seu braço direito, Marco Mazzola, responsável técnico por todas as gravações.

Midani estava no comando da empresa desde 1967, quando ela ainda se chamava Companhia Brasileira de Discos. Depois virou Phonogram (nome da Philips Records na Holanda), antes de mudar para Philips, que depois se tornou Polygram e que hoje é a Universal Music.

Mas, enfim, o que pesava na balança era o tremendo saldo negativo da gravadora, que acumulava doze anos de prejuízo no país. Apesar disso, tinha mais de 150 artistas contratados.

Foi numa reunião em Amsterdã com os diretores da Phonogram que Midani recebeu a dura missão e um deadline pra lá de apertado.

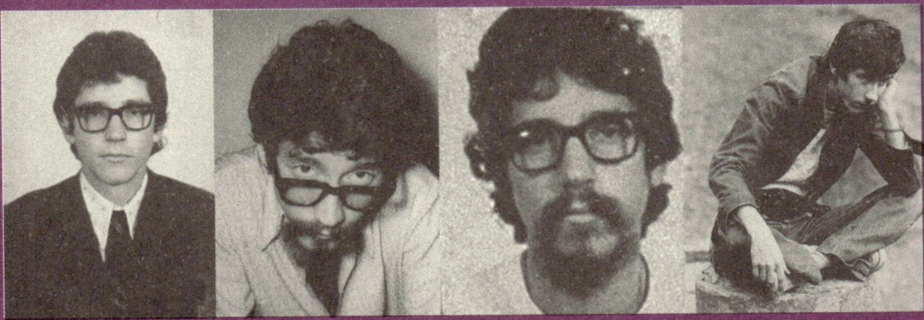

A experiência como produtor na CBS foi fundamental para Raul fazer sua carreira como cantor decolar.

Acervo Sylvio Passos

Se o futuro gerente-geral não revertesse o cenário em três anos, a gravadora seria fechada no país.

Missão dada, missão cumprida. Ao menos foi assim nesse caso. Com Midani à frente da gravadora, em 1970 a Philips havia se tornado a maior do país. Roberto Menescal chegou à casa nessa fase, mais próspera. Por trás da fachada de executivo na gravadora, ele utilizava em seu trabalho o faro de músico. Para resumir a história, o cara tinha sido um dos fundadores da bossa nova.

E, por fim, Mazzola, que também estava na reunião com Raul e Sérgio na Philips, participava como ouvinte. Ele tinha chegado à gravadora em 1969, como técnico, com a nobre missão de mixar as gravações das maiores estrelas da música brasileira, como Caetano Veloso, Elis Regina, Gal Costa, Gilberto Gil, Jair Rodrigues, Jorge Ben, Maria Bethânia e muitos outros.

Muito talentoso, Mazzola foi convidado por Midani para acompanhar as conversas com os artistas para, quem sabe, em pouco tempo produzir algum deles. Na reunião, Raul citou duas canções de Sérgio, mas logo em seguida disparou para o amigo: "Vai! Canta logo a canção que nós queremos inscrever no festival!" E o capixaba mandou ver com sua marcha:

Há quem diga que eu dormi de touca
Que eu perdi a boca, que eu fugi da briga
Que eu caí do galho e que não vi saída
Que eu morri de medo quando o pau quebrou
Há quem diga que eu não sei de nada
Que eu não sou de nada e não peço desculpas
Que eu não tenho culpa, mas que eu dei bobeira
E que Durango Kid quase me pegou
Eu quero é botar meu bloco na rua
Brincar, botar pra gemer
Eu quero é botar meu bloco na rua
Gingar, pra dar e vender

Golaço da dupla. A reunião seguinte já foi para assinar o contrato. Sérgio estava empolgado. Em seguida foi inscrever suas músicas no Festival da Canção de 1972, considerado, aliás, o último grande evento da era dos festivais. Sérgio queria que Raul também se inscrevesse, mas o amigo, tímido, tinha receio de quebrar a cara mais uma vez.

Na vida, dizem, para evitar o tombo, é preciso saber a hora exata de dar um pulo grande. Do contrário a queda é certeira. Imagine, por exemplo, um bezerro novo em pedra lisa. Seria algo assim. A questão é: como identificar o momento exato de dar o salto? Para Raul, estava chegando a hora de voar bem alto; ele sentia isso, profundamente. Mas quem, mais uma vez, botou a pilha necessária para isso foi o amigo Sérgio Sampaio.

O roqueiro baiano falou de Jerry Adriani e de artistas que andava produzindo, emendou que era compositor e perguntou: "Quer ouvir uma música minha?"

O artista capixaba pegou escondido uma fita com duas canções de Raul, "Eu sou eu, Nicuri é o diabo" e "Let Me Sing, Let Me Sing", e inscreveu-as no festival. Só contou para ele depois, quando não havia mais como voltar atrás.

Quando Sérgio Sampaio foi assinar o contrato na Philips, Raul foi junto. Roberto Menescal já tinha ouvido a canção "Let Me Sing, Let Me Sing" e estava de olho no potencial do músico. Por isso, enquanto cuidava da contratação de Sérgio, pediu ao colega Marco Mazzola, que andava doido para produzir um disco na casa, que ficasse na sala com Raul. Esbanjando simpatia, o roqueiro baiano não perdeu tempo, foi logo puxando assunto.

Segundo Mazzola, o diálogo foi mais ou menos o seguinte: "Mazzola, pô, vi algumas gravações que você tem feito, maravilhosas", lançou Raul. O produtor foi dando corda. "E você, o que tem feito?" Era a passada de bola de que ele precisava. O roqueiro baiano falou de Jerry Adriani e de uma penca de artistas que andava produzindo, mas na sequência emendou que também era compositor, e perguntou: "Quer ouvir uma música minha? Acabei de inscrever no festival, nem sei se vai ser classificada."

Mazzola topou, claro. Chamou Raul para outra sala. Chegando lá, o roqueiro perguntou se podia tirar a gravata, o paletó, subiu a gola da camisa, arregaçou as mangas. O produtor não entendeu nada. *O que será que esse cara vai fazer? Um strip-tease?*, pensou.

Mas Raul mandou ver com "Let Me Sing, Let Me Sing", parceria dele com a mulher, Edith Nadine Wisner Seixas. Canção que, pouco depois, se tornaria a faixa-título de seu primeiro compacto pela gravadora Philips, em 1972. Depois também foi para o álbum *Os grandes sucessos do FIC 72*, gravado no mesmo ano.

Uah-bap-lu-bap-lah-bein-bum!!!
Let me sing, let me sing
Let me sing my rock 'n' roll

Let me sing, let me swing
Let me sing my blues and go, say
Não vim aqui tratar dos seus problemas
O seu Messias ainda não chegou
Eu vim rever a moça de Ipanema
E vim dizer que o sonho
O sonho terminou

Quando a música parou, Mazzola estava de boca aberta: "Porra, essa música é tua?", perguntou. Raul respondeu que era. "Não acredito", disse o produtor da Philips. Percebendo os ventos soprando a favor, o roqueiro perguntou se ele queria ouvir outra, e aí tocou "O trem das sete" (que seria gravada depois no álbum *Gita*, em 1974, pela Philips).

Novamente, Mazzola só conseguia repetir: "Essa música é tua?" Raul novamente garantiu que sim, e partiu para a terceira. "Eu sou eu, Nicuri é o diabo", também inscrita no festival da Globo. E logo em seguida afirmou: "Mas a que vai ganhar é esta!", e mandou ver mais uma vez cantando "Let Me Sing, Let Me Sing", carregando ainda mais na performance.

A afirmativa de Raul sobre a música não era exagero. Apesar de não vencer o festival, a apresentação, maluca e inusitada, projetou a criatividade meteórica do simpático roqueiro baiano, ainda desconhecido. Como bem analisou Nelson Motta, que naquela época também era produtor da Philips, a música "Let Me Sing, Let Me Sing", uma mistura de rock com baião, já era uma afronta só por estar num festival de música brasileira, e ainda mais numa época em que 70% do mercado fonográfico era dominado por canções estrangeiras.

Parte da música é em inglês, outra um arrasta-pé arretado com zabumba e triângulo. E, abusado que era, para piorar, ou melhorar, depende do ponto de vista, Raul ainda apareceu no festival vestindo seus 48 quilos de baião com um figurino estilo Elvis, todo de preto, com topetão e tudo o mais.

Depois de ouvir "Let Me Sing, Let Me Sing", Mazzola, até então apenas sondando o baiano, perguntou se ele toparia gravar na Philips. Certamente era tudo o que Raul queria ouvir, mas retrucou "Pô, mas como? Tenho um salário na CBS", e aproveitou para contar que estava até fazendo uma música sobre isso. E tocou um trecho do que se tornaria pouco tempo depois a canção "Ouro de tolo".

Mesmo antes da classificação das canções do roqueiro baiano no festival, Mazzola não precisava ouvir mais nada. Pediu a Raul que esperasse um pouco e foi falar com o amigo. "Menesca, o cara é fera, muito melhor que o Sérgio Sampaio."

O produtor da Philips, já intuindo que vinha coisa boa dali, mas ainda sem saber o quê, tomou uma decisão certeira: "Vamos contratar. Você cuida dele, e depois pensamos no que fazer."

"Arrolha a rolha
O gargalo
Pressão
Prisão
Sobe
não para
dispara
o elevador eterno
às nuvens... O caos
... e no cume calmo
do meu olho que vê
assenta a sombra sonora
dum disco voador"

(Trecho da poesia "Sala de espera", de Raul Seixas.)

O texto acima foi escrito em setembro de 1971. Dele, assim como de outros escritos, foram extraídas partes que seriam utilizadas, dois anos depois, na canção "Ouro de tolo", gravada no álbum Krig-ha, Bandolo!, *de 1973, lançado pela Philips.*

8 EU DEVIA ESTAR CONTENTE

Se a década de 1970 foram os anos de desbunde no Brasil, o verão de 1972 foi o pico mais alto dessa onda. Só que, para curtir o êxtase psicodélico e o amor livre da cena contracultural que explodia no planeta, os hippies brasileiros tinham que ter pernas fortes para correr da polícia e muita lábia para convencer os milicos de que não eram de esquerda, muito menos de direita. Ainda assim, não faltaram cabeludos indo em cana ou sendo torturados, confundidos com algum perigoso comunista subversivo.

Na música brasileira, o espírito contracultural também estava dominando o pedaço. Na fase pós-tropicália, com Caetano e Gil no exílio, o som da banda hippie soteropolitana Novos Baianos passou a ser obrigatório em qualquer rodinha de doidões.

Antes de assinar com a Philips, Raul tocava o barco como dava. Seguia fazendo caretas no espelho e produzindo discos na CBS. Aos poucos foi se enturmando com um pessoal que se reunia no Leblon para ficar bebendo, queimando um, curtindo música.

Depois que ele encerrava o expediente na CBS, sempre aparecia por lá com seu conhecido terninho preto, maletinha à la James Bond, óculos, pedia um violão emprestado e desandava a tocar Elvis. Só que a turma não queria saber daquele som. Era uma baita tiração de sarro, mandavam parar, calar a boca e o escambau.

Mas quem conheceu Raul sabe que o cara era afiado na conversa. Com um pouco de filosofia e algumas histórias de discos voadores, rapidinho ele ganhou a simpatia da turma. Quem também frequentava essa roda de amigos era a jornalista Ana Maria Bahiana.

Ana conversava bastante com Raul nesse tempo. Ele dizia com bastante firmeza que seria cantor e teria uma carreira promissora. Ela implicava com ele, dizendo que, então, precisaria sair da onda Elvis e fazer coisas mais modernas, como Bob Dylan, por exemplo, andava produzindo.

Raul parecia não gostar e retrucava que Dylan era um puta sujeito chato do caraco. Mas Ana insistia com o amigo.

"Mas, Raul, o que eu gosto no trabalho dele são as músicas longas, que contam uma história, que não têm estribilho, aquele repeteco de refrão."

Após um tempo, já depois de "Let Me Sing, Let Me Sing", em uma visita à casa do amigo, Ana encontrou Raul atracado com um violão, de short Adidas, chinelão, sem camisa, e logo ouviu: "Vou lhe mostrar uma coisa."

"Ouro de tolo", confessional e intensa, é um relato de Raul à procura de si mesmo. Segundo ele próprio se definia, um baiano fora da curva.

Eu devia estar contente
porque eu tenho um emprego
Sou o dito cidadão respeitável
e ganho quatro mil cruzeiros por mês

A cada parte da música que cantava, Raul dava uma pausa, olhava para a amiga, talvez sondando alguma reação, e então seguia em frente.

Eu devia agradecer ao Senhor
Por ter tido sucesso na vida como artista
Eu devia estar feliz porque consegui comprar um Corcel 73

Eu devia estar alegre e satisfeito por morar em Ipanema
Depois de ter passado fome por dois anos
Aqui na Cidade Maravilhosa

Depois de cantar, parou e ficou aguardando o feedback da jornalista, que foi só elogios. "Menino, isso está muito bom. O que é isso?" O roqueiro então explicou à amiga que tinha feito, como ela sugeriu, uma canção no estilo de Bob Dylan, com uma história que só vai e não volta, boa parte dela uma crônica de seus altos e baixos na capital fluminense.

Mas o roqueiro disse que estava com medo, porque nunca tinha feito uma letra como aquela, e que o que cantou era só uma parte. "Tem muito mais", disse Raul. A amiga conta que botou a maior pilha nele. "Vá em frente, está muito legal."

E foi assim que Ana Maria Bahiana viu nascer a canção "Ouro de tolo", que, cerca de um ano depois, em maio de 1973, seria lançada, primeiro em compacto, como todos os discos na época, e em seguida, em junho, no primeiro álbum solo de Raul, o antológico *Krig-ha, Bandolo!*, pela Philips.

Da época da fome no Rio ao Corcel 1973 que conseguiu comprar produzindo música brega na CBS, "Ouro de tolo", confessional e intensa, é sobretudo um relato de Raul à procura de si mesmo. Segundo ele próprio se definia, um baiano fora da curva.

Ele se dizia um baiano "nem dos novos, nem dos velhos" (espetada dupla na "hipizada" dos Novos Baianos e nos tropicalistas Caetano e Gil).

Foi por esses dias também, em uma tarde como qualquer outra de 1972, que Raul decidiu ligar para a redação das revistas independentes *2001* e *A pomba* procurando pelo repórter Augusto Figueiredo. As publicações falavam de contracultura e ETs, e o artista baiano, que tinha lido a matéria "Vida extraterrena", gostou tanto que se interessou em conhecer o autor do texto.

Na realidade, todos os nomes no expediente eram pseudônimos usados pelo editor, Paulo Coelho. Só trabalhavam ali, além dele próprio, a esposa, Adalgisa Rios, o cientista Aristides Albuquerque e Eduardo Prado, dono da editora Poster Graph, que bancava as contas.

Foi Paulo quem atendeu à ligação de Raul naquela tarde, todo ressabiado e cheio de dedos, afinal ninguém costumava ligar. Achou ainda mais esquisito o papo de Raul, que se apresentou como produtor da CBS. Foi logo despistando, dizendo que o repórter tinha saído para almoçar.

Raul insistiu, pediu para ir até a redação, na sala 37 da rua Álvaro Alvim, na Cinelândia. Paulo, meio a contragosto, topou. E, no dia seguinte, lá estava ele, nem precisaria repetir, com sua roupinha de executivo, que para Paulo parecia mais de agente funerário. Terno, gravata, pastinha, barba feita e óculos de grau.

Com exceção do fato de Raul ter contado sobre os discos de Jerry Adriani, que havia produzido na CBS — e isso, para Paulo Coelho, naqueles tempos, soava como uma falha grave de caráter —, até que o papo correu bem entre eles. Tanto que, ao final da conversa, Raul o convidou para jantar em seu apartamento, com Edith e a filhinha, Simone, de dois anos.

Paulo, na real, não estava nem um pouco a fim daquele jantar, mas começou a delirar com um possível anúncio da CBS. Em seus devaneios, imaginava que poderia ser possível ter o logotipo da gravadora de músicas populares e comerciais em suas publicações totalmente alternativas. Viajando nessa ideia, logo entrou em contato para confirmar o encontro.

O anúncio não saiu, mas eles ficaram amigos. Paulo procurava uma maneira de pagar as contas, porque de suas publicações não pingava nada. E Raul continuava querendo se lançar como cantor.

Pouco depois, na sede da Philips, André Midani, antes de assinar o contrato com Raul, questionou Menescal sobre o artista baiano. "Quem é esse cara?", perguntou o chefão da gravadora. "Não sei, mas o rapaz é fantástico. Não faço ideia de como a gente vai trabalhar com ele, mas gostaria de contratar assim mesmo, porque alguma coisa boa vai sair daí", argumentou o produtor.

Raul chegou a titubear, falou da família, filha, do salário de 4 mil cruzeiros na CBS. Mazzola, sem dúvida alguma de que estava diante de um grande artista, garantiu a ele um fixo mensal. Mas queria partir logo para a etapa que considerava a mais importante, da qual entendia um bocado.

"Vamos imediatamente para o estúdio gravar a música para o pessoal aqui da Philips poder ouvir." No mesmo dia, Raul comentou que, no caso de suas composições serem classificadas, pensava em começar a assinar seu trabalho como Raul Santos Seixas.

Mazzola interferiu e sugeriu que ele usasse simplesmente Raul Seixas. O roqueiro baiano pensou por um instante e depois respondeu: "Gostei!"

O produtor aproveitou ainda para mandar uma bronca no artista, que até então tinha usado o nome Raulzito. "Pô, isso é diminutivo. Pega mal."

E, assim, Raul foi contratado pela Philips. Na semana seguinte foi divulgada a notícia de que suas duas canções inscritas no Festival da Canção estavam classificadas.

PARTE 2

ESSA METAMORFOSE AMBULANTE

"Vai! Vai! Vai!
E grita ao mundo
Que você está certo
Você aprendeu tudo
Enquanto estava mudo
Agora é necessário
Gritar e cantar rock
E demonstrar o teorema da vida
E os macetes do xadrez
Do xadrez!"

("Loteria da Babilônia", de Raul Seixas e Paulo Coelho, faixa do álbum *Krig-ha, Bandolo!*, lançado em 1973 pela Philips.)

A primeira canção composta em parceria pela dupla foi "Loteria da Babilônia". A canção surgiu por uma sugestão de Paulo a Raul para mergulharem nos escritos do argentino Jorge Luis Borges. Pouco depois eles tiravam a música do forno, inspirada em um texto homônimo do escritor latino-americano.

1 FAZ O QUE TU QUERES

As duas canções de Raul chegaram à final da sétima edição do Festival Internacional da Canção. Mas foi "Let Me Sing, Let Me Sing", com sua mistura maluca, que fluía entre o xaxado pé de serra de Luiz Gonzaga e o rockzinho antigo de Elvis Presley, que o roqueiro baiano colocou de cabeça para baixo o Maracanãzinho naquele 31 de setembro de 1972. Exatamente um dia depois da sua rescisão de contrato com a CBS, que não concordava com as investidas do artista como cantor, possivelmente por causa do fracasso do disco *Raulzito e os Panteras*, pela Odeon.

Raul foi o quinto artista a se apresentar. E já entrou arrebentando, de jaqueta e calça de couro pretas, cinturão com tachinhas e botas de camurça, feito um Elvis Presley do sertão, chacoalhou no arrasta-pé e se retorceu com a guitarra, fazendo o público enlouquecer. Dizem que nem os jurados se contiveram.

Era o empurrão definitivo para engatar o primeiro álbum solo. Executivos da Philips que estavam lá, empolgadíssimos com o que acabavam de assistir, comentaram: "Vamos contratar esse cara!" Mazzola respondeu que ele já estava contratado, mas ainda não para gravar um LP.

Outro contrato foi assinado com ele, dessa vez para gravar por três anos. O produtor já tinha sacado que Raul era uma poderosa fonte musical.

Além de uma verdadeira usina criativa, o baiano era centrado e dedicado à busca do sonho de se tornar cantor. Além das biritas que tomava, na época ainda bem de leve, a droga mais pesada que curtia era o Dienpax, para vencer a timidez. Era quase um caretão se comparado ao novo amigo, Paulo Coelho, que já navegava por mares bem diferentes. Tinha uma larga experiência com drogas ilegais, segundo detalha a biografia *A canção do mago - A trajetória musical de Paulo Coelho*, escrito por Hérica Marmo (Editora Futuro, 2007).

Influenciado pelos relatos psicodélicos do escritor Carlos Castañeda, que embalou a turma da contracultura com o livro *The Teachings of Don Juan: a Yaqui Way of Knowledge*, publicado no Brasil com o título de *A erva do diabo* (editora BestSeller), Paulo, em busca da expansão da consciência e da percepção, mergulhava em experiências com LSD e outras drogas.

Não demorou muito para ele convidar o novo amigo a embarcar com ele em suas viagens transcendentais. "Você precisa experimentar essa onda, Raulzito!" Mas, com a pindaíba que enfrentava em 1972, Paulo só conseguia manter mesmo uns baseadinhos minguados. De tanto Paulo insistir, o roqueiro baiano de vez em quando dava uns tapas na erva, mas, diferentemente do que muitos pensam por aí, nunca foi a dele.

Animado com o contrato e sensibilizado pela situação financeira do novo amigo, Raul, sempre muito generoso e aberto a parcerias, convidou Paulo para trabalhar com ele em seu primeiro disco. "Vamos fazer letras juntos, Paulete."

No bico do corvo em termos financeiros, Paulo topou. Mas as letras que começavam a sair pareciam mais longos tratados de filosofia ou coisa parecida. Estava difícil transformá-las em músicas. Raul foi ensinando o passo a passo para fazer uma canção simples e direta, mas com uma mensagem profunda, instigante.

Paulo sugeriu mergulhar nos escritos do argentino Jorge Luis Borges, e pouco depois a dupla tirava do forno a primeira parceria, "Loteria da Babilônia", inspirada em um texto homônimo do escritor latino-americano. Canção gravada no primeiro álbum solo de Raul, *Krig-ha, Bandolo!*, de 1973, pela Philips.

Vai! Vai! Vai!
E grita ao mundo
Que você está certo
Você aprendeu tudo

Enquanto estava mudo
Agora é necessário
Gritar e cantar rock
E demonstrar o teorema da vida
E os macetes do xadrez
Do xadrez!

Feliz com o resultado da adaptação de Borges para uma canção, Paulo veio com outra, que falava de Lampião, de Jesus, de mafiosos e até de astrologia. A mistureba era boa, mas a letra, complicada demais. Raul vetou a primeira versão e foi orientando o novo letrista até achar que estava pronta a segunda parceria da dupla, "Al Capone" (também gravada em *Krig-ha, Bandolo!*).

Hei, Al Capone, vê se te emenda
Já sabem do teu furo, nego
No imposto de renda
Hei, Al Capone, vê se te orienta
Assim desta maneira, nego
Chicago não aguenta

Aos poucos as músicas do primeiro disco solo começavam a aparecer, com Paulo metido até o pescoço na história. Mas a primeira a ser gravada foi uma composição só de Raul, que, aliás, quase não entrou no álbum. Apesar de curtir muito a canção, ele ainda tinha dúvidas se funcionaria no disco.

Certo dia, antes de iniciar as gravações de *Krig-ha*, passeando em seu Corcel 1973 com o amigo e novo parceiro musical, comentou sobre o dilema e cantarolou "Ouro de tolo", e disse que pensava em tirá-la do disco. Paulo foi contra. "Não, Raulzito. A música é linda. Você tem que gravar!"

Felizmente, ele seguiu a dica de Paulo e pouco depois gravou "Ouro de tolo". Aliás, vale mencionar que Raul ficava puto com Paulo por insistir no "Raulzito". Explicava que essa fase era uma página virada, que agora seu nome era Raul Seixas. Mas gastava saliva à toa. Em retribuição, Paulo virou Paulete.

Fora da CBS e já contratado pela Philips, Raul teve, ainda em 1972, a canção "Let Me Sing, Let Me Sing" lançada em um compacto simples (com "Teddy Boy, rock e brilhantina" no lado B) e incluída no LP e no compacto simples do Festival (junto de "Eu sou eu, Nicuri é o diabo", no lado B, interpretada por Lena Rios).

Compacto "Let Me Sing, Let Me Sing" (CBS) lançado em 1972.

Foto Junior Oliveira

Antes de Raul partir para o esperado primeiro disco solo Nelson Motta teve a ideia de esquentar os motores, testar Raul e ainda faturar um pouco com um LP "fantasma", o que era muito comum na época. Várias gravadoras faziam: regravar sucessos com artistas de seu elenco com uma banda genérica.

Assim, em maio de 1973, foi lançado o álbum *Os 24 maiores sucessos da Era do Rock*, com concepção de Raul e Nelson Motta, que emplacou a ideia na Philips. No álbum, o roqueiro faz releituras de alguns de seus clássicos preferidos, como "Rock Around the Clock", "Blue Suede Shoes", e também de algumas músicas brasileiras, como as versões "heavy" de "Estúpido cupido", "Banho de lua" e "Lacinhos cor-de-rosa", de Celly Campello.

Para esse disco, Raul chamou um time da pesada. Violão e guitarra ficaram sob a responsa de um parceiro do início da fase como produtor da CBS, Jay Vaquer, que na época usava o nome Gay Vaquer.

Jay e Raul se conheceram em 1970, quando Raul, na época produtor da CBS, contratou a banda americana Fein, de Jay, a primeira a tocar metal pesado no país, para gravar um disco na gravadora. A censura não permitiu, mas foi o começo de outra longa amizade.

O guitarrista estava no país com o intuito de fugir da convocação para a guerra do Vietnã, e logo conquistou também a confiança de Raul no campo profissional. Desde que se conheceram, Jay trabalhou em quase todas as gravações produzidas por ele na CBS. Se não tivesse guitarra, o americano fazia qualquer outra coisa, só para ganhar o cachê. Percussão, vocais, coro.

No time também estavam Paulo César Barros e Noveli nos baixos; Ivan Mamão e Bill French nas baterias; Luiz Paulo Bello Simas no sintetizador; e José Roberto Bertrami no piano; entre outros. Até a mulher de Paulo Coelho entrou na dança.

Esquerdista da ala mais radical e ilustradora, Adalgisa achava que o marido estava se corrompendo ao aceitar trabalhar com Raul na maior gravadora do país, um ícone do sistema capitalista, que o casal tinha combinado destruir. Mas por uns trocados ela topou fazer a arte da capa do disco, que, a propósito, teve uma vendagem baixíssima e terminou rapidamente esquecido nas prateleiras das lojas.

Além do fraco desempenho de seu projeto, o produtor Nelson Motta ficou ainda mais enfurecido porque a gravadora colocou na capa o nome de uma banda fake, a Rock Generation. Mazzola explicou que não usaram o nome de Raul Seixas, que assina o trabalho apenas como produtor, para não melar o que estavam planejando para o roqueiro.

De fato, foi bem diferente o resultado do compacto *Ouro de tolo*, lançado logo em seguida, também em maio de 1973, com a faixa "A hora do trem passar" no lado B. O disco estourou, foi o mais vendido de um artista novo naquele ano.

E "Ouro de tolo", a canção mais executada de 1973, teve duas versões, a que entrou no LP *Krig-ha* e outra em que Raul substituiu "Corcel 73" por "carrão 73" — reza a lenda que a pedido da Globo ou de Silvio Santos, que na época trabalhava na emissora carioca. A justificativa seria não poder fazer propaganda do carro no programa.

A decisão, que logo se comprovou corretíssima, de começar a gravar por "Ouro de tolo" foi de Mazzola. Logo que fecharam contrato, partiram para a produção. Parte disso se dava no pequeno apartamento de Raul, em Ipanema, onde o produtor, que a essa altura já tinha ganhado o carinhoso apelido de Mazzoleira, escutava as músicas de Raul e a partir disso conversavam sobre os rumos do disco.

Além de uma crônica sobre sua vida, suas mazelas e seus delírios, "Ouro de tolo" faz uma crítica sobre a mediocridade da classe média, as ilusões do poder e do consumo. Também se pode dizer que dá uma cutucada sutil em Roberto e Erasmo Carlos, que faziam um baita sucesso com a "A montanha", lançada no ano anterior, em 1972.

Enquanto Roberto cantava "Obrigado, Senhor", Raul chegava com "Eu devia agradecer ao Senhor". Sutilezas que para Mazzola compunham o gancho perfeito. Era uma canção forte e intensa que, ele acreditava, poderia até mudar a imagem negativa que uma ala artística mais elitizada da gravadora tinha de Raul.

O roqueiro havia tempos enfrentava o nariz torcido de artistas críticos de seus arranjos simples, muitas vezes com apenas quatro acordes. Raul sentia isso até entre os colegas baianos Caetano e Gil.

Parte dessa impressão equivocada sobre Raul começou a mudar naquele mesmo histórico mês de maio de 1973, na apresentação eletrizada de Raul no Phono 73, um megaevento que inaugurou o Palácio das Convenções do Parque Anhembi, em São Paulo, nos dias 11, 12 e 13 daquele mês.

Com a participação de 34 artistas da Philips e da Polydor, entre eles Chico Buarque, Caetano Veloso, Gilberto Gil, Maria Bethânia, Elis Regina, a ideia era buscar um formato alternativo aos já desgastados festivais. Mas um vacilo na produção quase impediu o Phono 73 de acontecer.

Com algumas músicas inéditas no cardápio, o evento só poderia rolar com o carimbo de autorização da censura, só que a organização do Phono 73 se esqueceu desse detalhe. Apesar da correria, praticamente todas foram liberadas, com exceção de "Cálice", de Chico e Gil.

Ainda assim, a música foi executada pela dupla, sem letra, só com refrão, e o restante preenchido com instrumental e murmúrios, palavras sem sentido e frases desconexas. O som foi cortado e a apresentação tornou o evento histórico.

Magrelo e mais elétrico do que nunca, Raul, mesmo fora da panelinha da linha evolutiva da música popular brasileira, cantando longos trechos em inglês, botou o Anhembi para ferver com "Let Me Sing, Let Me Sing", e logo emendou na parceria com Paulo Coelho, que acabava de sair do forno, "Loteria da Babilônia".

As ideias que estavam brotando entre eles, e a influência mística de Paulo Coelho na obra do roqueiro, também se fizeram presentes no show de forma explícita.

Com um figurino exótico, calça de veludo dourada, casaquinho curto, sem camisa por baixo, Raul, ainda no início da execução de "Loteria da Babilônia", pintou na barriga, com batom vermelho, um símbolo esotérico em formato semelhante a uma chave, uma versão modificada de um hieróglifo egípcio. Chamava-se cruz ansata, que significa regeneração e vida eterna. Logo em seguida, mandou o recado de cima do palco:

Está lançada aqui a semente
A semente de uma nova idade
Uma nova idade de que vocês todos são testemunhas

O público, artistas, executivos da gravadora, todo mundo estava ficando fascinado por Raul. Um dos mais atentos ao fenômeno na Philips era Mazzola, entusiasmado por razões óbvias, claro, mas também em dúvida por causa de alguns sinais estranhos que percebia, sobretudo vindos de Paulo, que começou a participar das reuniões sobre o disco *Krig-ha* na sede da Philips.

Logo de cara, Mazzola achou o sujeito esquisitão. No primeiro encontro, quando Raul levou o parceiro para ser apresentado, o produtor, naturalmente, estendeu a mão para cumprimentá-lo, mas Paulo só tocou de leve em um dos dedos de Mazzola, com certeza por alguma razão mística — talvez para evitar contato energético. Coisas do além, por onde ele viajava naquela época.

Esse cara é doido, pensou Mazzola. Segundo o produtor, as histórias sobre discos voadores, que Raul já costumava contar, foram aumentando em volume e bizarrice. "Não entra nessa", alertou o executivo, que também já havia se tornado um amigo.

Mas a desconfiança não afetou a relação profissional entre os dois. Paulo sempre respeitou a competência de Mazzola, que, por sua vez, reconhecia o brilho e o talento do parceiro de Raul.

Paulo chegou, inclusive, a pedir socorro ao produtor para gravar "Eu nasci há 10 mil anos atrás", lançada no álbum homônimo em 1976, ainda pela Philips, mas produzido por Sérgio Carvalho. Mazzola foi lá e mudou a faixa toda. A música, que era bem lentinha e arrastada, ganhou outra cara, bem mais pauleira.

Junto com o parceiro Jay Vaquer, Raul desenvolveu um método de fazer música que chamaram de "sistema rato".

Durante o processo de criação e produção de *Krig-ha*, Raul não parava. Na gravadora ou no apartamento, não largava o caderno de anotações, registrava tudo. Nessa época, junto com o parceiro Jay Vaquer, desenvolveu um método de fazer música que eles chamaram de "sistema rato".

Como o nome sugere, o processo consistia em fazer exatamente isso, ratear outras canções e transformá-las em novas músicas. E o novo método foi usado no primeiro disco solo de Raul, em outra parceria com Paulo, *Minas do rei Salomão*, que recebeu boas doses de "Smokes Lightning", de Howlin' Wolf.

Vaquer era outro que não desgrudava de Raul. Nos dias em que não havia gravação, eles invariavelmente vagabundeavam pela praia. Como eram vizinhos em Ipanema, quase todas as noites Jay e a mulher, Jane Duboc, jantavam juntos na casa do roqueiro baiano.

Raul curtia ouvir as histórias malucas de Jay, que já havia tocado em conjuntos de rock na Alemanha e nos Estados Unidos e tinha feito faculdade na Geórgia. E Jay era guiado pelo artista baiano nos macetes de como viver no Brasil.

Jay acompanhou o processo de nascimento de muitas canções de Raul. Segundo ele, o amigo baiano era uma esponja que ia tragando os assuntos que interessavam e com os quais depois faria músicas.

Um dia, na praia, Jay falou para Raul sobre um livro que tinha lido na faculdade, por acaso de um brasileiro, o professor Henrique de Souza. Chamava-se *O mundo subterrâneo*.

O tal livro, de acordo com Vaquer, falava da crença do autor em uma civilização de extraterrestres morando no planeta Terra. Ele acreditava existir um portal, talvez em Minas Gerais, por onde esses seres entravam com suas naves. Se alguém passasse por cima desse local num avião comum, seria desintegrado imediatamente, desaparecendo do mapa.

"Eu gostaria de ter grana para investigar se isso é verdade ou não", disse Vaquer para Raul, que, sensibilizado com a história que acabava de ouvir, disse que também queria fazer o mesmo. E assim nascia o plano de estourar na música e conseguir a grana necessária para ir em busca dos mistérios alienígenas mineiros.

Nesse mesmo dia, o guitarrista americano teve a oportunidade de participar de mais um momento, ainda que pequeno, do longo parto de "Ouro de tolo".

Enquanto falavam sobre os mistérios da existência, passou um senhor endinheirado desfilando num Mercedes conversível caríssimo ao lado de uma bela jovem. Ao olhar para a cena, a dupla comentou: ele é rico, mas está gastando sua grana no ouro de tolo, enquanto existem outras tantas coisas grandiosas para conquistar.

Jay, que tinha estudado psicologia, forneceu um dado importante para a composição de "Ouro de tolo" ao revelar a Raul que o ser humano só usa 10% do cérebro. Na hora o roqueiro não quis acreditar, mas, segundo o guitarrista, pareceu ficar impressionado.

Jay afirma ainda que foram muitas as parcerias com Raul, mas, devido ao ambiente político, preferia não ter seu nome creditado nas canções. Ele tinha um estúdio em seu apartamento no Leblon. Lá, Raul e Jay começavam a temperar as canções.

Foram gravadas nesse estúdio, inicialmente, "Al Capone", "Ouro de tolo" e "Mosca na sopa", segundo Jay, bem antes de *Krig-ha, Bandolo!*. Raul levava a música, Jay fazia os arranjos de rock ou country. Também acabava dando aquela mãozinha nas letras, isso até a chegada de Paulo.

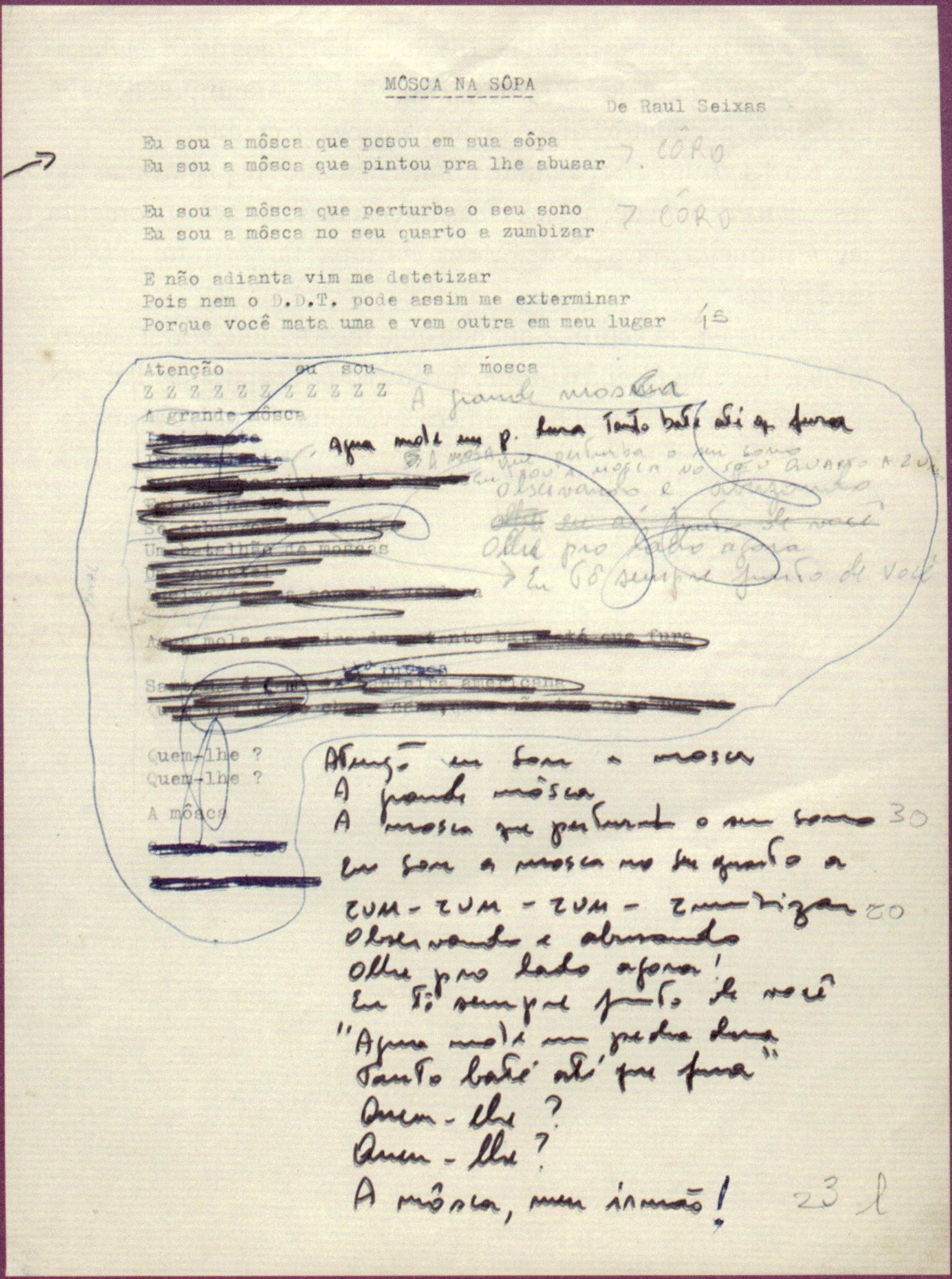

MÔSCA NA SÔPA

De Raul Seixas

Eu sou a môsca que pousou em sua sôpa
Eu sou a môsca que pintou pra lhe abusar 7. CÔRO

Eu sou a môsca que perturba o seu sono
Eu sou a môsca no seu quarto a zumbizar 7. CÔRO

E não adianta vim me detetizar
Pois nem o D.D.T. pode assim me exterminar
Porque você mata uma e vem outra em meu lugar 15

Atenção eu sou a mosca
Z Z Z Z Z Z Z Z Z Z Z Z Z
A grande môsca

Quem-lhe ?
Quem-lhe ?

A môsca

Atenção eu sou a mosca
A grande môsca
A mosca que perturba o seu sono 30
Eu sou a mosca no seu quarto a
zum-zum-zum-zumbizar 20
Observando e abusando
Olhe pro lado agora!
Eu tô sempre junto de você
"Água mole em pedra dura
Tanto bate até que fura"
Quem-lhe?
Quem-lhe?
A môsca, meu irmão! 23 l

"Mosca na sopa" foi composta bem antes das gravações do disco *Krig-ha, Bandolo!*.

Jay conta que são dele e não de Raul os arranjos de *Os 24 maiores sucessos da Era do Rock*, mas, segundo ele, para impressionar a gravadora, o roqueiro baiano pediu para levar o crédito.

No disco, ele e seu conjunto foram chamados para gravar as bases. "Raul era bom de violão de base, mas não sabia solar", comenta Jay. A primeira gravação de "Mosca na sopa" também foi feita no estúdio dele.

"Eu disse para Raul que, quando uma mosca come, vomita na comida antes para fazer a digestão fora do corpo", explica Jay. Por isso, na versão original, o roqueiro começa a vomitar no meio da música.

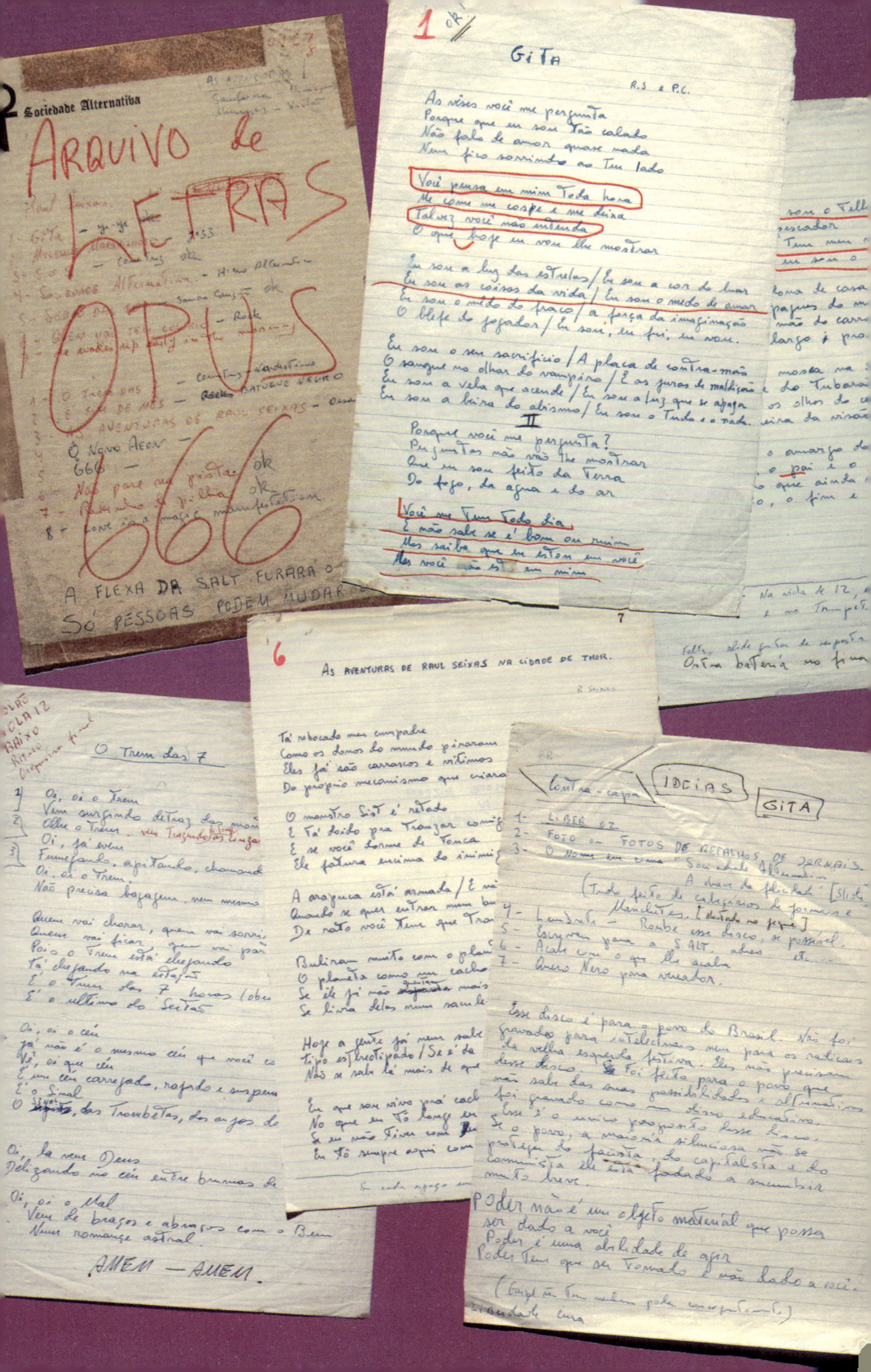
Sociedade Alternativa
ARQUIVO de LETRAS
OPUS 666
A FLEXA DA S.ALT FURARÁ O
SÓ PESSOAS PODEM MUDAR
GITA
R.S e P.C.
As vêzes você me pergunta
Porque que eu sou tão calado
Não falo de amor quase nada
Nem fico sorrindo ao teu lado
Você pensa em mim toda hora
Me come me cospe e me deixa
Talvez você não entenda
O que hoje eu vou lhe mostrar
Porque você me pergunta?
Perguntas não vão lhe mostrar
Que eu sou feito da Terra
Do fogo, da agua e do ar
As AVENTURAS DE RAUL SEIXAS NA CIDADE DE THOR.
O Trem das 7
Oi, oi o Trem
Oi, oi o céu
Oi, lá vem Deus
Oi, oi o Mal
AMEM — AMEM.
Contra-capa
IDEIAS
GITA
Poder não é um objeto material que possa ser dado a você
Poder é uma abilidade de agir

"Já bebi daquela água, quero agora vomitar
Uma vez a gente aceita, duas tem que reclamar
A serpente está na terra, o programa está no ar!
Vim de longe, de outra terra, pra morder teu calcanhar

Quem não tem colírio, usa oculosescuro
Quem não tem papel dá recado pelo muro
Quem não tem presente acredita no futuro"

(Primeira versão da canção "Como vovó já dizia", parceria de Raul Seixas e Paulo Coelho, lançada em 1975.)

Ainda com o nome "Oculosescuro", a canção, que depois se chamaria "Como vovó já dizia", logo de cara desagradou aos censores. No primeiro parecer, a composição foi enquadrada como de protesto social, contendo mensagens subversivas com o propósito de achincalhar a atual conjuntura sociopolítica nacional. Só foi liberada depois de muitas outras mudanças na letra, quase dez meses depois.

2 VETADO!

Nas reuniões que antecederam *Krig-ha*, a presença e a participação de Paulo era cada vez maior. Juntos, e sem economizar na criatividade, foram reunindo as ideias, as músicas e formatando o conceito do álbum.

O disco já começa original no título, *Krig-ha, Bandolo!*, uma referência ao grito de guerra de Tarzan, personagem conhecido dos quadrinhos, que, traduzido para o bom e velho português, significa "Cuidado, aí vem o inimigo!".

A ideia que a dupla emplacou para a capa, que estampa Raul como um Tarzan místico latino-americano, foi outra das várias provocações presentes no álbum.

O grito de guerra era parte do ataque político que o roqueiro apontava para o regime militar e a censura, que perseguiam e tentavam calar artistas e imprensa. Como Jay Vaquer descreveu, "um assalto lírico contra as injustiças". O disco inteiro está cheio de metáforas que apontam para essa direção.

As ideias de Paulo começavam a ganhar um espaço cada vez maior na carreira de Raul.

A composição em parceria com Paulo "Cachorro urubu" nasceu após a dupla ler uma notícia sobre o indígena Crow Dog (cachorro corvo, em português), líder de um levante contra o governo americano. "Dentadura postiça" também dá outra cutucada no regime militar.

A "dentadura" do título seria, na verdade, a "ditadura" postiça que assolava o país. É sobre ela que a letra profetiza: "Vai cair, vai cair." Um gospel de Elvis foi utilizado para o template, utilizando o já citado sistema rato de Jay e Raul. O guitarrista conta que usou o método em todos os discos em que trabalhou. O último álbum dele com Raul foi *O dia em que a Terra parou*, de 1977, gravado pela Warner.

Jay também usou seu processo de colagem em "Rockxixe", outra de Raul e Paulo. A letra segue o mesmo caminho das metáforas bem sacadas com espetadas disfarçadas na ditadura. A canção foi parar na contracapa do disco, imitando uma pichação, outro meio de protesto bem icônico daqueles tempos de censura braba.

Eu tinha medo do seu medo
do que eu faço
medo de cair no laço
que você me preparou

Eu tinha medo
de ter que ir dormir mais cedo
numa cama que eu não gosto
só porque você mandou

A música "Rockxixe" acabou saindo um pouco fora da curva, gerando o primeiro de vários arranca-rabos entre Paulo Coelho e Jay Vaquer. O guitarrista estava mergulhado nos trabalhos do disco e percebeu que a canção em questão estava muito parecida com "Let Me Sing, Let Me Sing". Sinalizou, então, que precisariam mudar o arranjo.

Paulo foi contra, disse que isso faria até o título da composição perder o sentido, uma junção de rock com maxixe. Esperneou quanto deu, mas foi voto vencido. No final, Jay, utilizando o seu, segundo ele próprio, magnífico sistema rato, incorporou em "Rockxixe" as músicas "We Got to Get Out of This Peace", do Animals, e "You Are My Sunshine", de Ray Charles.

Por outro lado, as ideias de Paulo começavam a ganhar um espaço cada vez maior na carreira de Raul. Maior, mas não fundamental, na opinião do produtor Mauro Motta, parceiro do roqueiro baiano nos tempos de CBS.

"A consistência da obra de Raul já estava pronta havia muito tempo." Para Motta, se Paulo não tivesse entrado na vida de Raul como compositor, o roqueiro teria feito o mesmo sucesso. Mas ele reconhece que o encontro enriqueceu a obra.

A construção do personagem Raul Seixas teve a mão dos parceiros Paulo e Jay. A aparência física e a imagem eram preocupações constantes do baiano. Ele acreditava que lhe faltava beleza para se transformar no rei do rock brasileiro, por isso precisava de um plano B. As roupas cuidadosamente pensadas eram costuradas pela esposa, Edith.

Para o lançamento, muitas ideias foram lançadas na mesa. Menescal e Mazzola não suportavam mais discutir os projetos alucinados que a dupla trazia. Uma preocupação era que o compacto com "Ouro de tolo", apesar de bem recebido em São Paulo, no Rio ainda não tinha decolado.

Foi então que uma ideia não menos maluca de Paulo caiu nas graças dos executivos da gravadora: fazer uma passeata pelo centro do Rio ao som de "Ouro de tolo". Imprensa devidamente informada, lá foram eles executar o plano, no dia 7 de junho de 1973.

Entre os fãs ganhava cada vez mais força a imagem mística de um guru anárquico da contracultura que viajava em discos voadores e trazia sonoridades e poesias de outro mundo.

Da estátua do Pequeno Jornaleiro, na avenida Rio Branco, sob o calor do meio-dia, Raul, com seu violão, começou a cantar "Ouro de tolo" pela rua do Ouvidor, junto com Paulo, as respectivas esposas, Edith e Adalgisa, e alguns músicos. Eles foram seguidos por gente de todos os tipos, relembra Mazzola. "Homens de terno, mulheres bem-vestidas" e uma multidão de pessoas comuns que trabalhavam nas empresas do local, além de ambulantes, pipoqueiros. Um baita tumulto.

À noite, na TV Globo, o *Jornal Nacional* deu a notícia em primeira mão, a música disparou a tocar nas rádios e o compacto teve de ser prensado duas vezes em uma semana. Rapidamente vendeu mais de 100 mil cópias.

Além da fama, a dupla começou a ganhar muito dinheiro. Mas, com o barulho que começaram a fazer, Raul e Paulo entraram na mira da censura

"Mosca na sopa", composição de Raul gravada em *Krig-ha*, por exemplo, não foi vetada, mas desagradou aos censores. O parecer, emitido em abril de 1973, avalia que a canção não tem qualidade nem tema definido, fala tão somente de como as moscas são inconvenientes. O documento encerra afirmando: "Em que pese a estupidez e o mau gosto, somos pela liberação, já que não atinamos a comprometimentos outros."

Eu sou a mosca que pousou em sua sopa
Eu sou a mosca que pintou pra lhe abusar
Eu sou a mosca que pousou em sua sopa
Eu sou a mosca que pintou pra lhe abusar
Eu sou a mosca que pousou em sua sopa
Eu sou a mosca que pintou pra lhe abusar

Para essa faixa, Mazzola conseguiu simular um barulho de mosca utilizando um sintetizador Minimoog que se misturava com atabaques e berimbaus. Por incrível que pareça, nenhuma canção do primeiro álbum solo foi vetada. Mas a dupla não teve a mesma sorte no segundo trabalho.

O sonhado primeiro disco solo de Raul, *Krig-ha, Bandolo!,* foi lançado pela Philips no dia 21 de julho de 1973, com um show no

Acervo Sylvio Passos

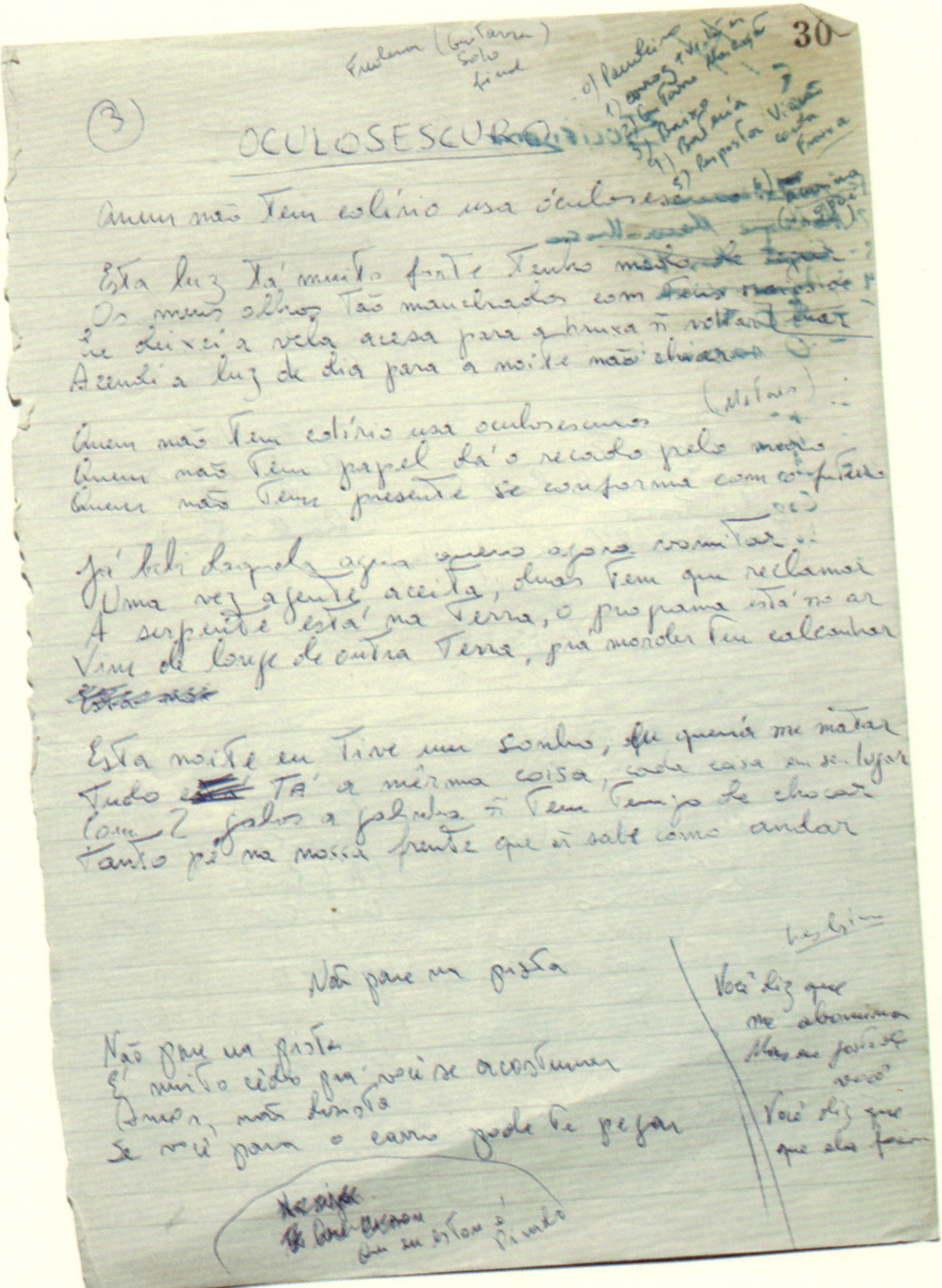

30

(3)

OCULOSESCURO

Quem não tem colírio usa óculos escuros

Esta luz tá muito forte tenho medo de cegar
Os meus olhos tão manchados com
Eu deixei a vela acesa para a bruxa não voltar
Acendi a luz de dia para a noite não chegar

Quem não tem colírio usa oculosescuros
Quem não tem papel dá o recado pelo muro
Quem não tem presente se conforma com o futuro

Já bebi daquela água quero agora vomitar
Uma vez a gente aceita, duas tem que reclamar
A serpente está na terra, o programa está no ar
Vem de longe de outra terra, pra morder teu calcanhar

Esta noite eu tive um sonho, que queria me matar
Tudo tá a mesma coisa, cada coisa em seu lugar
Com 2 galos a galinha não tem tempo de chocar
Tanto pé na nossa frente que não sabe como andar

Não pare na pista

Não pare na pista
É muito cedo pra você se acostumar
Amor, não desista
Se você para o carro pode te pegar

Você diz que
me abomina
Mas eu gosto de
você
Você diz que

Uma das primeiras versões de "Oculosescuro", que depois virou "Como vovó já dizia".

teatro Tereza Raquel, no Rio, envolto em muitas histórias fantásticas contadas à imprensa sobre a suposta inspiração mística do álbum, que incluía até um contato insólito com extraterrestres na Barra da Tijuca.

Chegaram a dizer que faziam parte de um seleto grupo que tinha a missão de "ajudar as pessoas que abrissem portas, quebrassem barreiras". Um time de escolhidos que incluía nomes como John Lennon, Krishnamurti e o diretor teatral Zé Celso Martinez Corrêa.

A conversa não colou muito, e Raul chegou a ter a sanidade questionada por alguns. Outros perceberam que era uma jogada de marketing para vender o artista como o roqueiro do disco voador.

Se para os jornalistas estava tudo explicado, entre os fãs ganhava cada vez mais força a imagem mística de um guru anárquico da contracultura que viajava em discos voadores e trazia sonoridades e poesias de outro mundo.

O envolvimento do ocultismo na obra de Raul durante a fase de parceria com Paulo começou a ficar mais evidente e público no show de estreia da turnê do disco, no dia 26 de setembro de 1973, no Teatro das Nações, em São Paulo.

No show, o público recebeu de Paulo Coelho exemplares de um gibi-manifesto que trazia uma dica aos leitores na contracapa: "A chave para a compreensão do long-play está em ouvir o disco lendo *A fundação de Krig-ha*".

Foi também durante a turnê de divulgação do álbum que nasceu uma das composições do disco seguinte, e um dos maiores sucessos da dupla. Depois de um baseado no hotel, os amigos perceberam que estavam sem colírio e, para disfarçar os olhos vermelhos, ambos sacaram dos bolsos seus óculos escuros. Viajando de rir na onda da maconha, começaram a cantarolar: "Quem não tem colírio usa óculos escuros".

Raul percebeu que estava chegando mais uma música, pegou seu violão e em pouco tempo estava pronta a primeira versão de "Como vovó já dizia", canção que seria a primeira a ser vetada.

Essa noite eu tive um sonho, eu queria me matar
Tudo tá a mesma coisa, cada coisa em seu lugar
Com dois galos a galinha não tem tempo de chocar
Tanto pé na nossa frente que não sabe como andar

Quem não tem colírio usa oculoescuro
Quem não tem papel dá recado pelo muro
Quem não tem presente acredita no futuro

A música, ainda com o nome "Oculosescuro", logo de cara desagradou aos censores. No primeiro parecer, emitido no dia 12 de novembro de 1973, a composição de Raul e Paulo foi enquadrada no gênero protesto social, contendo mensagens subversivas com o propósito de achincalhar a atual conjuntura sociopolítica nacional.

Começava, no departamento jurídico da Philips, uma via-crúcis para a liberação da canção. Uma novela agoniante que durou cerca de dez meses, de novembro de 1973 a julho de 1974.

Naquele momento especialmente difícil para os artistas, por causa do patrulhamento paranoico dos órgãos de censura, a maior gravadora do país, segundo Mazzola, se viu obrigada a criar um departamento especializado em liberar letras vetadas. O cast milionário da Philips exigia velocidade para colocar os discos no mercado.

O controle sobre produção artística, letras musicais, filmes e peças teatrais era feito por um conselho da divisão de censura que julgava a pertinência de sua veiculação. A justificativa era que artistas não poderiam levar a público conteúdos contrários aos interesses da ordem moral, intelectual e cívica da coletividade.

No caso das canções vetadas, a gravadora precisava apresentar uma revisão feita pelo autores e solicitar uma nova avaliação. A espera pela aprovação levava em média 15 dias, mas, em alguns casos, demorava bem mais do que isso.

O advogado da gravadora solicitou, então, uma nova avaliação de "Oculoescuro", com algumas mudanças na letra, propostas por Raul e Paulo. O trecho "uma vez a gente aceita, duas tem que reclamar" virou "uma vez a gente plim, outra tem que blá-blá-blá", e "tudo tá a mesma coisa, cada coisa em seu lugar" foi alterado para "se eu danço iê-iê-iê, ela dança yá yá". O refrão abusado "quem não tem colírio usa óculoescuro, quem não tem papel dá recado pelo muro, quem não tem presente acredita no futuro" ficou "quem não tem colírio usa oculoescuro, quem não tem visão bate a cara contra o muro, quem não planta agora não recolhe no futuro".

Veio outro veto do órgão censor. A nova avaliação argumentava que, por não haver mudança temática, a música poderia incitar atitudes negativas contra o sistema vigente. Apenas em outubro de 1974 a letra, quase completamente modificada, foi liberada com novo título, "Como vovó já dizia", e uma penca de ditos populares, como os trechos "a formiga só trabalha porque não sabe cantar" e "quem não tem filé come pão e osso duro".

Depois da canseira de meses, foi outro supersucesso. Isso sem levar em consideração as condições da letra, absurdamente descaracterizada e massacrada pela sucessão estúpida de vetos dos censores. A música foi lançada na trilha sonora da novela *O rebu*, da TV Globo, em 1974 e depois no EP *Medo da chuva*, que saiu em abril de 1975.

Outras dezenas de músicas de Raul foram censuradas, muitas delas nunca liberadas e que até hoje permanecem sem gravação.

Foto de Calil Neto

Foto de Calil Neto

...de Cristina Villares

Foto de Cristina Villares

"A matéria é imutável, porém eu sou tudo o que dizes e tudo aquilo que pensas.
"Tudo repousa em mim, como pérolas em um fio. Eu sou o perfume da terra e o calor do fogo, sou a aparição e o desaparecimento, sou a serpente cósmica infinita, sou o chefe dos músicos celestiais, eu sou a ciência do ser, sou a vida de cada criatura, o jogo dos trapaceiros, sou o esplendor que brilha. Eu sou o tempo que envelheceu."

(Trecho de "O Bhagavad Gita", do livro *O Mahabharata.*)

Durante uma viagem ao interior baiano, Raul e Paulo falavam sobre o "Bhagavad Gita", que ambos conheciam. Da conversa, que girou em torno do trecho que narra a aparição do deus Krishna para o guerreiro Arjuna em um momento de extremo desespero e angústia em meio a um grande conflito, surgiu "Gita". Em menos de dez minutos.

3 E NAS MENSAGENS QUE NOS CHEGAM SEM PARAR...

Shows, fama, dinheiro. O sucesso tinha finalmente chegado e aumentava cada vez mais. Para Raul Seixas e Paulo Coelho, estava na hora de aprontar pesado. Ainda em 1973, os dois descambaram a falar da anárquica Sociedade Alternativa.

Segundo Raul, a sociedade que eles propagavam seria "uma ideia, uma semente que existe em todo o planeta, uma concepção metafísica da verdade individual e nunca da verdade absoluta".

O assunto fez estardalhaço. Rapidamente se espalhou pela imprensa brasileira e até na estrangeira — na margem mais alternativa, vale citar. Até hoje o tema desperta interesse e é objeto de pesquisas em vários campos de estudo.

Engajado até o pescoço nas ideias da Sociedade Alternativa, de peito nu e capa de mago (feita por Edith), Raul foi ao caretaço programa de Silvio Santos. O apresentador pareceu não ter gostado nada do estilo despojado do artista baiano, tanto que os dois se insultaram até chegarem aos tapas no camarim.

Essa história foi contada pela mãe de Raul, dona Maria Eugênia. Segundo ela, Silvio se irritou com o fato de Raul se apresentar sem camisa em seu programa e deu uma bronca no roqueiro. E aí o pau quebrou feio.

Acervo Sylvio Passos

Capa de mago usada no *Programa do Silvio Santos.*

Que Raul esteve no programa é fato: as fotos confirmam inclusive o figurino citado. O roqueiro também falou sobre a briga em entrevistas. Mas se a tal briga ocorreu de verdade, hoje somente o apresentador pode dizer — e, como é notório, Silvio é avesso a entrevistas. A questão é que o Maluco Beleza nunca mais foi convidado para ir ao seu programa.

Apesar de navegar por um mar de referências literárias e ocultistas, a Sociedade Alternativa de Raul e Paulo veio na esteira das ideias do inglês Aleister Crowley, sem dúvida alguma o ocultista mais chapado de todos os tempos.

Autoridade indiscutível para assuntos esotéricos, o mago inglês da pá-virada revelou segredos de seitas secretas e assustou muita gente ao promover rituais de magia regados a muito sexo, drogas e bizarrices de todos os tipos e gêneros.

O cara não brincava em serviço, e ganhou apelidos bem carrancudos como "Senhor 666" e "Anticristo". Mas essa é só a ponta do iceberg. Com exceção das muitas lendas improváveis, por exemplo, a de que teria sido procurado para usar seus superpoderes mágicos na luta antinazista, o mago doidão, libertino pansexual, chegou a ser considerado no começo do século XX o "homem mais perverso do mundo". E, certamente, fez por merecer.

Depois da sua morte, Crowley ficou ainda mais famoso: passou a ser seguido e cultuado, dentro e também fora dos circuitos ocultistas. Tornou-se uma celebridade no mundo pop. Foi um dos personagens do romance *Paris é uma festa*, de Ernest Hemingway, e inspirou vilões da franquia 007, como "Le Chiffre" em *Cassino Royale* e "Blofeld", líder da organização criminosa Spectre.

Nos quadrinhos, foi a figura que inspirou o mago Roderick Burgess em *Sandman* e teve seu nome carimbado em um dos protagonistas de *Good Omens*, ambos criados por Neil Gaiman. Outro quadrinista que embalou na onda de Crowley foi Grant Morrison, que o chamava de Picasso da Magia.

Acervo Sylvio Passos

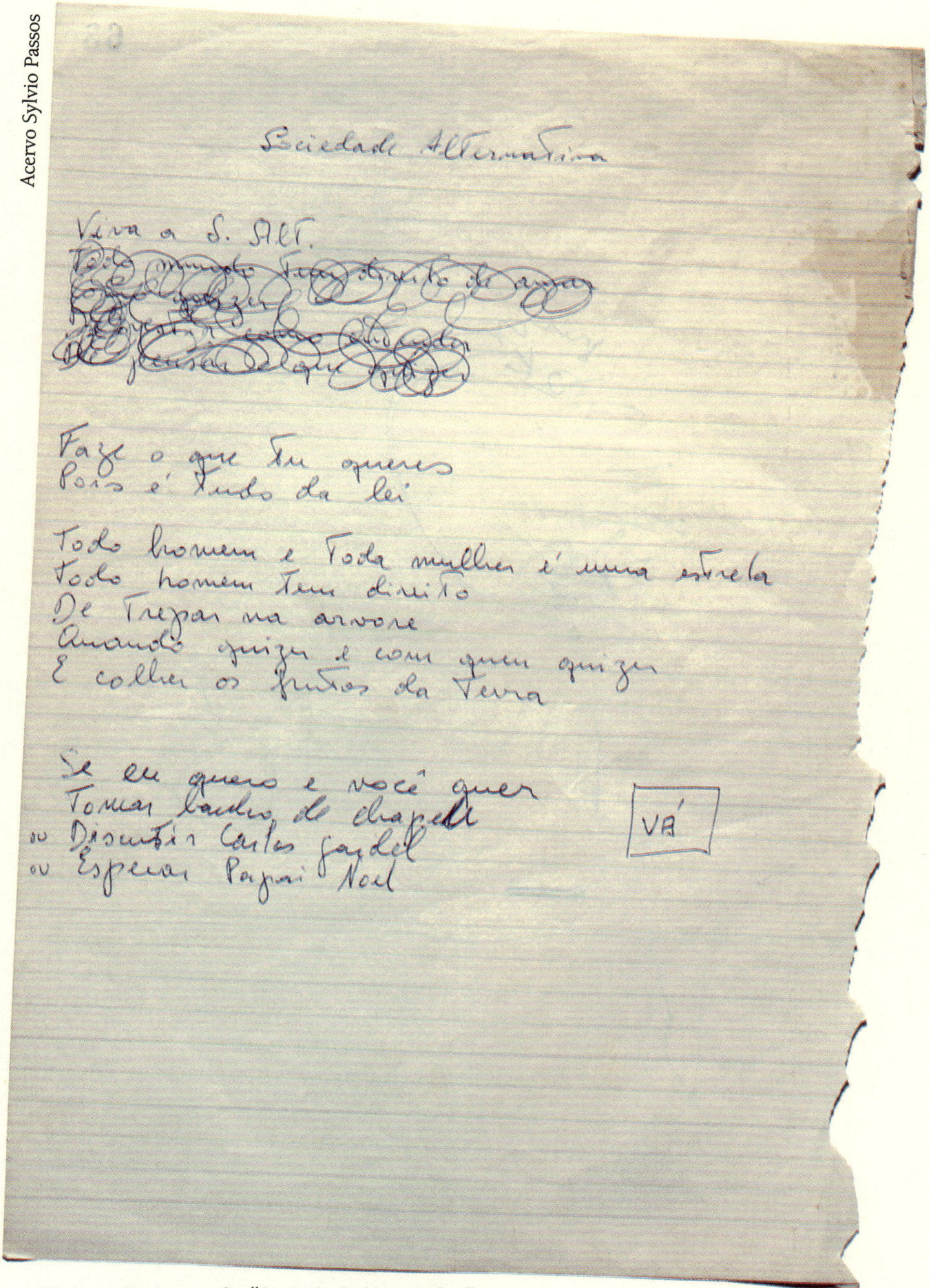
Sociedade Alternativa

Viva a S. Alt.

Faze o que tu queres
Pois é tudo da lei

Todo homem e toda mulher é uma estrela
Todo homem tem direito
De trepar na arvore
Quando quizer e com quem quizer
E colher os frutos da terra

Se eu quero e você quer
Tomar banho de chapéu
ou Discutir Carlos Gardel
ou Esperar Papai Noel

VÁ

Manuscrito da canção "Sociedade Alternativa".

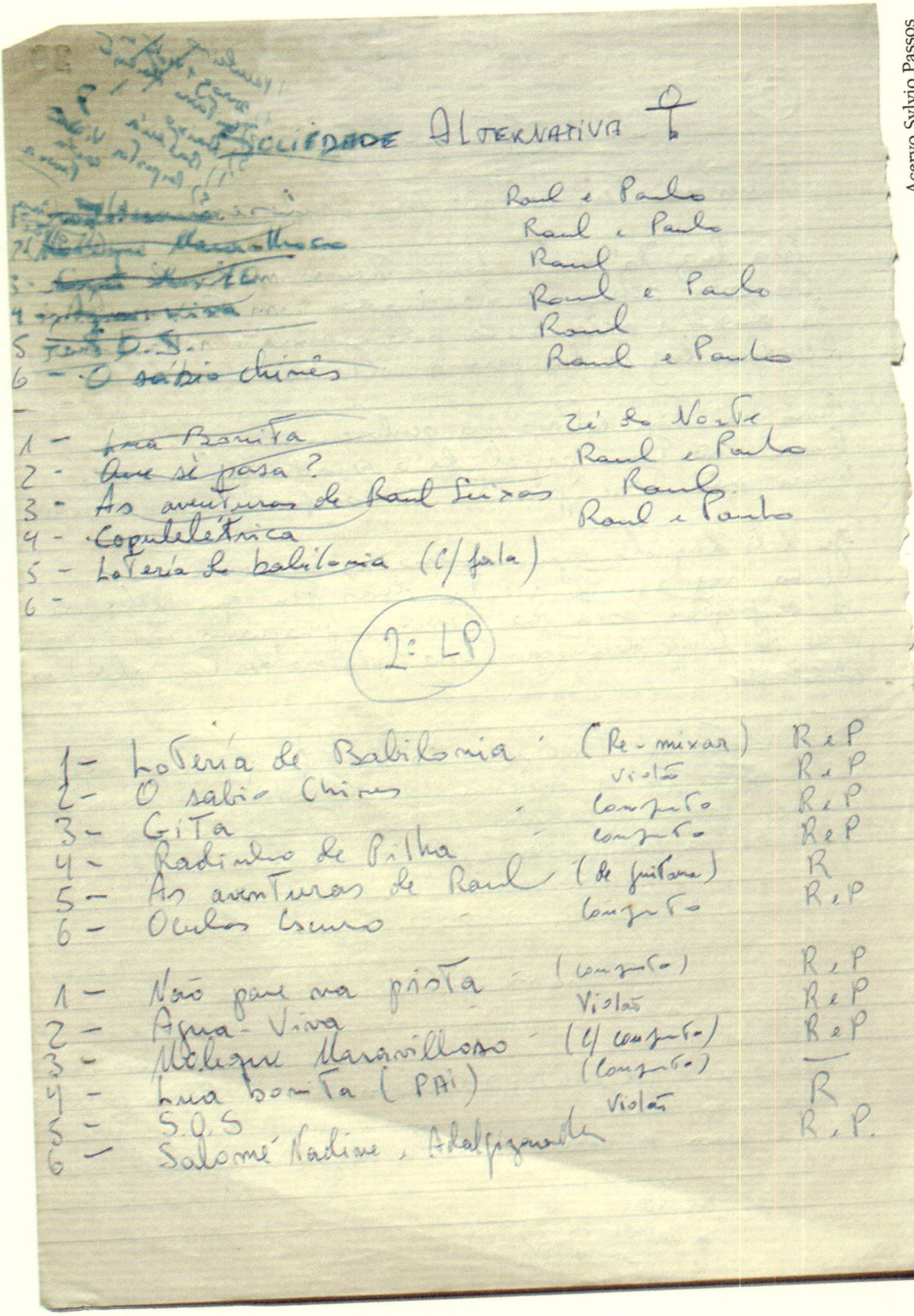

Sociedade Alternativa

1 – Raul e Paulo
2 – Raul e Paulo
3 – Raul
4 – Raul e Paulo
5 – Raul
6 – O sábio chinês — Raul e Paulo

1 – Lua Bonita — Zé do Norte
2 – Que sí pasa? — Raul e Paulo
3 – As aventuras de Raul Seixas — Raul
4 – Copuletétrica — Raul e Paulo
5 – Loteria da babilônia (c/ fala)
6 –

2º LP

1 – Loteria de Babilônia (Re-mixar) R e P
2 – O sábio Chinês — violão — R e P
3 – Gita — conjunto — R e P
4 – Radinho de Pilha — conjunto — R e P
5 – As aventuras de Raul (de guitarra) R
6 – Óculos Escuros — conjunto — R e P

1 – Não pare na pista (conjunto) R e P
2 – Água-Viva — violão — R e P
3 – Moleque Maravilhoso (c/ conjunto) R e P
4 – Lua bonita (PAI) (conjunto) R
5 – S.O.S — violão — R e P.
6 – Salomé Nadime e Adalgisa...

Acervo Sylvio Passos

Anotações para o disco *Gita*.

O que explica a badalação em torno do cara é o fato de que, apesar de sua terrível fama de mau, ele se tornou uma espécie de herói da contracultura, porque peitava preconceitos em relação ao sexo e ao uso de drogas psicodélicas. Daí a existência de seguidores como o escritor beatnik William Burroughs e o psiquiatra Timothy Leary, que por suas experiências com alucinógenos na década de 1960 ganhou o carinhoso apelido de "Tiozinho do LSD".

"Para me adorar, tomai o vinho e as drogas estranhas das quais direi ao meu profeta e embebedai-vos delas", sugere Crowley em seu clássico *O livro da lei*, relançado recentemente no Brasil pela editora Veneta. Desse livro saíram as ideias para a utópica canção "Sociedade Alternativa", do disco *Gita*, de 1974.

As reuniões para *Gita* aconteciam no novo apartamento de Raul e Edith, alugado na Lagoa. Segundo Mazzola, o cenário ficava cada vez mais macabro, com candelabros acesos, tipo filme de terror mesmo. Foi lá que definiram como seria a faixa-título do álbum.

As ideias para o arranjo foram de Raul e do maestro Miguel Cidras, autor de "Sandra Rosa Madalena". Teve ainda uma mãozinha de Mazzola, que andava colado no artista. O produtor conta que a intenção a princípio era fazer algo apoteótico, com uma orquestra sinfônica, sinos, cordas, vocal clássico do Theatro Municipal com 24 vozes, harpa e tudo o mais. No total, 62 músicos participaram da gravação.

A canção "Gita" mostra que no universo criativo de Raul e Paulo havia muito mais do que as ideias malucas do guru Crowley.

A canção "Gita" mostra, no entanto, que no universo criativo de Raul e Paulo havia muito mais do que as ideias malucas do guru Crowley. Além dele e do escritor psicodélico Carlos Castañeda, o misticismo oriental estava no radar da dupla. A música é inspirada em "Bhagavad Gita", um dos muitos livros que compõem a principal obra escrita em língua sânscrita, *O Mahabharata* — uma espécie de bíblia indiana gigantesca (por sinal, era um dos livros de cabeceira do mago inglês).

"Gita" surgiu em uma viagem de Raul e Paulo mais as respectivas mulheres para a casa de campo dos pais do roqueiro baiano em Dias d'Ávila. A turma toda, Raul, Edith, a pequena Simone, Paulo e Adalgisa, encarou 28 horas de estrada a bordo do famoso Corcel 1973.

Como os dois parceiros não conseguiam pensar em nada que não rendesse alguma letra, antes de "Gita" as muitas horas de viagem e a vontade de chegar logo inspiraram "Não pare na pista", lançada no mesmo álbum de 1974.

Não pare na pista
É muito cedo
Pra você se acostumar
Amor, não desista
Se você para
O carro pode te pegar
Bibi! Fonfon! Pepê!
Se você para
O carro pode te pegar

Na viagem, durante uma introspectiva e tranquila noite estrelada no interior baiano, Raul falava para Paulo sobre o livro que tinha acabado de reler, "Bhagavad Gita", que ambos conheciam e estudavam havia tempos. A conversa girou em torno do trecho que narra a aparição do deus Krishna para o guerreiro Arjuna em um momento de extremo desespero e angústia em meio a um grande conflito.

"A matéria é imutável, porém eu sou tudo o que dizes e tudo aquilo que pensas.

"Tudo repousa em mim, como pérolas em um fio. Eu sou o perfume da terra e o calor do fogo, sou a aparição e o desaparecimento,

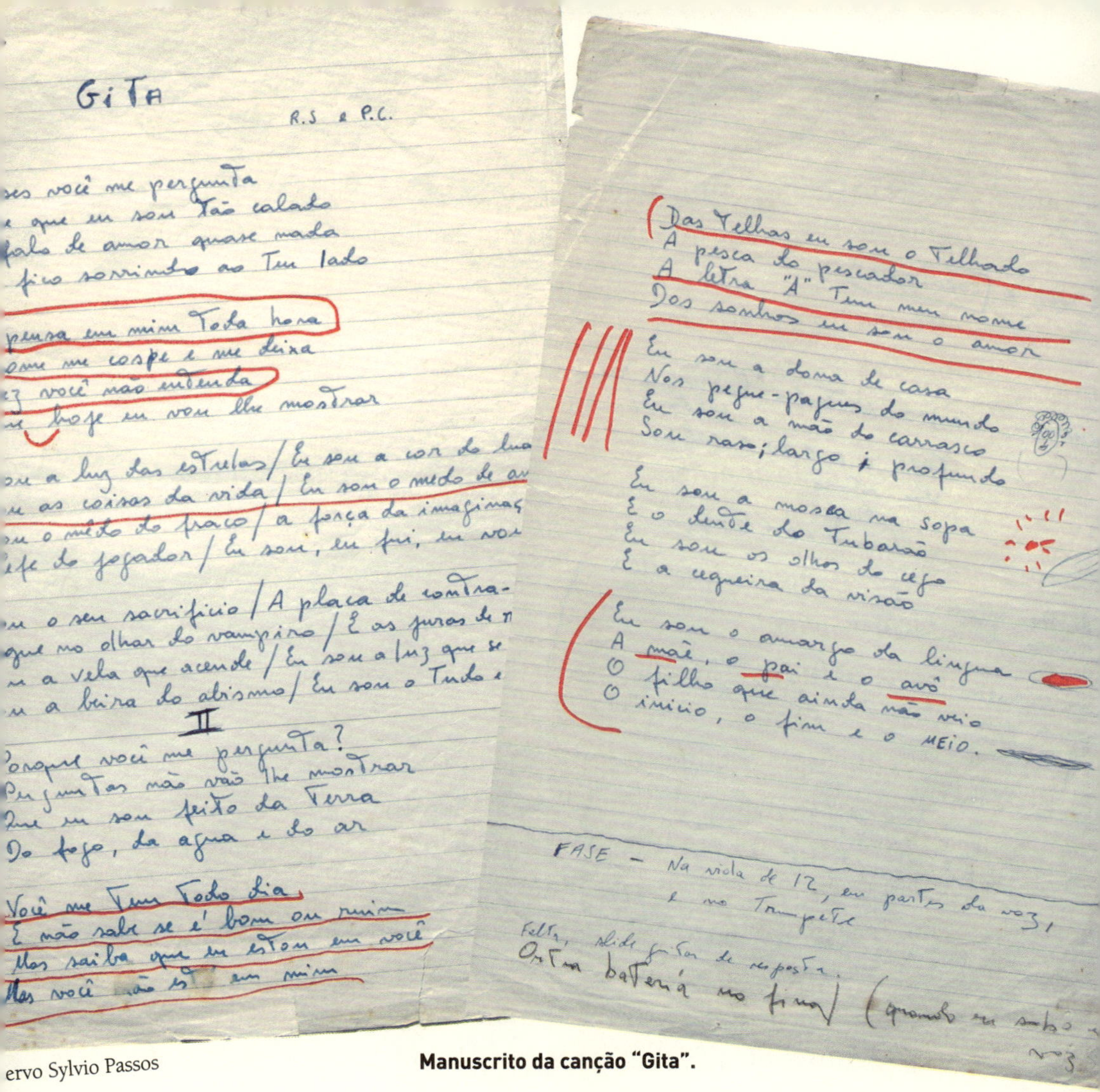

Gita

R.S e P.C.

...es você me pergunta
...que eu sou tão calado
...falo de amor quase nada
...fico sorrindo ao teu lado
...pensa em mim toda hora
...come me cospe e me deixa
...z você não entende
...hoje eu vou lhe mostrar
...ou a luz das estrelas / Eu sou a cor do lua...
...as coisas da vida / Eu sou o medo de am...
...ou o medo do fraco / a força da imaginaç...
...efe do jogador / Eu sou, eu fui, eu vou
...u o seu sacrifício / A placa de contra-
...gue no olhar do vampiro / E as juras de m...
...u a vela que acende / Eu sou a luz que se...
...u a beira do abismo / Eu sou o Tudo e...

II

Porque você me pergunta?
Perguntas não vão lhe mostrar
Que eu sou feito da Terra
Do fogo, da água e do ar

Você me tem todo dia
E não sabe se é bom ou ruim
Mas saiba que eu estou em você
Mas você não está em mim

Das telhas eu sou o telhado
A pesca do pescador
A letra "A" tem meu nome
Dos sonhos eu sou o amor

Eu sou a dona de casa
Nos pegue-pagues do mundo
Eu sou a mão do carrasco
Sou raso, largo e profundo

Eu sou a mosca na sopa
E o dente do tubarão
Eu sou os olhos do cego
E a cegueira da visão

Eu sou o amargo da língua
A mãe, o pai e o avô
O filho que ainda não veio
O início, o fim e o MEIO.

FASE – Na viola de 12, em partes da voz, e no trompete
Feltz, slide, gritos de resposta.
Outra bateria no final (quando eu ...)

ervo Sylvio Passos

Manuscrito da canção "Gita".

sou a serpente cósmica infinita, sou o chefe dos músicos celestiais, eu sou a ciência do ser, sou a vida de cada criatura, o jogo dos trapaceiros, sou o esplendor que brilha. Eu sou o tempo que envelheceu. Todos os seres caem na noite e todos são reconduzidos ao dia. Já venci todos esses guerreiros que tu vês à nossa volta. Entretanto, alguns acham que podem matar e outros que podem ser mortos; ambos enganam-se. As armas não podem ceifar essa vida que te anima, nem o fogo queimá-la; não pode ser molhada pelas águas ou ressecada pelo vento. Nada temas e levanta-te, pois eu te amo."

O papo engatou, a dupla se animou, Raul pegou o violão e em mais ou menos dez minutos, segundo Paulo, "Gita" estava pronta.

Eu sou a luz das estrelas
Eu sou a cor do luar
Eu sou as coisas da vida
Eu sou o medo de amar
Eu sou o medo do fraco
A força da imaginação
O blefe do jogador
Eu sou, eu fui, eu vou

A gravação aconteceu conforme os compositores idealizaram. Segundo Mazzola, "uma emoção só". Da cartola mágica, Raul e Paulo transformaram em uma belíssima canção um pequeno trecho de um dos maiores livros da humanidade. O tamanho original de *O Mahabharata* equivale a algo em torno de 15 Bíblias. Mesmo sem saber nada sobre isso, muita gente pirou na versão à brasileira do poema clássico indiano, que se tornou um dos maiores sucessos de 1974. Algum tempo depois, foi regravada por Maria Bethânia, e estourou novamente.

FIEL ESCUDEIRO

Lançada primeiro num compacto simples com "Não pare na pista" no lado B, em abril de 1974, "Gita" chegou às lojas na versão LP em junho do mesmo ano, com cinco músicas de Raul e sete em parceria com Paulo. Foi o primeiro disco a contar com a participação de Rick Ferreira, que mais tarde se tornaria seu fiel escudeiro na guitarra.

Precoce, Rick já tinha banda desde o começo da adolescência: The Goofies. Ele, claro, tocava guitarra, o irmão, Neco Ferreira, ficava na bateria, e havia também os amigos Dadi (que depois ficaria conhecido pela atuação na banda A Cor do Som) no baixo e Pedro Lima, também na guitarra.

Viviam tocando em festinhas. No repertório, Beatles e Rolling Stones. Isso até Pedro Lima ser convidado pra tocar na banda Bolha, que ficou bem famosa no Rio de Janeiro. The Goofies passou então a ser um trio. Sempre descolado e na turma certa, com 16 anos Rick começou a tocar com Ruban Barra, parceiro de Nelson Motta na famosa "Dancin' Days", que virou trilha da novela homônima.

Foto Junior Oliveira

Guitarrista Rick Ferreira no show O baú do Raul, realizado em 2015 no Mineirinho em Belo Horizonte (MG).

Aos 17 anos, Rick entrou pela primeira vez em um estúdio para gravar um disco, com a banda de Ruban. Foi por meio desse amigo que conheceu Paulo Diniz, autor da clássica "Quero voltar pra Bahia", dedicada a Caetano Veloso nos tempos de exílio em Londres. Paulo escreveu a canção que fez em parceria com Odibar, aquele que lá atrás foi bater na porta da CBS junto com Sérgio Sampaio e encontrou Raulzito.

Outro amigo de infância, o produtor musical Sérgio Carvalho, que morreu no início de 2019, responsável pela produção de Raul Seixas, Chico Buarque e muitos outros — uma verdadeira enciclopédia da música brasileira —, foi quem levou Rick para a Philips, onde trabalhava desde 1972 a convite de Roberto Menescal.

Rick foi chamado para fazer pequenos complementos de guitarra para algumas bandas do cast da gravadora até, quem sabe, uma hora emplacar uma participação maior com algum artista.

De tanto Rick encher a paciência do amigo, pedindo que mostrasse suas músicas para Menescal, um dia Sérgio resolveu dar uma chance ao rapaz: chamou Raul para ouvir uma gravação do guitarrista, que na época estava com 20 anos.

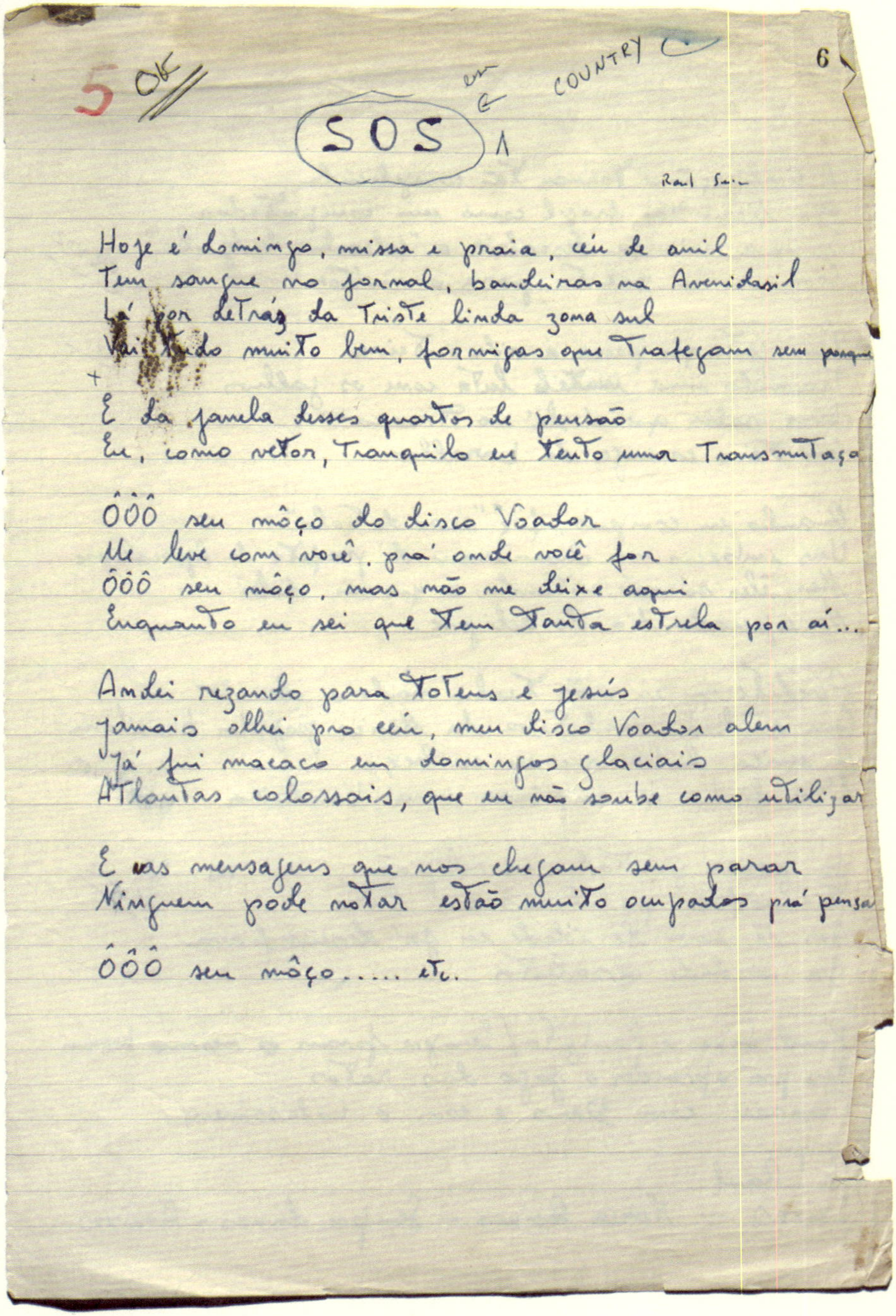

5 OK

COUNTRY

6

SOS

Hoje é domingo, missa e praia, céu de anil
Tem sangue no jornal, bandeiras na Avenidasil
Lá por detrás da triste linda zona sul
Vai tudo muito bem, formigas que trafegam sem porquê

E da janela desses quartos de pensão
Eu, como vetor, tranquilo eu tento uma transmutação

Ôôô seu moço do disco voador
Me leve com você, prá onde você for
Ôôô seu moço, mas não me deixe aqui
Enquanto eu sei que tem tanta estrela por aí...

Andei rezando para totens e Jesús
Jamais olhei pro céu, meu disco voador além
Já fui macaco em domingos glaciais
Atlantas colossais, que eu não soube como utilizar

E nas mensagens que nos chegam sem parar
Ninguém pode notar estão muito ocupados prá pensar

Ôôô seu moço..... etc.

Acervo Sylvio Passos

Manuscrito de "SOS".

Na gravação, ele tocava praticamente tudo — teclado, órgão, guitarra, violão — e ainda cantava. Tanto que Sérgio mostrou para Raul como se fosse uma banda tocando. E o roqueiro curtiu, dizendo que queria o grupo no seu novo disco, *Gita*. Depois de saber que era apenas uma pessoa tocando, Raul pediu para conhecer a figura. Os dois logo se entrosaram, começaram a trocar mil ideias, e Rick se tornou um de seus principais guitarristas.

No primeiro papo, Rick contou que tinha acabado de descolar um pedal *steel guitar*, instrumento que já era bastante usado nos Estados Unidos, na música country, mas que ainda não era muito comum por estas bandas.

Raul, que manjava tudo do assunto, presenteou o novo amigo com um disco antigo do cantor (de country, obviamente) Freddie Hart, que usava e abusava do pedal *steel guitar*.

No primeiro dia de gravação com Raul, Rick fez as bases de "Trem das sete", "SOS" e "Água viva".

Foi nessa ocasião também que gravou o famoso riff de introdução de "Trem das sete", com um violão de 12 cordas. O pedal steel do guitarrista, Raul também já sabia onde usar: na introdução e nos solos no meio e no final de "SOS". Segundo Rick, foi a primeira gravação no Brasil a usar o instrumento.

"Raul era muito criativo. Em 'SOS' ele cantou pra mim o solo da primeira e segunda voz, porque era um solo em terça (dueto de guitarras), e aí eu gravei com um pedal steel", relembra Rick.

De que Raul era uma supermáquina em termos de criatividade, talvez poucos discordem, mas, no caso de "SOS", vale lembrar que a canção consta da lista de "rateadas" do roqueiro.

Plágio, versão, remix, seja lá qual for o nome dado, no caso em questão, "SOS" e o country "Mr. Spaceman", da banda The Byrds, como diriam no tradicional fraseologismo brasileiro, é uma a cara da outra, "cuspida e escarrada". E vale ressaltar que a semelhança não se limita ao arranjo. Letra e temática são as mesmas, falam de discos voadores e encontros com seres extraterrestres.

Feita essa breve ressalva, cabe acrescentar que a música ficou ótima e que os solos de Rick com seu novíssimo pedal steel ficaram sensacionais.

E assim, com um riffizinho aqui, um solinho ali, como quem não quer nada, o guitarrista acabou descolando espaço até onde não tinha. Caso de "Super-heróis", parceria de Raul e Paulo. Na faixa, que já estava gravada, ele garantiu sua assinatura em mais uma bela introdução e em solos no meio e no final da canção.

Em "Gita", também já gravada, Rick conseguiu emplacar mais um violão de base. O álbum foi um sucesso, a ponto de render o primeiro disco de ouro para Raul Seixas. Pouco depois, em abril de 1975, a gravadora lançou um EP com as faixas "Medo da chuva" e incluiu "Como vovó já dizia", que havia sido lançada na trilha sonora da novela *O rebu*, da Globo.

O guitarrista Rick entrou na história de Raul Seixas por um caminho diferente do trilhado pela grande maioria dos músicos que tocaram com o roqueiro baiano. Em geral, os músicos chegavam por meio da gravadora. Foi assim que os discos de Raul foram gravados desde *Krig-ha*. Se o baterista Ivan Conti, o Mamão, não podia ir, ia o Paulinho Braga ou o Pedrinho. Se Paulo César Barros não estava, chamavam o Luisão Maia para tocar baixo, o Alexandre Malheiros.

Esse *modus operandi* na obra de Raul, na opinião de Rick, tinha a ver com os tempos de produtor na CBS, quando ele começou a se relacionar com músicos de estúdio, que gravavam com tudo quanto é artista.

Foi Mazzola, por exemplo, quem chamou o baixista Paulo César Barros para gravar o primeiro disco, *Krig-ha*, em 1973, sem saber que ele e Raul se conheciam da CBS. O músico e compositor, irmão de Renato Barros, com quem criou a banda Renato e Seus Blue Caps, já tinha gravado com uma penca de artistas produzidos pelo roqueiro. Mas Raul já há algum tempo tinha dado uma sumida do circuito de Paulo, e o reencontro deles foi engraçado.

Paulo foi à gravadora, como fazia todos os dias, sem saber com qual artista iria trabalhar. "Eram tantos que chegou uma hora que eu já nem perguntava mais", relembra o baixista. Primeiro a chegar no estúdio, ficou aguardando os outros músicos. O primeiro que entrou foi uma figura estranha que, pelo perfil, só poderia estar chegando para a gravação.

O cabelão escapava para fora do chapéu, combinando com a barba grande. Completava o figurino uma calça preta com as pernas enfiadas dentro de uma bota que ia até o joelho. "Vixe, esse maluco deve ser o artista. Só pode ser", pensou Paulo.

Eles ficaram sentados um do ladinho do outro. Um baita silêncio. Paulo preferiu evitar contato visual, fingiu que nem tinha reparado haver mais uma pessoa no ambiente. *Esse cara é pirado. Nem vou dar bola para ele*, pensou.

De repente, a figura estranha olhou para ele e cumprimentou: "Oi, César." O músico olhou então para Raul, ainda sem reconhecê-lo, e, com uma indiferença seca, ainda na sua estratégia de evitar contato, emitiu um simplório "Oba". Mas ficou ressabiado: "Pô, só me chama assim quem é amigo íntimo." O roqueiro, percebendo a dificuldade, levantou os óculos escuros e deu uma forcinha para a memória do amigo dos tempos de CBS: "Sou eu, César. Raulzito."

Foi um baita susto para Paulo, que nem desconfiava que o artista de visual maluco poderia ser o mesmo amigo, o baiano tímido da década de 1960, que não tinha barba, usava óculos de grau e vivia pela CBS de terninho preto e pastinha executiva. Menos assustado, Raul também ficou surpreso, porque não fazia ideia dos músicos contratados para a gravação de seu primeiro disco solo.

"Que é isso, cara? Você pirou?", perguntou Paulo, ainda boquiaberto com a transformação no visual do amigo. Raul respondeu: "Estou fazendo umas experiências comigo mesmo para ver até que ponto uma pessoa pode ser uma, duas ou três..."

"Levanta a cabeça, mamãe

Levanta a cabeça, papai

Levanta a cabeça, hipão

E tira seus olhos do chão

O chão, lugar de pisar

Levanta a cabeça, vovó

Levanta a cabeça, povão

Levanta a cabeça, vovó

Pra turma do amor e da paz"

("Murungando", de Raul Seixas, 1974.)

A canção "Murungando" foi outra letra de Raul censurada por sua "conotação política depreciativa". Ao menos foi esse o entendimento do parecer emitido em dezembro de 1974: "O autor, através de metáforas, diz que o povo está cabisbaixo e o incentiva a levantar a cabeça, utilizando a música como um meio para promover o descontentamento popular." Liberada em segunda instância, acabou entrando na trilha da novela O rebu, *da TV Globo, interpretada por Betinho.*

4 EU NUNCA COMETO PEQUENOS ERROS

Em 1974, o magro e abusado Raul Seixas surfava na onda do sucesso, mas também flertava com o caos. Fumava, bebia e cheirava em doses cada vez mais cavalares. E a barulheira toda em torno da Sociedade Alternativa irritava cada vez mais o regime militar, o que tornava o contexto todo ainda mais confuso.

Um dos sinais de que a coisa estava mesmo desandando foi o fato de a Polícia Federal mandar recolher os gibis-manifestos que Paulo distribuía durante os shows. Alegando que se tratava de material subversivo, botaram fogo em tudo. Com a censura na bota, o roqueiro percebeu que talvez fosse a hora de sair um pouco de cena.

O agito em torno da Sociedade Alternativa foi tanto que a dupla chegou a registrá-la num cartório do Rio. Raul e Paulo planejavam consolidá-la de fato com a construção de uma comunidade que seria instalada em Paraíba do Sul, na divisa entre Rio e Minas. A ideia, claro, era inspirada no mago doidão Crowley.

Na contramão da maioria, o chefão da gravadora, André Midani, de início se animou com a maluca ideia da Sociedade Alternativa. Chegou a compará-la ao movimento da tropicália.

Quem explicou a história para ele e os outros executivos da gravadora foi Paulo Coelho, em um dos encontros semanais que Midani teve a ideia de realizar durante um período para buscar compreender melhor os artistas geniais que tinha na casa e descobrir, quem sabe, como fazer a coisa toda fluir melhor. Para desvincular a conversa do ambiente de trabalho, dar outros ares, os encontros aconteciam em algum hotel de luxo da Zona Sul.

Naquele dia, Raul não apareceu. Paranoico, achava que era uma armadilha para prendê-lo. Paulo Coelho, que chegou ao hotel Méridien, no Leme, vestido feito um guerrilheiro, com botas pretas e óculos escuros, foi tão didático que usou até um quadro-negro para suas explanações. Apesar de lançar mão de símbolos e referências místicas de todos os tipos, impressionou a turma da gravadora com sua lógica e organização mental.

Para Midani, o conceito da Sociedade Alternativa espalhava um pensamento antiditadura, mas por um viés diferente. Era contestador de maneira irreverente, tirando um sarro de tudo e dando de ombros para a política.

Mas o que parece ter feito as coisas desandarem mesmo foi o envolvimento cada vez maior de Paulo com uma seita esotérica que seguia as ideias de Crowley. O delírio da dupla de levar em frente a ideia de criar uma comunidade de fato, que se chamaria Cidade das Estrelas, também não ajudou muito.

Mesmo sem nada de concreto, Raul e Paulo falavam pelos cotovelos sobre a ideia de criar a tal cidade. A imprensa, como sempre, fez a maior festa em cima, e a barra, que já andava pesada para o lado deles, ficou ainda mais difícil de segurar. A dupla foi perseguida, tiveram as respectivas casas reviradas, rolou até prisão e interrogatório. Paulo era visto como o "cabeça subversivo" da dupla, e pouco tempo depois chegou até a ser torturado. Com Raul, os militares pegaram leve. Apenas aconselharam: "Dá um tempinho."

E assim, logo no início do ano, antes do lançamento de *Gita*, Raul e Paulo decidiram fazer uma viagem aos Estados Unidos com as respectivas esposas, Edith e Adalgisa. Foi a primeira viagem internacional do destemido roqueiro baiano. Ele também já vislumbrava uma carreira internacional.

Raul levou a questão para Mazzola: "A ditadura tá em cima da gente. Vamos ter que dar um tempo." Falou da viagem para os Estados Unidos e disse que queria aproveitar a oportunidade para fazer versões de algumas canções em inglês e mostrar seu trabalho para gravadoras e empresários americanos. "Ok, eu gravo isso pra você", concordou Mazzola.

No dia seguinte, Raul chegou com todas as músicas. Entre elas, versões em inglês de "Trem das sete" ("Morning Train"), "SOS" ("Orange Juice"), "Ouro de tolo" ("Fool's Gold") e "White Wings", uma versão de "Asa branca", de Luiz Gonzaga.

Dez anos depois da morte de Raul, Mazzola lançou esse material no CD *Documento*, com base nos registros das fitas gravadas em 1974, em quatro e oito canais.

Com as fitas gravadas e um belo adiantamento pelo segundo disco, Raul, Paulo e as mulheres partiram para os Estados Unidos, primeiro Miami, depois Nova York, visitaram a casa de Elvis em Memphis e no final da viagem tentaram fazer uma visita a John Lennon. Segundo Paulo, Yoko Ono falou com os dois rapidamente, mas Lennon não os recebeu.

Ainda assim, até o fim da vida, Raul jurou ter passado dias na casa do ex-Beatle e trocado muitas ideias com ele, como contou em uma entrevista a Jô Soares em 1989, pouco antes de sua morte: "Conversamos sobre as pessoas que fizeram a cabeça do planeta Terra, e aí ele me perguntou qual a grande figura do Brasil. Eu não tinha ninguém para citar, falei Café Filho (presidente do Brasil entre 1954 e 1955). Ele perguntou: 'Quem?' Aí eu disse: 'Nada...'"

A tentativa de apresentar o trabalho no exterior também não deu resultado, mas, de volta ao Brasil, em julho de 1974, com o lançamento do disco *Gita* a dupla viu suas canções se tornarem hinos. "Sociedade Alternativa" foi parar no *Fantástico*, da TV Globo. No mesmo ano, "Gita" entrou para a história ao estrelar o primeiro videoclipe musical colorido do programa.

Já o entusiasmo de Paulo com a magia de Crowley e a Sociedade Alternativa não teve vida longa. Ele abandonou tudo isso após uma bad trip tenebrosa enfrentada em 1974, quando, segundo relatos do próprio escritor, teria se encontrado pessoalmente com o "estrupício".

E a cruzadeira extrapolou o terreno da magia. Além do capiroto, Paulo teve de enfrentar mais uma vez a paranoia da ditadura. Os militares desconfiavam de que por trás da tal Sociedade Alternativa houvesse um projeto para estruturar um exército de guerrilheiros. Ele e Adalgisa seriam os mentores. Resultado: prisão e tortura do casal.

A partir desse momento, a relação e a parceria musical entre Paulo e Raul começaram a minguar. E ficou mais intenso o envolvimento com a cantora Gloria Vaquer, que usava o pseudônimo Spacey Glow, irmã de seu guitarrista, Jay. Os dois se conheceram em fevereiro, pouco antes da viagem aos Estados Unidos. No mesmo ano, Raul se separou de Edith, que decidiu então ir embora para os Estados Unidos com a filha Simone.

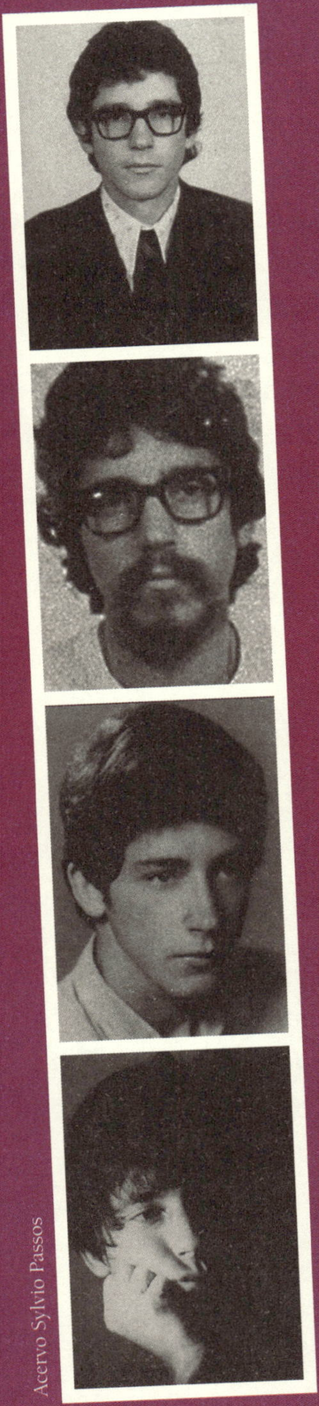

Acervo Sylvio Passos

Acervo Sylvio Passos

Acervo Vivi Seixas

Acervo Sylvio Passos

Foto de Calil Neto

"Vamos logo que já tá na hora de zarpar
Vem sem medo que não vamos naufragar
Navegador!
Não se esqueça, meu amigo
De chamar o seu vizinho
Navegador!
Vê se na praça tem alguém para vir
A barca de Noé já vai partir
Navegador
A barca de Noé já vai partir"

("Ilha da fantasia", de Raul Seixas e Oscar Rasmussen, faixa do álbum *Por quem os sinos dobram*, de 1979, lançado pela Warner.)

Quando Raul começou a compor essa música ela seria para sua segunda companheira, Gloria Vaquer, irmã de seu guitarrista Jay Vaquer, mas quando foi gravada, no disco Por quem os sinos dobram, *de 1979, o apelido dela, Spacey Glow, cantado na letra, foi substituído pela palavra "navegador".*

5 EU VOU FAZER O QUE EU GOSTO

Separado de Edith, ainda em 1974 Raul assumiu o romance com Gloria Vaquer e o casal começou a morar junto no Rio. O disco *Gita* foi uma paulada na ditadura. Incomodou desde a capa, na qual o cantor aparece usando uma boina de Che Guevara. A resposta dos militares veio rápido. A canção "Sociedade Alternativa" e, sobretudo, o trecho "faça o que tu queres, pois é tudo da lei" foram vetados nos shows.

Paulo já tinha sido preso e torturado, em seguida foi Raul que teve a casa invadida e revirada por agentes em busca de informações sobre a Sociedade Alternativa. Era hora de cair fora novamente. Em julho de 1974, logo após o lançamento do novo disco, considerado subversivo demais pela ditadura, a dupla embarcou novamente para os Estados Unidos.

Raul dessa vez foi com Glória, primeiro para a Geórgia e depois para Nova York, onde se encontraram

Acervo Sylvio Passos

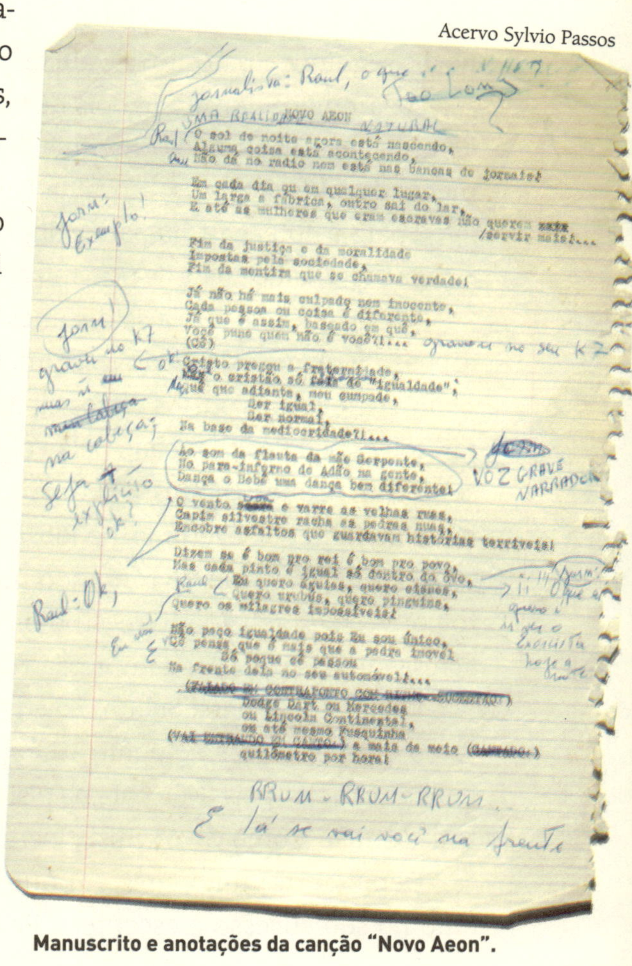
NOVO AEON

O sol da noite agora está nascendo,
Alguma coisa está acontecendo,
Não dá no radio nem está nas bancas de jornais!

Em cada dia ou em qualquer lugar,
Um larga a fábrica, outro sai do lar,
E até as mulheres que eram escravas não querem
/servir mais!...

Fim da justiça e da moralidade
Impostas pela sociedade,
Fim da mentira que se chamava verdade!

Já não há mais culpado nem inocente,
Cada pessoa ou coisa é diferente,
Já que é assim, baseado em quê,
Você pune quem não é você?!...
(CÔ)

Cristo pregou a fraternidade,
Mas o cristão só fala de "igualdade";
Que que adianta, meu cumpade,
Ser igual,
Ser normal,
Na base da mediocridade?!...

Ao som da flauta da mãe Serpente,
No para-inferno de Adão na gente,
Dança o Bebê uma dança bem diferente!

O vento e varre as velhas ruas,
Capim silvestre racha as pedras nuas,
Encobre asfaltos que guardavam histórias terríveis!

Dizem se é bom pro rei é bom pro povo,
Mas cada pinto é igual só dentro do ovo,
Eu quero águias, quero cisnes,
Quero urubús, quero pinguins,
Quero os milagres impossíveis!

Não peço igualdade pois Eu sou único,
Vcê pensa que é mais que a pedra imóvel
Só porque cê passou
Na frente dela no seu automóvel!...
Dodge Dart ou Mercedes
ou Lincoln Continental,
ou até mesmo Fusquinha
a mais de meio
quilômetro por hora!

RRUM - RRUM - RRUM.
E lá se vai você na frente

Manuscrito e anotações da canção "Novo Aeon".

com Paulo e uma nova namorada. A cidade estava às voltas com o impeachment de Nixon, provocado pelo caso Watergate, que revelou ilegalidades do então presidente americano.

Eles ficaram hospedados no Marlboro Hotel, na 8th Street, em Greenwich Village. A maior parte da viagem passaram enfiados no quarto cheirando cocaína. E a segunda temporada nos Estados Unidos foi marcada por outra rebordosa heavy de Paulo, que jurou nunca mais pôr a droga no nariz.

Paulo usava o que tinha para comprar cocaína, segundo conta Hérica Marmo em seu livro *A canção do Mago*. No dia 8 de agosto, quando Richard Nixon apareceu na TV para dizer que renunciaria ao cargo no dia seguinte, o parceiro de Raul também entregaria os pontos.

A namorada dormia, os dois, de tão loucos, não tinham conseguido fazer sexo. Paulo não conseguia desligar. Ficou mal e fez um juramento de nunca mais usar cocaína. Quatro meses depois, a gravadora ligou para o hotel e pediu para a dupla voltar ao Brasil. O álbum *Gita* estava bombando, mais de 600 mil cópias já tinham sido vendidas.

Mas em 1975 a dupla se distanciou de vez. Paulo se afastou das drogas, da magia e de Raul. Nesse ano, antes do terceiro álbum, *Novo Aeon*, ele teve dois outros discos circulando no mercado. O primeiro foi Hollywood Rock, lançado pela Polydor, em março. O que era para ser a trilha sonora do festival organizado por Nelson Motta no Estádio de General Severiano, no Rio, acabou, por causa de problemas técnicos na gravação, se tornando um falso disco ao vivo, composto por versões gravadas em estúdio. Até mesmo palmas fake foram acrescentadas para dar a impressão de que havia plateia.

Raul aparece nesse álbum coletivo com três parcerias suas com Paulo Coelho. Dessas, somente "Al Capone" está presente em um álbum de carreira, pois "Não pare na pista" aparece no lado B do compacto de "Gita" e "Como vovó já dizia" pertenceu à trilha da novela *O rebu*.

Depois, em junho, mês em que Raul completava 30 anos, de olho no seu sucesso crescente, a Philips resolveu repaginar o primeiro álbum, gravado em 1973. O projeto se chamou *20 anos de rock* e tinha como intuito faturar mais um pouco em cima do roqueiro. Essa edição foi criticada porque a gravadora usou o nefasto recurso das palmas falsas para dar a impressão de ser um disco ao vivo. Também foram trocados alguns instrumentos e acrescentada uma introdução baseada na música "Let Me Sing, Let Me Sing".

A capa dessa vez deu destaque a Raul, com um desenho feito por Luis Trimano. Na contracapa, uma foto do cantor na época do Panters. Esse álbum foi reeditado em 1985 pelo selo Fontana, com a alteração no título para *30 anos de rock* — título mantido em edições posteriores.

No estúdio, a primeira canção a ser gravada foi "Rock do diabo". Raul chegou no dia com um disco embaixo do braço, o *Beatles for Sale*, e colocou para o guitarrista Rick ouvir a faixa "Honey Don't", composição de Carl Perkins regravada pela banda inglesa no álbum de 1964.

Em seguida, o roqueiro anunciou que a introdução da música inglesa deveria entrar na faixa "Rock do diabo". O guitarrista ficou meio em dúvida: "Você quer mais ou menos assim?" Com uma resposta firme e certeira, feito um golpe de caratê, Raul corrigiu o músico: "Não. Eu quero exatamente igual!"

Ainda sem entender, Rick insistiu: "Como assim, Raul? Você quer exatamente igual a 'Honey Don't', sem tirar nem pôr?" "É, quero igual", respondeu Raul. Novamente cheio de dedos, o guitarrista perguntou: "Mas, vem cá, pode isso?"

Raul, então, encerrou a conversa, definitivamente: "Claro que pode. John Lennon é meu amigo."

O clima com Paulo Coelho não andava bem. Para piorar, ele foi convidado por Menescal para ser gerente do departamento de serviços criativos da Phonogram. Os executivos criaram essa área na empresa só para incluir o parceiro de Raul no quadro de funcionários da gravadora. Não sabiam bem o que ele faria nem se daria certo.

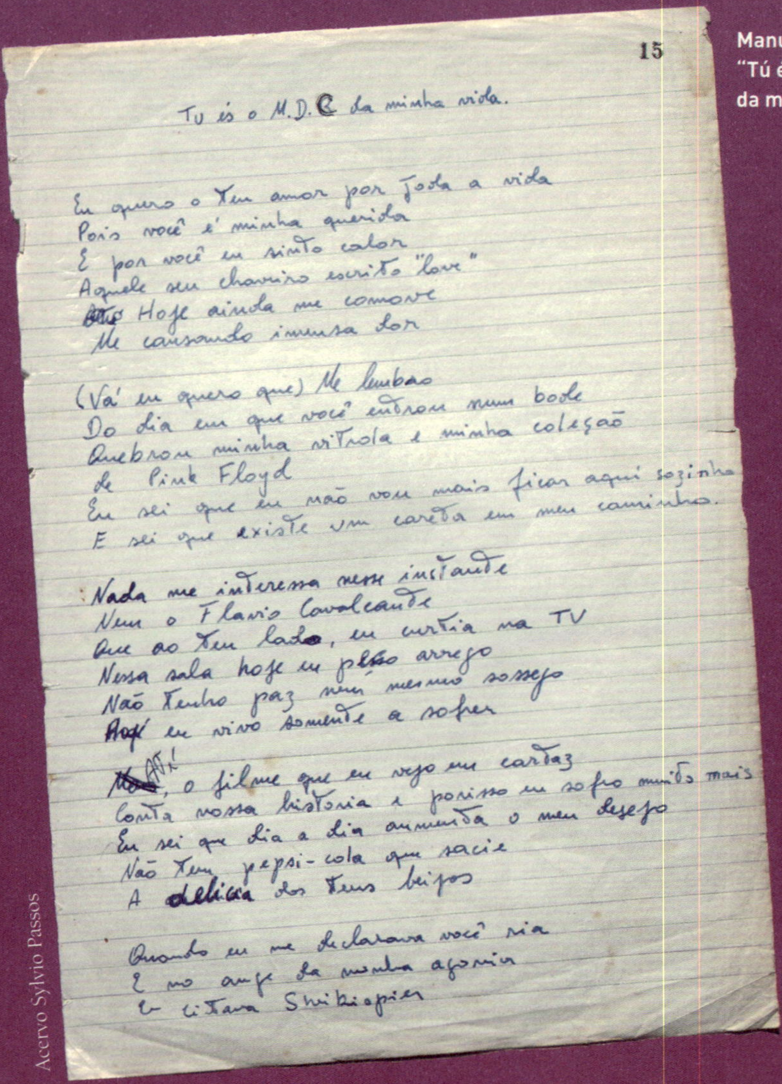
15

Tu és o M.D.C da minha vida.

Eu quero o teu amor por toda a vida
Pois você é minha querida
E por você eu sinto calor
Aquele seu chaveiro escrito "love"
Hoje ainda me comove
Me causando imensa dor

(Vá eu quero que) Me lembro
Do dia em que você entrou num bode
Quebrou minha vitrola e minha coleção
de Pink Floyd
Eu sei que eu não vou mais ficar aqui sozinho
E sei que existe um careta em meu caminho.

Nada me interessa nesse instante
Nem o Flavio Cavalcante
Que ao teu lado, eu curtia na TV
Nessa sala hoje eu peço arrego
Não tenho paz nem mesmo sossego
Aqui eu vivo somente a sofrer

Ah!, o filme que eu vejo em cartaz
Conta nossa história e por isso eu sofro muito mais
Eu sei que dia a dia aumenta o meu desejo
Não tem pepsi-cola que sacie
A delícia dos teus beijos

Quando eu me declarava você ria
E no auge da minha agonia
E citava Shikiaspier

Acervo Sylvio Passos

Manuscrito de "Tú és o MDC da minha vida".

Desanimado com a parceria musical com Raul, Paulo topou o novo cargo. Raul ficou chateado, se sentiu traído pelo amigo. E o terceiro disco se tornou uma espécie de teste para a dupla. Mas o resultado criativo foi positivo.

Uma das novas parcerias surgiu de uma conversa entre eles sobre música brega e os tempos do roqueiro como produtor da CBS. Por causa de seu novo emprego na gravadora, Paulo passou a conviver com uma grande variedade de artistas que, na Phonogram, se dividiam em dois selos: Philips, que lançava o filé da MPB (entre eles, Raul), e Polydor, para os artistas mais populares, com nomes badalados como Odair José, que dispensa apresentações, e Hyldon, autor de "Na rua, na chuva, na fazenda" — um supersucesso da década de 1970.

Inspirada no universo de Odair José e de vários outros artistas populares, a dupla decidiu fazer uma grande homenagem ao melhor do cancioneiro mais cafona da música brasileira. O resultado é a divertidíssima "Tu és o MDC da minha vida", uma autêntica balada romântica brega que fez uma caricatura da sofrência bem antes de essa onda existir. A canção abusa de clichês e rimas fáceis, como "aquele seu chaveiro escrito 'love' ainda hoje me comove", e outras misturas improváveis, por exemplo entre a banda maluca Pink Floyd e o caretaço Flávio Cavalcanti, um sucesso da TV na década de 1970.

Há quem acredite que o roqueiro levou uma grana preta pelos merchans da Pepsi-Cola, Sansui Garrard Gradiente e da rede carioca de supermercados Casas da Banha, citados na música.

Eu sei que dia a dia aumenta o meu desejo
E não tem Pepsi-Cola que sacie
A delícia dos teus beijos, ah
Quando eu me declarava você ria
E no auge da minha agonia
Eu citava Shakespeare
Não posso sentir cheiro de lasanha
Me lembro logo das Casas da Banha
Onde íamos nos divertir, divertir!
Mas hoje o meu Sansui Garrard Gradiente
Só toca mesmo embalo quente
Pra lembrar do teu calor

Finalmente, em novembro de 1975, saiu do forno *Novo Aeon*, novamente pela Philips, gravado entre setembro e outubro. O texto de divulgação do disco foi escrito por Paulo Coelho, que de freelancer como gerente do departamento de serviços criativos ele foi promovido a encarregado do departamento de imprensa da Polydor, e com carteira de trabalho assinada pela gravadora desde o primeiro dia do mês. Além de tudo o que já fazia, passou a escrever os releases dos lançamentos para a mídia.

No texto de divulgação de *Novo Aeon*, Paulo cita a influência de Crowley no disco e na vida de Raul, que na época havia até parado com shows e aparições na televisão por causa do seu processo de aprendizado na seita influenciada pelo controverso mago. Mas não comentou que ele mesmo, Paulo, havia pulado fora.

O release não credita ao bruxo inglês a inspiração para "Rock do diabo", que, segundo o texto, fala de um posicionamento sobre a psicanálise de Freud.

Com o misticismo em segundo plano, o roqueiro começou a redirecionar seu cancioneiro para temas de reflexão existencial e de crítica do cotidiano.

O clássico brega da dupla, "Tu és o MDC da minha vida", foi apresentado por Paulo como "jornalismo musical": "Uma reportagem crítica do amor tradicional."

Novo Aeon foi o primeiro disco da carreira de Raul que não teve um single lançado antes. E também foi o momento em que ele experimentou trabalhar com vários novos parceiros motivado talvez pelo início do distanciamento de Paulo após a volta dos Estados Unidos.

O projeto da Sociedade Alternativa ainda está presente no álbum, inclusive no selo da capa, que tinha aparecido pela primeira vez no disco anterior, *Gita*.

O tal selo diz "Imprimatur — Sociedade Alternativa", e se chegou a pensar que se tratava de uma empresa de turismo que estaria patrocinando a Cidade das Estrelas. Voltou a aparecer anos depois, no penúltimo disco de Raul, *A Pedra do Gênesis*, de 1988, e também em alguns álbuns póstumos, como a reedição de *Raul Rock Seixas*, de 1989, e nas edições em CD de *Eu não sou hippie* e de *Isso aqui não é Woodstock, mas um dia pode ser*.

É na faixa-título do disco *Novo Aeon* que as ideias de Crowley estão escancaradas. A letra faz um retorno com toda a força ao "faz o que tu queres, há de ser tudo da lei".

Apesar de a dupla já sentir que o destino da utópica ideia seria o caminho da gaveta, o mesmo não se pode dizer da atração pelas ideias endiabradas de Crowley. Prova disso era a presença de Marcelo Motta no álbum, assinando cinco faixas com Raul.

Foi Paulo Coelho quem apresentou Marcelo Motta ao roqueiro baiano. O cara, que se dizia herdeiro de Crowley no Brasil, era líder da seita brasileira supostamente filiada ao grupo original fundado pelo mago inglês.

Iniciado, Paulo chegou até a mudar de nome. Antes de se desligar da seita, seu nome por lá era Luz Eterna.

Novo Aeon tem duas composições escritas a três, por Raul, Paulo e Marcelo. Outras três são parcerias só com Paulo, duas somente com Marcelo e uma com a nova mulher de Raul, Gloria Vaquer, assinando como Spacey Glow. A romântica Sunseed, segundo Glória, foi composta pelo casal depois de uma visita a Nova Orleans na qual o amor entre eles se tornou mais intenso.

O álbum traz ainda mais uma faixa com Paulo Coelho e o ex-Pantera Eládio, e outra a três com o novo amigo e parceiro Claudio Roberto mais Marcelo Motta, além de duas de sua autoria.

Na música "Caminhos II" é possível ouvir ao fundo Eládio fazendo um vocal, que é da música"Sentado em frente ao mar", composta em 1969, na época que Os Panteras estavam no Rio de Janeiro.

Após o lançamento de *Novo Aeon*, no final de 1975, Raul e Gloria viajam outra vez para os Estados Unidos. No dia 29 de dezembro eles se casam no condado de Russell no Alabama.

Marriage Certificate

STATE OF ALABAMA. RUSSELL COUNTY

This Certifies that RAUL SANTOS SEIXAS

and GLORIA JEAN VAQUER were united in the

HOLY BONDS OF MATRIMONY

by WALLACE K. BROWN, JUDGE OF PROBATE, RUSSELL COUNTY

on the 29TH day of DECEMBER in the year of our Lord, 1975

As appears of record in my office in Marriage Record Book [illegible]

Page 55 This 29TH day of DECEMBER 1975

Wallace K Brown

WALLACE K. BROWN, JUDGE OF PROBATE

Acervo pessoal Gloria Vaquer

Certidão de casamento de Raul Seixas e Gloria Vaquer nos Estados Unidos.

Em março de 1976 foi lançado um EP com quatro faixas para tentar dar um "*up*" no disco, cuja performance estava bem abaixo do esperado — vendendo menos da metade de *Gita*, que chegou a vender 600 mil cópias. Isso apesar de dois videoclipes no *Fantástico* e de conter dois do maiores clássicos do roqueiro: "Tente outra vez" e "A maçã".

O desempenho pífio do álbum possivelmente se explica em parte pela tentativa de mudança de rumo na obra e na carreira. Além do novo relacionamento amoroso, Raul rompeu com o empresário, com quem andava se desentendendo.

Quem também ficou de escanteio foi Marcelo Motta, que não se conformou e entrou na justiça para brigar pelos direitos das músicas inspiradas em Crowley. Raul, enquanto isso, decidiu dar uma repaginada no visual, pendurou de vez a capa de mago e apareceu de cabelo curto.

Com o misticismo em segundo plano, o roqueiro começou a redirecionar seu cancioneiro para temas de reflexão existencial e de crítica do cotidiano. No ano seguinte, 1976, voltou aos estúdios entre maio e novembro, para gravar *Há dez mil anos atrás*, outro disco lançado pela Philips, em dezembro do mesmo ano. Mas o clima estava tenso.

Apesar do nascimento da segunda filha, Scarlet, em 16 de junho, alguns dias antes de ele completar 31 anos, Raul andava bem desanimado com a pressão e o tratamento que andava recebendo da gravadora. O consumo de drogas aumentou, e ele muitas vezes aparecia chapado no estúdio.

As festas no Rio eram frequentes e intensas. Numa dessas muitas festinhas, na casa de um artista famoso, ele conheceu, antes do nascimento de Scarlet, Tânia Menna Barreto, que se tornaria sua terceira mulher.

Acervo Sylvio Passos

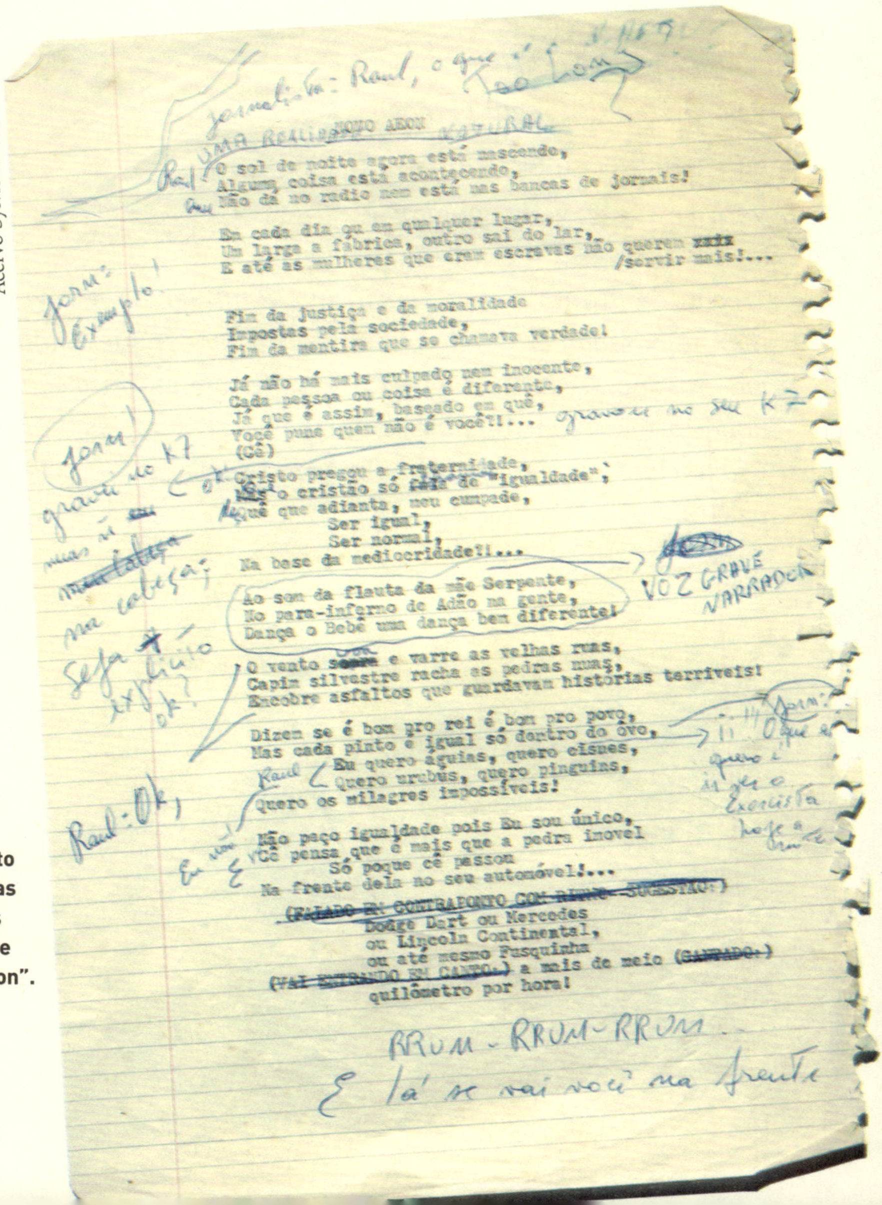

Manuscrito de uma das primeiras versões de "Novo Aeon".

“Tânia, hoje ’cê faz treze anos
Vejo em teu rosto seus planos
Eu sei que você quer deitar
Vem cá, que eu vou te ajudar”

Trecho de “Tânia”, uma versão que Raul Seixas fez para Tânia Menna baseada em “Baby”, composição de 1971 que ainda não havia gravado. A canção depois foi reescrita em parceria com Claudio Roberto, mas esbarrou na censura, passou por várias modificações e foi incluída somente no álbum Abre-te Sésamo, *de 1980, lançado pela CBS.*

6 LÁ VOU EU DE NOVO

Era notória a atração de Raul por mulheres americanas e estrangeiras em geral. Tânia é brasileira, de Recife, mas antes de encontrar o roqueiro já acumulava algumas milhas rodadas mundo afora. Em seu currículo cosmopolita há uma temporada hippie no auge da contracultura em Londres, em 1971. Somadas, as experiências que tinha vivido, apesar da pouca idade, lhe davam todas as credenciais de uma legítima maluca beleza.

Antes de conhecer Raul, a menina já era vidrada em seu som. Tânia se lembra do dia em que ouviu "Ouro de tolo" pela primeira vez no rádio em um táxi e ficou fascinada. "Achei incrível, uma influência bob-dyliana fortíssima", comenta. Pouco depois, visitando um casal de amigos, viu Raul cantar "Gita" no *Fantástico*. O interesse aumentou.

Com o mesmo casal de amigos foi a uma festa e lá encontrou Raul pela primeira vez. Ele chegou de óculos escuros e rapidamente se mandou para a cozinha com os donos da casa, a fim de se esconder do assédio.

Tânia também estava na cozinha. Aos 26 anos, jovem, bonita e com tudo em cima, falava com um fotógrafo que queria de qualquer jeito fazer um ensaio com ela. Raul ficou sentado a uma mesa, olhando na sua direção. Ela de vez em quando olhava para ele, mas na verdade não sabia se o roqueiro a estava encarando ou não, por causa dos óculos escuros. Segundo ela, o clima entre eles era evidente. Depois Tânia engatou num papo com Jay Vaquer, sem saber que era o cunhado de Raul. A aproximação só aumentava.

Cerca de uma semana depois, na residência do mesmo casal de amigos, a campainha tocou e ela foi atender. Era Raul acompanhado de um amigo chamado Zé Luís, um rapaz que ia com ele pra cima e pra baixo. Ter alguém grudado o tempo todo era coisa bem comum na vida do roqueiro baiano.

Raul e a terceira esposa, Tânia Menna.

Acervo pessoal Tânia Menna

Raul voltava de um ensaio de fotos e estava todo produzido, usando um casaco de pele de coelho. O papo nesse dia rendeu. Depois que Raul foi embora, o amigo de Tânia, dono da casa, disse que ele tinha gostado muito dela e comentado que queria revê-la.

O encontro seguinte não demorou e foi marcado estrategicamente no bairro do Flamengo, bem perto da casa de Tânia, que nesse dia estava meio na defensiva. "Pra minha casa ele não vai", disse ao amigo, que respondeu: "Claro que não." Raul chegou de carro com Zé Luís.

Todos entraram no automóvel, o amigo de Tânia foi na frente, ela sentou atrás com Raul, que logo perguntou se a moça gostava de cerveja. Apesar de não curtir muito, disse que adorava, mas comentou que não era muito de sair de casa. Ele se empolgou, disse que também não, e aí ela lançou: "Vamos lá pra casa?"

Depois de muitas cervejas, os dois amigos, já chapados, foram devidamente despachados, e o casal finalmente ficou sozinho. Nessa noite o romance começou. Tânia conta que pediu a Raul que fizesse uma música para ela.

De fato, com Tânia o roqueiro voltou à prática recorrente de fazer canções para suas amadas. Nesse caso foi uma versão de outra mais antiga que ainda não havia gravado. Raul era mestre nisso, reciclar a própria obra — e a de outros também.

A canção "Tânia", que não chegou a ser gravada, é uma versão de "Baby", composta por ele em 1971, mas que foi deixada na gaveta por anos. Uma última versão dessa música, escrita em parceria com Claudio Roberto, depois de enfrentar vetos da censura, passou por várias modificações e acabou indo parar no álbum *Abre-te Sésamo*, lançado pela CBS em 1980.

Tânia, hoje 'cê faz treze anos
Vejo em teu rosto seus planos
Eu sei que você quer deitar
Vem cá, que eu vou te ajudar

(...)

Teu corpo nu e molhado
Viram no banho, oh, pecado
Tinha que ser exorcizado

(...)

Tânia, esquece o despeito das freiras
Gente que vive nas beiras
E nunca se atreve ao profundo
Fogo negro do mundo
Deus está no puro e no imundo

(...)

Para compor essa letra, Raul se baseou em uma história que Tânia havia contado sobre o tempo em que estudara no colégio interno de freiras, aos 10 anos. O roqueiro preferiu mudar a idade para 13 porque, segundo ela, musicalmente ficava melhor. A versão mais antiga, de 1971, tem o mesmo arranjo, mas a letra é completamente diferente.

Baby, já não briga comigo
Diz que sou seu castigo
Você não quer me dar
Dar, dar um pouco de amor, oh
Só quero o seu amor

Na última versão da música, gravada no álbum Abre-te Sésamo, composta em parceria com Claudio Roberto, Raul mudou o nome de novo para "Baby", manteve o arranjo, mas alterou toda a letra, mais uma vez.

Baby, hoje 'cê faz treze anos,
Vejo em seus olhos seus planos,
Eu sei que você quer deitar,
Não dá ouvido à razão, não
Quem manda é seu coração, oh, oh, oh, baby,
Oh, Baby

O que Tânia não sabia, mas descobriu na primeira noite com Raul, era da esposa, Gloria Vaquer. E que, naquele exato dia e instante, ela estava no hospital para dar à luz a segunda filha dele, Scarlet. Apesar disso, os encontros passaram a ser cada vez mais frequentes — segundo ela, quase todos os dias. E ainda se falavam por telefone o tempo todo.

Por ironia, a música-título do novo projeto, "Eu nasci há dez mil anos atrás" (um dos casos de pleonasmo mais famosos da história da música brasileira), foi lançada em um compacto simples em junho de 1976, trazendo no lado B "Love Is Magick", parceria de Raul com a mulher, Gloria Vaquer.

O álbum traz nove parcerias com Paulo, outra em que também Jay Vaquer participa e uma apenas com o cunhado. Esse foi o pri-

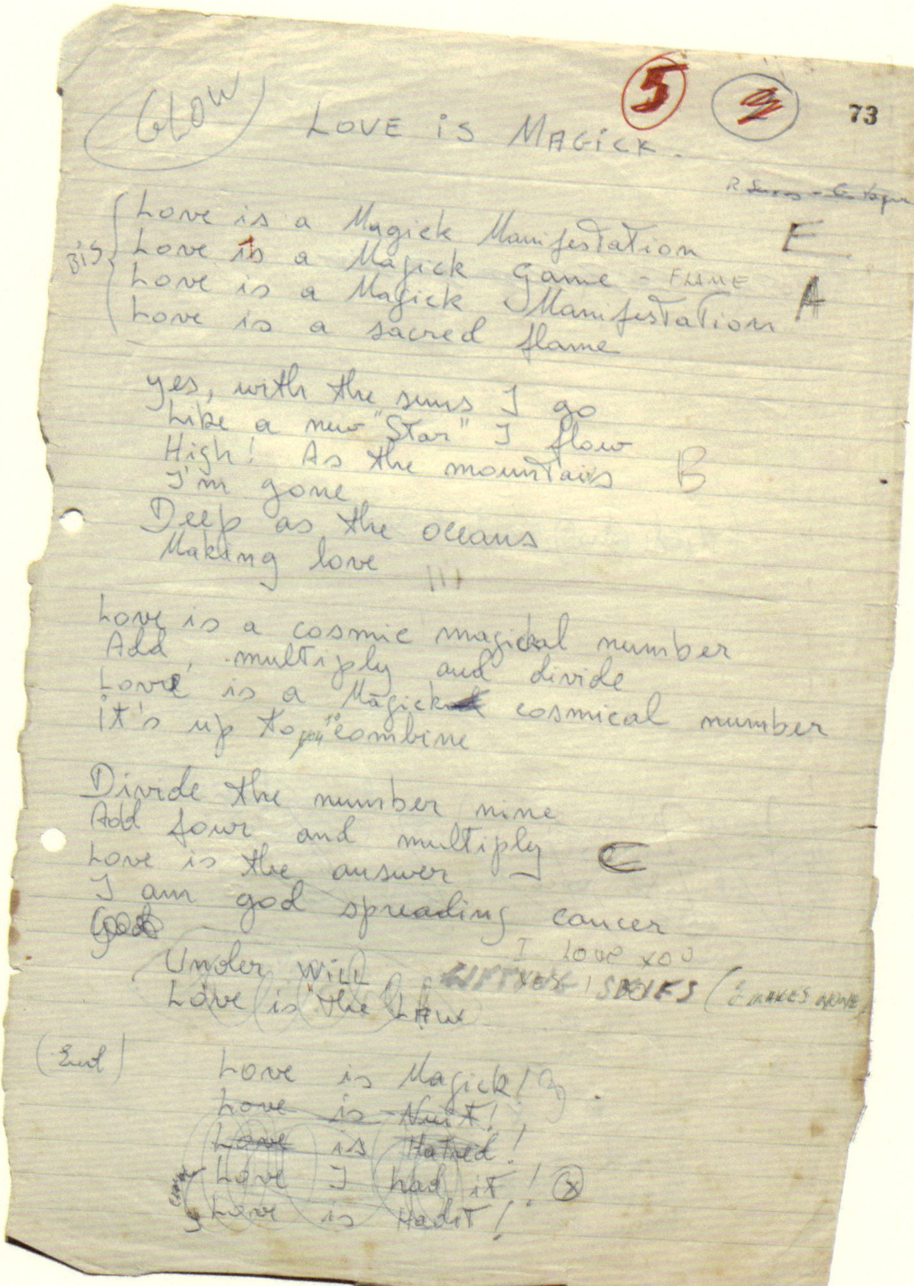

Acervo Sylvio Passos

Manuscrito de "Love is magick".

meiro disco que não trouxe nenhuma canção composta somente por Raul, foi o derradeiro pela Philips e marcou também mais um hiato na parceria com Paulo. Em março de 1977 foi lançado um EP com quatro faixas desse disco.

Vale destacar que a canção "Eu nasci há dez mil anos atrás" é uma versão da música norte-americana "I Was Born About 10,000 Years Ago", composta em 1925 por Kelly Harrell e adaptada por Elvis Presley em 1971. Raul colocou uma nova melodia e melhorou a letra.

Insatisfeito com o clima na Philips, a cabeça em frangalhos por causa dos excessos, Raul decidiu ir para outra gravadora, a Warner, que chegava ao Brasil pelas mãos da dupla Mazzola e Midani, instalada na rua Itaipava, no Jardim Botânico.

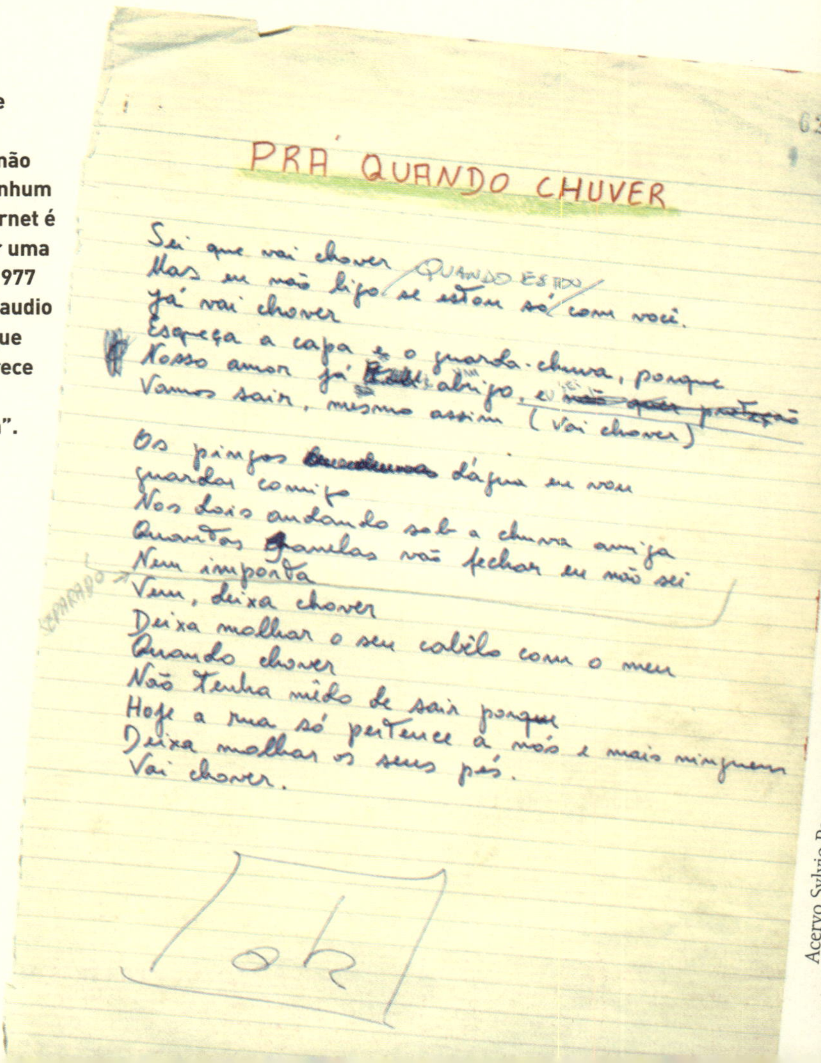
PRÁ QUANDO CHUVER

Sei que vai chover
Mas eu não ligo se estou só com você. (QUANDO ESTOU)
Já vai chover
Esqueça a capa e o guarda-chuva, porque
Nosso amor já é abrigo, e
Vamos sair, mesmo assim (vai chover)

Os pingos d'água eu vou
guardar comigo
Nós dois andando sob a chuva amiga
Quantas janelas vão fechar eu não sei
Nem importa
Vem, deixa chover
Deixa molhar o seu cabelo com o meu
Quando chover
Não tenha medo de sair porque
Hoje a rua só pertence a nós e mais ninguém
Deixa molhar os seus pés.
Vai chover.

[ok]

Manuscrito de "Prá quando chover", que não entrou em nenhum disco. Na internet é possível ouvir uma gravação de 1977 com Raul e Claudio Roberto em que a canção aparece com o nome "Chuva amiga".

Para rescindir o contrato, o roqueiro inventou uma lorota: disse que iria embora para os Estados Unidos com Gloria. Porém, amigos de longa data, Mazzola e Midani já tinham contado ao diretor da Philips que queriam assinar com o roqueiro. A saída atrapalhada da gravadora, em 1977, colocou fim à amizade com Menescal.

Depois de assinar com a Warner, Raul começou a compor intensamente com o novo amigo Claudio Roberto, que se tornou o segundo maior parceiro em número de composições.

Pouco depois do lançamento de um single lançado pela nova gravadora em setembro de 1977, chegou às lojas, em outubro do mesmo ano, *Raul Rock Seixas*, pelo selo Fontana, um lançamento quase simultâneo ao de seu álbum de carreira na nova casa. O álbum trazia regravações de rocks que influenciaram a musicalidade de Raul e também a faixa "The Diary", cantada por Gloria Vaquer.

O primeiro disco pela nova gravadora foi *O dia em que a Terra parou*, com todas as letras, dez músicas, em parceria com Claudio. Foi lançado em outubro de 1977, um mês depois de um compacto simples que antecipava a faixa-título e com "Eu quero mesmo" no lado B, que estariam presentes no álbum lançado em seguida.

A dupla faz duas incursões pelo funk em "De cabeça pra baixo" e "Tapanacara", uma cutucada na canção "Odara", de Caetano Veloso, lançada no mesmo ano.

O tapa na cara
Que eu levei de Odara
Odara, menina
Que era filha de Nara
Que era neta, prima-dona de Raul
Menino danado
Lá, si, dó rebocado
Procure que você vai entender

Nessa fase, segundo conta Mazzola, o estado de Raul era deplorável. Abusando de álcool, drogas e com sucessivas crises de pancreatite, ele invariavelmente seguia para as gravações e shows deitado em uma Kombi.

A situação ficou tão esquisita que, antes de entrar no estúdio para as gravações de *O dia em que a Terra parou*, o roqueiro baiano tinha de tomar um passe de um pai de santo chamado Guimarães. Mazzola teve que pagar os benzimentos diários, sob a ameaça de Raul não colocar voz nas músicas. "Mas funcionava", admite o produtor.

No meio da crise, Raul se separou de Glória, que decidiu ir embora para os Estados Unidos com a filha, Scarlet, e assumiu de vez o romance com Tânia Menna Barreto. E os dois passaram a morar juntos.

Para tentar dar uma turbinada na carreira de Raul, Mazzola convidou Gilberto Gil para fazer o arranjo e gravar o violão de "Que luz é essa?", outra faixa do novo álbum em parceria com Claudio Roberto.

A gravadora investiu pesado no disco. Além do single que antecedeu o LP, foi lançado um compacto promocional com "Maluco beleza" em ambos os lados. Foi o primeiro disco de Raul a sair com capa dupla.

Aliás, "Maluco beleza" é, até hoje, uma das canções mais tocadas do roqueiro baiano, e também a mais associada a sua imagem, como se fosse uma síntese de seu pensamento.

Claudio Roberto conta que a composição surgiu meio por acaso, como aconteceu com tantas outras que compôs com Raul. Ele relembra que tinha uma música muito melancólica, anterior a "Maluco beleza", e que tocava direto.

Um dia, segundo ele, Raul veio com a proposta: "A gente podia roubar a harmonia dessa sua música e fazer uma outra letra em cima." E assim fizeram. "Maluco beleza", que foi composta por eles em questão de meia hora, no apartamento de Raul no bairro da Lagoa, no Rio, conta o parceiro.

Mas a primeira versão saiu em inglês, com o título "Bird Song" (*Canção do pássaro*, em português), um pouco antes, e em outro local, mais exatamente em um quarto do motel carioca Acapulco.

"A gente era meio sócio desse local, aonde íamos pra compor sossegados", relata Claudio. Em uma dessas noitadas, nasceu a canção, bem curtinha, com apenas três partes.

"Não há corrente que nos mantenha no chão, vamos nos juntar aos outros pássaros ao redor", diz um trecho da letra, em uma tradução livre.

Whenever I notice that space in the sky
While we're both in our cage
We're not able to fly

There's no chain to keep us on the ground
Let's us join the other birds around

Let us fly
Let's get high together
And fly

Claudio Roberto reconhece que em parte a letra da versão final de "Maluco beleza", em português, gravada no disco de 1977 *O dia em que a Terra parou*, coincide com suas leituras da obra do escritor Carlos Castañeda. Uma estranha realidade, que aborda um conceito chamado de "loucura controlada".

Em 1978, a saúde do roqueiro começou a definhar de verdade. A conta pelos excessos de todos os tipos parecia ter chegado.

Segundo o autor, seria um tipo de "caminho do meio" entre o mundo racional, lógico, e as esferas mais abstratas, como as das experiências com psicodélicos, que Castañeda relata ter vivido com um xamã mexicano na década de 1960.

Mas apesar de algumas semelhanças com as ideias de Castañeda, Claudio Roberto afirma que a música não tem relação direta com o livro. "Nem com coisa alguma", acrescenta. "Não foi baseada nem no baseado", brinca o parceiro de Raul.

Eu do meu lado, aprendendo a ser louco
Um maluco total
Na loucura real

Controlando a minha maluquez
Misturada com minha lucidez

Vou ficar
Ficar com certeza
Maluco beleza

Outro detalhe curioso sobre essa canção é que, antes de ela ser lançada, no álbum *O dia em que a terra parou*, Raul intuiu o sucesso que faria e avisou o amigo: "Se quiser fugir para o mato e se isolar, a hora é agora". Claudio seguiu a dica e foi morar em um sítio na área rural de Miguel Pereira, no interior do Rio, onde vive até hoje.

Os shows de lançamento, no teatro Bandeirantes em São Paulo e no Tereza Rachel no Rio de Janeiro, trouxeram uma mudança no visual: Raul sem barba e usando cabelo curto, como pode ser visto no videoclipe de "Maluco beleza", gravado para o *Fantástico*.

Em 1978, a saúde do roqueiro começou a definhar de verdade. A conta pelos excessos de todos os tipos parecia ter chegado. O quadro se agravava pelo fato de ele ser diabético. No começo do ano, por causa de uma pancreatite, Raul decidiu fazer uma pausa e passou alguns meses na fazenda dos pais em Dias d'Ávila, no interior da Bahia.

Com a participação da nova companheira, Raul começou a preparar *Mata virgem*, o último disco em parceria com Paulo Coelho. O novo álbum trouxe cinco músicas em parceria com ele, duas com Tânia, duas de sua autoria (sendo que "Planos de papel" já havia sido gravada por Alcione na trilha da novela *O rebu*) e ainda uma composição de Eduardo Brasil e Claudio Roberto.

Entre as composições do disco, "Judas" teve os primeiros versos escritos ainda na Bahia, uma versão bem diferente da que foi gravada.

Ontem foi festejado o Sábado de Aleluia
Eu ia passando pela rua e vi um boneco de palha enforcado no poste, ardia em chamas
A multidão de moleques locais acompanhava a queima sobre a leitura do testamento lido por um senhor devoto

Parte de um plano secreto combinaram Judas e Jesus
Fingir que o primeiro traíra o amigo levado à cruz
Judas morreu como um homem, de fogo blasfêmia o punhal
Deixando Jesus seu amigo para dar frutos no local
Mas nada com nada ao romper da alvorada, não houve memoriais
Vida ou morte Judas Iscariotes deixando para você uma dúvida a mais

Segundo Tânia, foi ela quem deu uma cutucada na história. "Falei para Raul sobre esse acordo entre Judas e Jesus, num táxi, chegando na Bahia. Ele tirou o violão do porta-malas e começou a dar os primeiros acordes."

A versão gravada no disco foi finalizada por Paulo, baseada no Evangelho de Judas, manuscrito que, por acaso, havia sido encontrado no Egito naquele mesmo ano de 1978, e que teve sua autenticidade reconhecida.

Ei, quem é você?
Ei, quem é você?
Vamos, responda
Quem é você?
Eu sou, eu sou Judas
Parte de um plano secreto
Amigo fiel de Jesus
Eu fui escolhido por ele
Para pregá-lo na cruz
Cristo morreu como um homem
Um mártir da salvação
Deixando pra mim seu amigo
O sinal da traição

Em *Mata virgem*, Tânia participou da composição de "Pagando brabo". Eles estavam em um hotel quando ela teria começado a tocar uns acordes e Raul gostou. Segundo ela, a letra, que ajudou a escrever, fala da relação deles.

Eu quero é ver você sorrir
Às quatro e meia da manhã
Com a cara linda de dormir
Se espreguiçando no divã
Olhando pra mim
Sem ter ponta de cigarro no cinzeiro
Fugindo de mim
Disfarçando e se escondendo no banheiro

A faixa-título de *Mata virgem* é outra parceria entre Raul e Tânia. Ela conta que levou cinco dias para ficar pronta. "Deu um branco", explica. Mas isso não foi um problema, porque o casal estava hospedado no Marina Hotel, em Ipanema. "Raul era viciado em hotéis, suítes presidenciais, reais", entrega a ex-esposa. Ela também não reclama. "Era gostoso mesmo", diz.

Ninguém conseguia criar nada, eles ficavam conversando e a letra não saía. Tânia conta, no entanto, que Raul tinha algumas técnicas para situações como essa: escrevia qualquer coisa, besteiras, enfim, o que viesse à cabeça. E aí a criatividade vinha.

"Ele começou a escrever depois que nós começamos a falar sobre aquelas meninas do interior, que andavam de braços dados nas pracinhas, virgens, interioranas, aquela coisa, daquela época", recorda Tânia sobre a pegada amorosa da faixa "Mata virgem".

A ex-mulher afirma ter participado de todas as músicas do álbum *Mata virgem* com pitacos, ideias, ritmos, composição e incluindo os ritmos da faixa-título. "Enfim, é um disco em que eu não tive todos os créditos que deveria, mas eu considero até um disco meio meu."

Ela acrescenta que a relação musical entre os dois foi muito intensa. "Raul me ensinou também a soltar a voz", conta Tânia. "Tenho umas músicas gravadas em casa com ele em que eu quase não apareço. Agora é difícil me controlar quando canto."

Mata virgem foi lançado em novembro de 1978 pela Warner, com a participação especial de Pepeu Gomes na faixa "Pagando brabo".

Raul e Tânia no sítio de Claudio Roberto.

Acervo pessoal Tânia Menna

PARTE 3

UM FURO NO FUTURO

"Nunca se vence uma guerra lutando sozinho
Você sabe que a gente precisa entrar em contato
Com toda essa força contida e que vive guardada"

(Trecho de "Por quem os sinos dobram", de Raul Seixas e Oscar Rasmussen.)

A faixa-título do disco homônimo Por quem os sinos dobram, *lançado em 1979, último trabalho na Warner, acabou provocando um desentendimento com Claudio Roberto. É que Raul a registrou em nome de Oscar Rasmussen, sendo que, segundo Claudio, a composição seria uma parceria dele e de Raul.*

1 NOS BECOS, NAS ESQUINAS, NA LAMA E NO PÓ

No final dos anos 1970 a conexão do pó estava consolidada no Rio de Janeiro. A década dos psicodélicos parecia coisa do passado, pois a droga da vez era a cocaína. E o clima andava bem esquisito na badalada Zona Sul carioca.

Em outubro de 1979, o jornalista e empresário Maurício de Paiva, o Maurição, foi encontrado morto em seu apartamento, na Lagoa. Todos sabiam que traficantes estavam por trás do crime. Menos a polícia.

Bastava uma circulada pelos bares mais badalados de Ipanema para levantar a ficha completa do ocorrido, com riqueza de detalhes.

O imbróglio de contornos "tarantínicos" começou com a venda de uma casa às margens da lagoa. Parte do dinheiro que recebeu, o proprietário usou para comprar um quilo de cocaína e pediu que o amigo Maurição guardasse a droga por uns dias.

Quando foi buscar, o amigo não encontrou mais o pó. Maurição teve a cabeça esfacelada por violentos golpes e terminou morto de bruços em sua cama. Pelo menos sete traficantes estavam envolvidos na morte do jornalista.

Depois do crime, o grupo seguiu vendendo drogas em grandes quantidades, mas também em papelotes, pelos bares das ruas Visconde de Pirajá e Montenegro, atual Vinicius de Moraes, e também na Barata Ribeiro, entre a Figueiredo de Magalhães e a Siqueira Campos.

No Leblon, ao lado de Ipanema, o pó também corria solto pelos bares da moda. Artistas, intelectuais e estudantes viviam correndo atrás de figurinhas tão disputadas quanto conhecidas na região, como Carlinhos Mentirinha e Beto Baiano.

Foi em um desses bares no Baixo Leblon que a jornalista, atriz e escritora Scarlet Moon foi presa com cocaína em 1977. Bem perto de onde o surfista Felipe Aguiar Oliveira, de 22 anos, em 17 de fevereiro de 1979, despencou da janela do banheiro da cobertura da milionária Denise Muniz Ferreira, mais conhecida nas colunas sociais como Denise Tagher. O inquérito apontava suicídio, mas a família alega que ele foi assassinado por envolvimento com traficantes.

Cinco dias depois, o apartamento do argentino Daniel Alberto Nino foi arrombado pela polícia. O som da TV ligada havia tempos e o cheiro desagradável chamaram a atenção dos vizinhos, que desconfiaram de que algo pudesse estar errado.

No interior do apartamento, em 26 de fevereiro de 1979, os policiais encontraram o traficante sentado em uma poltrona, diante do televisor, com uma bala na cabeça.

Aliás, poucas vezes se viram tantos argentinos no Brasil como no final da década de 1970. E não eram turistas. Gente de todo tipo fugia da violenta repressão após mais um golpe militar, em 1976, que derrubou a presidente María Estela Martínez de Perón, impondo ao país uma ditadura em caráter permanente, para colocar em curso o que foi chamado de processo de reorganização nacional.

Na prática, o resultado foi outro. Em nome da governabilidade, foram cometidas violações em massa dos direitos humanos e muitos dos que se opuseram ao regime desapareceram. Outros tantos fugiram do país, diversos deles para o Brasil.

Uma tribo que desembarcou em massa por estas bandas foi a dos hippies argentinos. Esses se viam duplamente violentados. Além da dura repressão que os obrigava a correr de seu próprio país, sentiam a enorme onda da utopia psicodélica do LSD e da contracultura se desfazer completamente, arrebentando sobre suas cabeças nas areias das praias cariocas, varrendo do mapa as promessas de paz, êxtase e amor livre que eram vendidas por cerca de três dólares a dose.

O jornalista Nelson Motta conta em seu livro *Noites tropicais* que naquela época era impossível escapar da invasão dos *hermanos* bichos-grilos, que apareciam praticamente por toda parte. "(...) Chegavam aos milhares. Na praia, nas ruas de Ipanema, na porta de qualquer show eles estavam lá, numa boa, pedindo: '*Tiene un crucero aí, amissádgi? Un cigarrillo?*'"

Com a baixa popularidade dos psicodélicos e o crescimento das filas nos banheiros dos bares para mandar uma carreirinha, muitos traficantes argentinos também resolveram passar uma temporada na Cidade Maravilhosa.

Em 1979, Raul e Tânia moravam em um apartamento alugado na rua Assis Brasil, ao lado do Parque da Chacrinha, em Copacabana. Por intermédio de um casal de amigos que morava em uma rua próxima, eles conheceram o argentino Oscar Rasmussen. A cocaína rolava solta na casa de Oscar.

As finanças andavam de mal a pior. Segundo Tânia, a mania de ficar em hotéis beirava a insanidade; às vezes ficavam em dois ou três na mesma noite. "Entrávamos sem bagagens, e ele de repente queria sair e íamos para outro."

Esse tipo de comportamento gerava enormes problemas financeiros para Raul, que simplesmente não dava a menor bola para o dinheiro.

Parece mesmo inspirada em sua própria realidade aquela história de "rasgar dinheiro, tocar fogo nele" da canção "Só pra variar", parceria de Raul com Kika e Claudio Roberto, gravada no disco *Abre-te Sésamo*, de 1980.

A coisa chegou a tamanho nível de descontrole que Tânia foi pedir socorro à família dele, na Bahia, e explicar o que estava acontecendo. Os parentes de Raul imediatamente contrataram um advogado chamado Frank e um assistente para ele no Rio, Lélio.

Começou então uma fase de aperto nas finanças para que o roqueiro saísse do buraco. Ficou combinado que Raul, tremendamente irresponsável, não poderia sair com dinheiro no bolso, porque gastava tudo em álcool. "Eu, no começo, achava um absurdo, mas depois entendi que não podia mesmo", comenta Tânia.

A ex-mulher conta que Raul foi muito roubado, muitas vezes distribuía cheques em branco. "Ele detestava falar de coisas reais tipo contas, pagamento de luz, água, e assinava sem querer saber o que era e para quê. Fazia shows e não lhe pagavam, às vezes lhe davam uma garrafa de uísque e ficava por isso mesmo."

Quando o casal estava quase saindo do atoleiro, na reta final de estabilizar a situação financeira, entrou em cena o argentino Oscar. A convivência com Raul foi aumentando de tal maneira que ele passou praticamente a morar no apartamento do casal com sua esposa, Eneida. E as coisas novamente viraram de cabeça para baixo. Raul jogou tudo para o alto e voltou a enfiar o pé na jaca.

Depois de vários dias cheirando sem parar, Raul quase morreu.

Em outubro de 1979 foi lançado o seu último álbum pela Warner, *Por quem os sinos dobram*, com nada mais, nada menos que oito músicas registradas em parceria com o novo amigo argentino, até então desconhecido, Oscar Rasmussen.

Uma das faixas do disco, "Movido a álcool", aparece com a assinatura de três autores, Raul, Oscar e Tânia. Mas a ex-companheira do roqueiro dispensa o crédito.

Segundo ela, essa música não teve sua participação. "Me recuso a admitir que é minha, não foi. Foi dele e de uma peste chamada Oscar Rasmussen."

O álbum teve um compacto simples lançado em agosto de 1979 com "Movido a álcool" e "Por quem os sinos dobram" e um compacto promocional lançado em dezembro do mesmo ano com "Ide a mim Dadá" e o outro lado com "Léo e Bia", de Oswaldo Montenegro. Foi o primeiro álbum da carreira de Raul Seixas a não ter um EP.

A faixa-título de *Por quem os sinos dobram* acabou provocando um desentendimento com Claudio Roberto, porque Raul registrou em nome de Oscar Rasmussem a composição, que segundo Claudio seria uma parceria deles.

Há rumores de que a parceria entre eles não se dava no campo da música. Segundo Tânia, Oscar era conhecido nas redondezas como o Rei do Pó. Ela afirma que o argentino se meteu na casa deles, passou a fornecer a droga para Raul e "fingia" que estava compondo. Tânia conta que isso foi o começo do fim do casamento deles. Sem suportar a situação, ela se distanciava de Raul, isolada no quarto. O grande amor virou um pesadelo.

Nessa época, depois de vários dias cheirando sem parar, Raul quase morreu. Tânia é quem relata. Ele estava com uma infecção na cervical e de repente desmaiou. Sem telefone em casa, ela pediu que Oscar e Eneida fossem à rua telefonar para o médico dele, mas o casal, no auge da paranoia, não conseguia sair para a rua. Ela mesma teve de ir.

Segundo Tânia, o médico informou depois que Raul correu o risco de sofrer uma septicemia (infecção generalizada) e morrer em pouco tempo. Com Raul internado, ela pediu ao médico que proibisse visitas. No entanto, dois dias depois da alta Oscar já estava novamente no apartamento e a história recomeçou.

A gota d'água aconteceu quando Raul sumiu junto com Oscar por vários dias. Tânia ligou para a Warner e soube que ele estava no hotel Intercontinental. Tinha alugado dois apartamentos. Num deles estavam Oscar e outros dois argentinos que começavam a entrar no circuito, chamados Hugo Angel Amorrotu e Ricardo Soza, cujo apelido era Gato. No outro quarto estavam Raul e uma menina, filha de uma ex-empresária dele.

No dia seguinte, Tânia telefonou para a família e para o advogado dele na Bahia e informou o que estava acontecendo. Depois fez as malas e se mandou.

Além do abuso de drogas, das noitadas, dos excessos, mulheres, pesou na decisão o fato de Raul ter entrado nessa após um esforço enorme para regularizar a vida financeira. Segundo Tânia, estava quase tudo certo quando o roqueiro saiu torrando a grana toda em hotéis.

Raul ficou puto com Tânia por ela ter ligado para o advogado e para a sua família, e de birra voltou para o hotel. Era o fim de mais um relacionamento. Em uma ocasião em que esteve no apartamento depois da separação, a ex-companheira encontrou por lá, além de Raul, Oscar e a mulher, Eneida, e os outros dois argentinos, Hugo e Gato, que segundo ela também eram traficantes. "Estavam todos completamente pirados", diz. "Usavam caixotes como mesinhas e diziam que havia assombração no apartamento, que as coisas balançavam. Enfim, a coisa só piorava. A energia por lá estava péssima."

No dia 20 de novembro de 1979, um dos argentinos, Hugo, comprou um quilo de cocaína de dois traficantes, Pelé e Pelezinho, e pagou antecipadamente 600 mil cruzeiros. A droga foi entregue no apartamento de Raul pelo vapozeiro (como são chamados os entregadores de drogas) Wilson Matos, que era bem conhecido na região.

Nenhuma novidade, não fosse um pequeno detalhe. O vapozeiro roubou mais ou menos metade do pó e "batizou" a droga com açúcar antes da entrega. Hugo, que era traficante, sacou no ato. Para piorar, lutava caratê e partiu aos chutes e golpes para cima de Wilson, que o matou com um tiro na axila. Segundo a imprensa na época noticiou, também estavam no local Oscar e Gato, que fugiram.

No dia 20 de novembro o argentino Hugo Angel Amorrotu foi assassinado em Copacabana na rua Assis Brasil, no apartamento que sublocara ao cantor Raul Seixas, relata a reportagem "O sangrento código do comércio de drogas", na edição de 18 de dezembro de 1979 do Jornal da República. A matéria de página inteira conta a história completa do caso do pó batizado e de seu trágico desfecho, que ficou conhecido como o massacre de Piabetá e que, claro, ganhou as páginas policiais de outros diversos jornais da época.

O assassino de Hugo não ficou impune. Escondido em Piabetá, na cidade de Magé, Wilson foi fuzilado junto com outras quatro pessoas por Pelé e Pelezinho. O envolvimento de Raul Seixas na história foi abafado na imprensa, mas a barra estava cada vez mais pesada.

PÁGINA 12 — REPÚBLICA — TERÇA-FEIRA 18 DE DEZEMBRO DE 1979

REPORTAGEM

MISTÉRIOS, MISTÉRIOS

O sangrento código do comércio de drogas

Depois de Cláudia Lessin, o caso Flávia, o massacre de Piabetá, etc. E a polícia nunca sabe de nada.

VALÉRIO MEINEL, do Rio

Os crimes de morte ligados ao tráfico de entorpecentes têm duas peculiaridades no Rio de Janeiro: jamais são desvendados pela polícia e sua repercussão nunca ultrapassa o quarteirão onde funcionava a "boca do fumo" freqüentada pelos personagens da tragédia. Na opinião do detetive Evaldo Viana, antigo policial da Delegacia de Entorpecentes, hoje lotado na Delegacia de Polícia Política e Social, "o mercado de drogas é inabalável. Cada um dos novos crimes parece aguçar a curiosidade dos iniciados".

O assassínio de Cláudia Lessin Rodrigues ficou longe de ser o marco divisor de uma época em que os jovens da classe média procuram o tóxico sem outra opção. Eles continuam impedidos de participar politicamente – a esta geração nunca foi dada a oportunidade de tal experiência – e reprimidos em suas casas, onde falta o diálogo com uma geração mais velha, embora exigente – agarrada que ainda é a falidos preceitos de moralidade.

O crescente tráfico de drogas e o número cada vez maior de crimes ligados a esse comércio levaram o juiz Alberto Motta Moraes, atualmente no IV Tribunal do Júri do Rio de Janeiro, a afirmar: "Dentro de algum tempo, o Tribunal do Júri se verá obrigado a investigar o tráfico de entorpecentes ao longo da instrução de um processo de crime de morte".

Moraes estava impressionado com os inquéritos que, há três anos, começavam a ser ajuizados, relativos aos homicídios praticados pelo ex-detetive Ivônio Andrade Viana Ferraz, o "Vianinha". O policial dava proteção ao traficante Milton Gonçalves Thiago, o "Cabeção", matando os rivais e os maus pagadores.

Responsável pela instrução do processo em que Michel Frank e George Khour são acusados do assassínio de Cláudia Lessin Rodrigues, Motta Moraes só errou em seu vaticínio porque, embora se tenham sucedidos os crimes ligados ao tráfico de drogas, a polícia jamais conseguiu concluir qualquer outro inquérito. Conseqüentemente, não há processos relativos a homicídios vinculados a entorpecentes em instrução em qualquer dos quatro tribunais do júri do Rio de Janeiro. Os promotores públicos não têm podido, até aqui, senão opinar favoravelmente à concessão de mais e mais prazos, para que a polícia prossiga nas investigações.

Enquanto isso o tráfico continua. Os crimes dele decorrentes são meros tropeções que mal erguem a ponta do tapete. E, diante do número crescente de viciados e de novos homicídios, conclui-se que casos como o de Cláudia Lessin não chegam a abalar a opinião pública. Diante da notícia, a reação tem sido a cômoda idéia de que "isto só acontece aos outros". Até quando?

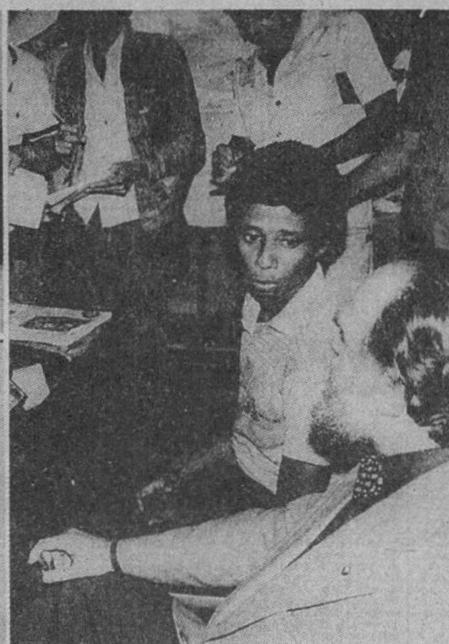

NA SELVA DA CIDADE

A gaúcha Flávia, que uma "overdose" matou, num motel chique; e os irmãos Pelé e Pelezinho (foto maior): patéticos personagens de um sussurrante mundo que se movimenta à noite, nas esquinas, e é regido por uma lei pela qual se mata para não morrer

FUGIR NÃO ADIANTOU

Sílvio e Solange vieram para esta casa, em Piabetá, para se refugiarem do alvoroço da "Ipanema connection". Era tarde. Um dos irmãos de Solange dera uma mancada no tráfico e o resultado foram cinco cadáveres espalhados pela grama – vingança

Lá estava Maurição. De bruços, a cabeça esfacelada

No dia 20 de novembro, o argentino Hugo Angel Amorrotu foi assassinado em Copacabana, na rua Assis Brasil, no apartamento que subloçara ao cantor Raul Seixas. Segundo depoimentos dos traficantes Paulo César Rodrigues de Matos e Jair Orestes Lima, o motivo seria um quilo de cocaína. E foi, também, por um quilo de cocaína, que, muito antes disso, em outubro de 1977, o jornalista e empresário Maurício de Paiva foi assassinado em seu apartamento, na lagoa Rodrigo de Freitas. A polícia sabe que traficantes até hoje em atividade estão implicados na morte de "Maurição", mas não foi capaz de concluir o inquérito. No enredo desse crime estão "Fernandinho", "Wilson", "Ceará", "Caixote", "Laerte" e "Paulista".

"Fernandinho" desapareceu após a morte de "Maurição" e foi se esconder em São Paulo. Mas "Wilson", "Ceará" ew "Caixote" continuam operando em Ipanema. Seu mercado de cocaína é desenvolvido nos bares ao longo do eixo formado pelas ruas Visconde de Pirajá e Montenegro. Os outros implicados, "Laerte" e "Paulista", negociam a droga na rua Barata Ribeiro, no quarteirão entre as ruas Figueiredo Magalhães e Siqueira Campos.

Nos bares da moda em Ipanema, comenta-se até hoje que a morte de "Maurição" começa com a venda de uma casa às margens da lagoa Rodrigo de Freitas. Com o dinheiro apurado na venda, o proprietário teria comprado um quilo de cocaína, acondicionou a droga em um saco de açúcar, e foi ao apartamento de "Maurição", pedindo-lhe que guardasse a "Cristina". Pouco tempo depois, voltou lá para apanhar a "encomenda" e não mais a encontrou. "Maurição" foi encontrado de bruços na cama de seu quarto, com a cabeça esfacelada por violentos golpes desferidos com pesado objeto.

O grupo de "Fernandinho", "Wilson", "Caixote" etc. "transava" grandes quantidades, mas também operava com papelotes. Diferente deles é a "rapaziada" da rua Montenegro – "Doyle", "Gordo" e "Marcelo" há anos abastecem com papelotes os ocupantes que passam de carro e dão uma parada furtiva, para comprar o pó. A "rapaziada" não chega ao esmero de um tráfico complexo. Limita-se a comprar a droga para uso próprio e a revender estritamente a conhecidos. Os "apontamentos" são marcados previamente, por telefone.

Uma milionária, um surfista, arpão no cano – e morte

No vizinho bairro do Leblon, a "transa" é semelhante à de Ipanema. Jovens, artistas e intelectuais elegem os bares da moda. E ali compram a cocaína de figuras bastante conhecidas do bairro: "Carlinhos mentirinha", "Beto Baiano" e outros. Em um bar do Baixo Leblon, a atriz Scarlet Moon foi presa com cocaína, há dois anos. O pó vendido na área é de má qualidade. Os papelotes chegam a ter cocaína com 50% de impureza, misturada a talco, pó de mármore, fermento, açúcar, etc. Essa cocaína não serve para ser inalada. Ela é usada através de doses intravenosas – "arpão no cano", na linguagem dos "enturmados". É nessa que entra a garotada do Leblon, em que se inclue alguns surfistas. Um deles, Felipe Aguiar Oliveira, 22 anos, morreu no dia 17 de fevereiro deste ano. Caiu ou foi jogado pela janela do banheiro basculante do apartamento de cobertura de uma milionária, Denise Muniz Ferreira, que também atende por "Denise Tagher", como a chamam os colunistas sociais. O inquérito sobre a morte de Felipe foi iniciado pelo delegado Osmar Peçanha, que definiu o caso como "suicídio". O envolvimento da morte de Felipe com entorpecentes foi prontamente afastada pelo delegado Peçanha: "Não estou apurando tráfico de drogas". Atualmente, o advogado Nicolino Lagruta, contratado pela família de Felipe, reúne provas para mostrar que o rapaz foi assassinado. Esses tipos de viciados são os que arrombam carros e roubam toca-fitas, para trocar por cacaína de baixa qualidade.

As esquinas de Copacabana, onde pesa a barra

A cocaína pura e em grande quantidade só é negociada nas "bocas de fumo da pesada", nas favelas e subúrbios, ou no interior dos apartamentos. Com uma bala na cabeça, o argentino Daniel Alberto Nino, 32 anos, traficante de drogas processado duas vezes, foi encontrado sentado em uma poltrona de seu apartamento, diante da televisão, a 26 de fevereiro deste ano. A polícia foi chamada para ver o que acontecera no apartamento 302 da rua Gilberto Cardoso, 270, do qual emanava insuportável cheiro e onde nos últimos dias a televisão estava permanentemente ligada. A necrópsia revelou que Nino estava morto havia quatro dias, ou seja, morrera cinco dias após o surfista Felipe. A polícia escondeu o fato, até que a imprensa descobriu, a 7 de fevereiro. O mesmo delegado Peçanha, que investigava a norte de Felipe, também definiu a morte de Nino como suicídio.

Em Copacabana, o comércio de rua está reduzido a uns poucos e localizados pontos de encontro. Como na esquina das ruas Constante Ramos com Cinco de Julho. Ou no cruzamento das ruas Domingos Ferreira com Santa Clara. Aí, em um barzinho, reúnem-se moças e rapazes de passado nebuloso, futuro incerto e com um único compromisso: virar o presente do avesso, para dele extrair algum sentido para a vida. Maria de Lourdes Portela, uma jovem gaúcha mais conhecida como "Flávia", tinha más recordações do orfanato em Caxias do Sul. Ela vivia em um apartamento de Copacabana, tendo como companheiras moças que se prostituíam. A 14 de abril do ano passado, "Flávia" e sua amiga Suely encontraram no barzinho da esquina dois rapazes que nunca tinham visto. Otávio Cipriano, 29 anos, administrador de empresas, e Marco Antônio Fenco, 32 anos, convidaram-nas para um "programa" no motel Papillon, na Barra da Tijuca. Lá, os quatro alugaram dois apartamentos, mas ficaram em um só. "Flávia" tomou uma superdose de cocaína na veia, não resistiu e morreu. Seus companheiros colocaram o cadáver no carro e abandonaram-no na estrada do Cafundá, em Jacarepaguá. O caso continua sendo investigado pela Delegacia de Homicídios.

Ponto parecido é o da Galeria Alaska onde se encontram homossexuais, prostitutas, viciados e traficantes, tudo em frente da 13ª Delegacia Policial. Na Ladeira dos Tabajaras, ou na rua General Barbosa Lima, a "transa" é outra. Aí funcionam "pesadas bocas de fumo". Na primeira, "Corrola" negocia com cocaína e, na segunda, o "Tonho" vende maconha, aceitando encomendas de até 1 quilo.

Batizaram o pó. O karateca reagiu, Pelé puxou a arma

Copacabana tem pelo menos três movimentadas esquinas de comércio "forte". Pontos em que compradores e vendedores acertam a partida, entregue posteriormente, a domicílio. Na esquina de Miguel Lemos com Aires Saldanha, "Rogério" comanda o tráfico de cocaína. As encomendas são entregues por seu "avião", que atende por Randolfo. A melhor maconha da Zona Sul está sendo encomendada a Antônio Paulo, na esquina de Xavier da Silveira com Leopoldo Miguez. A erva vem do Paraguai, é perfumada com talco e prensada de tal forma que na embalagem há um inconfundível escudo com a letra "R" – dizem que de "Rogério". O quilo da maconha vendida por Antônio Paulo custa 20 mil cruzeiros.

Outro conhecido ponto é na esquina das ruas Djalma Ulrich e Aires Saldanha. Jovens inexperientes, em busca de alguma perspectiva, convivem com traficantes internacionais como Paulo Rogério Dias, o "Pelé", e seu irmão, Cláudio Dias, o "Pelezinho". Eles têm grande "boca de fumo" no morro do Cantagalo, em Ipanema, mas "transam" em diversos pontos de Copacabana. Na Djalma Ulrich com Aires Saldanha, compra-se cocaína, em papelotes, na hora, ou combinam-se grandes transações. Sílvio Roberto Bruno Lima, 18 anos, ia fazer o vestibular de engenharia agronômica. Estava até inscrito no Cesgranrio. Mas era viciado em drogas. O pai, Arlindo Gomes Lima, 80 anos, é fazendeiro em Alagoas. A mãe, Gioconda, que morava com o filho em luxuoso apartamento na Aires Saldanha, desesperou-se quando descobriu que Sílvio fumava maconha. Pediu ajuda a uma amiga e o rapaz acabou no consultório de uma psicóloga. Logo abandonou o tratamento, confidenciando a amigos: "A doutora tá me deixando mais doido que o pó". Na famosa esquina, Sílvio conheceu Sônia Regina Rodrigues Mattos, dez anos mais velha. Dona Gioconda se opôs ao romance. Era tarde. Sílvio largou a casa para se juntar a Sônia e aos irmãos da moça: José Carlos e Wilson. Todos viciados em drogas. Mais perigosos que eles, só o irmão Paulo César, 30 anos, traficante diversas vezes processado.

Sílvio vai à psicóloga. Prefere ficar com a coca

Em 12 de novembro, Sílvio acompanhou Sônia para uma casa em Piabetá. A moça ganhara a casa de presente da tia, Antônia Gomes Marques. Decidiu-se a mudar para lá numa tentativa de abandonar o vício da cocaína. Oito dias depois, os irmãos Paulo César e Wilson, com o traficante José Orestes, tentaram enganar os argentinos Hugo Angel Amorrotu, Oscar e Soza, o "Gato", entregando-lhes um quilo de cocaína "batizada" com açúcar. Para a Delegacia de Homicídios do Rio, a encomenda fora feita por Amorrotu aos irmãos Pelé" e "Pelezinho", que incumbiram Paulo César e Wilson de fazerem a entrega. Descobrindo que a droga pela qual pagara 600 mil cruzeiros estava batizada, Amorrotu tentou bater nos traficantes. Era lutador de karatê. Acabou morto com um tiro.

Depois disso, Wilson refugiou-se na casa em que estavam a irmã Sônia e seu amante Sílvio, em Piabetá. No dia 3 deste mês, quando também haviam se mandado para lá José Carlos, outro irmão de Sônia, e Nádia Bastos, sua namorada, os cinco foram fuzilados com vinte e cinco tiros de armas calibres 22 32 e 38.

A polícia está longe de descobrir os autores da chacina. Como estão longe da Djalma Ulrich com a Aires Saldanha os antigos e habituais freqüentadores. Mas o massacre de Piabetá, como todos os crimes ligados a tóxicos, não teve repercussão suficiente para dobrar a esquina. No quarteirão seguinte, na Miguel Lemos com Aires Saldanha, a cocaína de Rogério poderá subitamente subir de preço.

Reportagem no *Jornal da República* cita crime ocorrido no apartamento de Raul Seixas.

"A solução pro nosso povo eu vou dá
Negócio bom assim ninguém nunca viu
Tá tudo pronto aqui é só vim pegar
A solução é alugar o Brasil"

("Aluga-se", de Raul Seixas e Claudio Roberto, faixa do álbum *Abre-te Sésamo*, lançado pela CBS em 1980.)

No início da década de 1980, folheando O Globo, *Raul e Kika Seixas se depararam com a carta de um leitor que tinha o curioso título "Aluga-se o Brasil". Essa acabou sendo a fonte de inspiração para a canção "Aluga-se", que, aliás, segue atual e oportuna até hoje.*

2 DUAS MÃOS COLADAS NUMA MESMA ORAÇÃO

Foi na Warner, em 1978, que Raul conheceu Angela Maria de Affonso Costa, a Kika. Um ano antes da desgraceira que culminaria com uma morte em seu apartamento.

Kika trabalhava no departamento de projetos especiais da gravadora. Raul estava terminando as gravações para o que seria seu último disco em parceria com Paulo Coelho, *Mata virgem*, lançado em novembro de 1978.

A história do casal começou com um cano do roqueiro e uma ligação de Kika para a casa onde ele morava. "Olha, estamos aguardando o Raul aqui na gravadora e ele não apareceu." Mas ele também não dava as caras em casa fazia três ou quatro dias, respondeu do outro lado da linha a companheira do roqueiro na época, Tânia.

No ano seguinte quando Raul começava as gravações de *Por quem os sinos dobram*, ele e Kika se encontraram na saída da Warner e conversaram um pouco. Ela era fascinada por ele, era fã do roqueiro baiano havia muito tempo, já contabilizava mais de dez shows assistidos. A conversa fluiu e ela acabou dando uma carona para o artista, que estava separado de Tânia.

Nesse dia, Kika não facilitou. Ele pediu que ela o deixasse no apartamento que dividia em Copacabana com o argentino Oscar, mas, como o trânsito estava ruim, isso atrapalharia o caminho dela. Raul foi largado no meio do caminho, resmungando, indignado.

O roqueiro vivia uma das fases menos criativas, do ponto de vista artístico, e também um dos momentos mais decadentes de seu extenso currículo com drogas e doideiras em geral.

O cansaço era visível. Raul gostava de estúdio, de gravar, mas a via-crúcis que envolvia os lançamentos, com shows por todo o país e infindáveis aparições na televisão, no rádio e entrevistas, para ele era um verdadeiro inferno. Ele estava de saco cheio.

Foi nessa época, no final de 1979, que Raul e Kika começaram a namorar. Logo que ele se separou de Tânia, ela esteve no apartamento onde ele e Oscar moravam. Isso antes do lançamento de *Por quem os sinos dobram*. A chiadeira na gravadora era geral, ninguém queria mais trabalhar com o roqueiro por causa de seu comportamento, dos canos nas gravações, mas sobretudo pela baixa vertiginosa na criatividade. E Kika foi até lá para ver o que estava acontecendo.

Pouco depois, com o namoro avançando, e depois da confusão e o imbróglio do pó com os traficantes argentinos, Raul passou a morar no apartamento de Kika, no Jardim Botânico, ao lado da sede da Warner na época.

Raul estava revoltado. Achava que o disco não tinha sido trabalhado pela gravadora. Um dia apareceu por lá, discutiu com Midani e saiu carregando um quadro enorme de um de seus discos nas costas. Era o fim de sua história na Warner.

Uma ligação para o antigo parceiro da CBS Mauro Motta, que seguia na gravadora como diretor artístico, rendeu o contrato para a gravação de *Abre-te Sésamo*.

Raul e Kika Seixas

Esse disco marca um momento bem intenso da relação de Raul e Kika. A nova companheira estreou como parceira também na música, a princípio timidamente e com ressalvas. Ela conta que não achava positivo para ele e sua obra ficar mudando de parceiros o tempo todo.

No caso de Oscar, que não era uma parceria genuína, o estrago era gritante; pegava mal para Raul. "O público estava percebendo", observa Kika. Os comentários na gravadora, segundo ela, também não eram nada bons, e isso a preocupava.

Ainda mais sabendo que isso acontecia depois de uma longa e produtiva parceria com Claudio Roberto, que rendeu o maior clássico da obra do roqueiro, a icônica canção "Maluco beleza".

Mesmo com a resistência justificada de Kika, Raul, generoso e apaixonado, insistia para que ela começasse a compor com ele. Um dia, folheando *O Globo*, o casal viu a carta de um leitor cujo título era "Aluga-se o Brasil".

No início da década de 1980 o país estava devendo as tripas ao FMI (Fundo Monetário Internacional) por causa de sucessivos empréstimos. Isso, somado a uma crise no petróleo, fez a dívida externa disparar; chegou-se a falar num possível calote. E a carta inusitada do leitor de *O Globo* foi a fonte de inspiração para a canção "Aluga-se", que propõe uma solução para os problemas econômicos do Brasil. A música segue atual e oportuna.

A solução pro nosso povo eu vou dá
Negócio bom assim ninguém nunca viu
Tá tudo pronto aqui é só vim pegar
A solução é alugar o Brasil
Nós não vamo paga nada
Nós não vamo paga nada
É tudo free
Tá na hora agora é free

Apesar de assinar apenas uma parceria no álbum *Abre-te Sésamo*, Kika conta que esteve presente em todas as músicas quando foram criadas. A faixa "Aluga-se" Raul escreveu com Claudio. "Dei alguns pitacos, mas não quis que ele colocasse meu nome."

A visita de Dedé Caiano, irmão de Sérgio Sampaio, que passou uns dias com o casal no Rio, rendeu outra bela parceria para o disco, "Anos 80". Outro retrato do momento que o país vivia.

Pobre país carregador
Dessa miséria dividida
Entre Ipanema
E a empregada do patrão

Varrendo lixo
Pra debaixo do tapete
Que é supostamente persa
Pra alegria do ladrão

O momento apaixonado com Kika aparece em "Angela", outra parceria com Claudio Roberto, que nessa época era casado com uma mulher de mesmo nome.

Raul era urbanoide ao extremo; só saía da cidade para encontrar Claudio no sítio em Miguel Pereira. Apesar de não tão distante, a cerca de uma hora e meia do Rio, o local era uma roça legítima.

Kika também viajava com Raul, mas a dupla, por causa dos filhos de Claudio, se isolava desde o fim da tarde para cheirar e compor num casebre mais afastado da casa, e lá ficava a noite toda, criando compulsivamente. "Raul nunca cheirou pó para ficar só doidão; ele canalizava sempre para a criação", defende Kika.

Numa dessas viagens para a roça de Claudio, Kika acordou em uma manhã e foi até o barracão, onde a dupla de compositores havia passado a noite. Assim que entrou, ouviu em primeira mão a canção "Angela". Dedicada a ela, obviamente.

Mesmo que me aperte
Essa sensação sem nome
Ou que me faça engolir a seco
A minha sede é de Angela

O apelido veio da infância; os pais a chamavam de "Angica", e daí para virar Kika foi um pulo.

Kika lembra que, quando os dois estavam em casa, ela dormia cedo, e o companheiro quase sempre virava as noites compondo sozinho. Ele tinha montado na nova casa (o apartamento dela) um estúdio minúsculo, e adorava ficar lá.

A faixa "Conversa pra boi dormir" Raul compôs sozinho numa dessas madrugadas solitárias em seu pequeno laboratório de criação, cercado pelos discos de Elvis, dos Beatles e de outros que ele curtia ter por perto.

Foi nesse apartamento, aliás, enquanto trabalhava em seu pequeno estúdio, nesse mesmo ano de 1980, que o casal recebeu a triste notícia da morte de um dos ídolos de Raul, John Lennon, assassinado por um suposto fã, o norte-americano Mark Chapman, com cinco tiros às dez da noite de 8 de dezembro, em frente ao edifício Dakota, em Nova York, onde morava com Yoko Ono.

Procurado pela imprensa para comentar a morte do músico inglês, e questionado pelo jornalista sobre quem teria matado Lennon, Raul respondeu: "Ronald Reagan." O roqueiro se referia às teorias conspiratórias que circulavam, afirmando que o assassino Chapman teria a mente controlada pela CIA pelo FBI e por membros da extrema direita, que via em Lennon uma ameaça à sociedade americana.

Por causa de algumas composições de *Abre-te Sésamo*, Raul voltou a ter problemas com a censura. "Rock das 'aranha'", por exemplo, parceria com Claudio, descreve uma relação sexual entre duas mulheres e não agradou aos censores, que a consideraram de "baixo nível e imprópria".

Claudio diz que a música saiu meio na brincadeira; ele nem imaginava que Raul a gravaria. No entanto, depois de ver a briga do parceiro e da gravadora, tentando a liberação sucessivas vezes, ele também saiu em defesa da cria, alegando que se tratava de um rock ecológico — afinal, falava de cobras, aranhas e tal.

Essa música Kika conta ter ouvido também em primeira mão, no sítio de Claudio, logo de manhã. Quando acordava, ela costumava dar umas voltas pelo lugar com a mulher do parceiro de Raul. As duas passaram pelo barracão a fim de chamá-los para dormir, mas a dupla fez questão de lhes apresentar a canção que tinham acabado de criar: o "Rock das 'aranha'".

A mulher de Claudio não curtiu, achou a música um absurdo horroroso. Kika saiu em defesa da dupla. "Deixa os caras esculhambarem um pouco." Raul, segundo ela, tinha um lado muito sacana. "Ele adorava tirar um sarro", diz.

O mesmo espírito de deboche se mostrou no lançamento do disco. Para divulgar o novo trabalho, Raul foi ao *Programa do Chacrinha* em cima de um jegue, vestido de sultão e cercado de odaliscas. A faixa que dava nome ao álbum *Abre-te Sésamo*, segundo o cantor, era uma crítica à falácia por trás da suposta abertura política que começava a ser costurada.

Em entrevistas, ele completava o recado: "Com a canção, eu trouxe apenas o Ali Babá, porque os quarenta ladrões sempre estiveram aqui."

Abre-te Sésamo foi lançado em outubro de 1980, mesmo ano em que o casal decidiu se mudar para São Paulo, para uma casa alugada no Brooklin. Em sua primeira edição, o álbum traz uma enorme tarja preta com a mensagem "Censurado" — por causa de "Rock das 'aranha'", que mesmo liberada teve veiculação aberta restrita. Ou seja: não poderia ser tocada nas rádios nem na televisão.

Em suas três primeiras edições, o disco traz um encarte-pôster com uma foto de Raul, letras das músicas e informações dos músicos participantes, além de uma foto do roqueiro na contracapa e da imagem de sua carteirinha do Elvis Rock Club. Esses detalhes não aparecem nas outras duas edições em LP nem nas edições em CD.

Também em outubro de 1980 a gravadora lançou um compacto promocional com "Abre-te Sésamo" dos dois lados e, em dezembro do mesmo ano, as músicas "Anos 80" e "Minha viola" apareceram em um compacto simples que teve duas versões: uma promocional, com um pôster de Raul, e outra comercial, com referência ao LP na contracapa.

A passagem de Raul pela CBS, entretanto, durou pouco. O motivo? Um pedido da gravadora para que fosse feito um disco em homenagem a Lady Diana.

Acervo Sylvio Passos

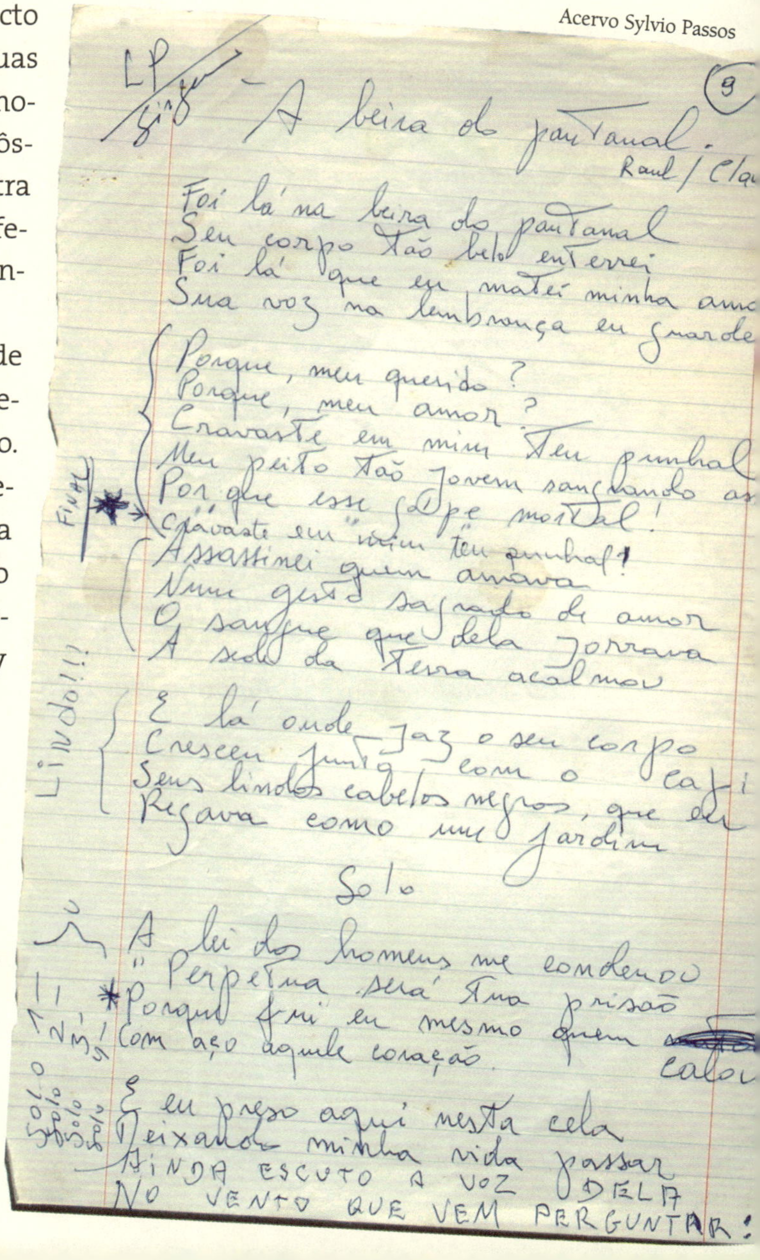
LP Singer
9
À beira do pantanal.
Raul / Clá
Foi lá na beira do pantanal
Seu corpo tão belo enterrei
Foi lá que eu matei minha amada
Sua voz na lembrança eu guardei
Porque, meu querido?
Porque, meu amor?
Cravaste em mim teu punhal
Meu peito tão jovem sangrando
Por que esse golpe mortal!
Cravaste em mim teu punhal!
Assassinei quem amava
Num gesto sagrado de amor
O sangue que dela jorrava
A sede da terra acalmou
E lá onde jaz o seu corpo
Cresceu junto com o caju
Seus lindos cabelos negros, que eu
Regava como um jardim
Solo
A lei dos homens me condenou
Perpétua será tua prisão
Porque fui eu mesmo quem calou
Com aço aquele coração.
E eu preso aqui nesta cela
Deixando minha vida passar
AINDA ESCUTO A VOZ DELA
NO VENTO QUE VEM PERGUNTAR!
FINAL
Lindo!!!
Solo

Manuscrito de "À beira do pantanal", do disco *Abre-te Sésamo*.

"Amanhece, amanhece, amanhece
Amanhece, amanhece o dia
Um leve toque de poesia
Com a certeza que a luz
Que se derrama
Nos traga um pouco, um pouco, um pouco de alegria"

("Coração noturno", de Raul Seixas, Kika Seixas e Raul Varella. Faixa do álbum *Raul Seixas*, lançado pelo Estúdio Eldorado em 1983.)

Em São Paulo, durante uma visita dos pais à sua casa, às quatro horas da manhã, Raul desceu até o térreo da casa e chamou a mãe, dona Maria Eugênia. "Estou com uma música muito bonita na cabeça, mas meu gravador está quebrado e se eu não gravar esqueço. Será que meu pai vai ficar com raiva se eu acordar ele?", perguntou. "Não, meu filho. Seu pai não se zanga, não." Pai e filho se sentaram na sala e amanheceram compondo "Coração noturno".

3 TÔ VENDO TUDO ESQUISITO

A ideia de se mudar para São Paulo foi de Raul, logo após concluir *Abre-te Sésamo*. Ele dizia que a capital paulista era outro mundo. Sentia que lá também era maior a admiração e o respeito por sua obra.

Kika, que a essa altura já era chamada de "Kikovski", mesmo grávida de seis meses topou. Fizeram as malas, duas, para ser exato, uma dela e outra dele, e tocaram o pé para a terra da garoa, a bordo de um Fiatzinho vagabundo que Raul tinha.

Quem dirigiu a viagem toda foi Kika. Segundo ela, o roqueiro dirigia muito mal, provavelmente por causa da bebida e das drogas. Em São Paulo, instalados na nova residência alugada, na rua Rubi, 26, no Brooklin, ainda no final de 1980, Raul começou a sentir muita dor. Era outra crise de pancreatite. Foi internado no hospital Albert Einstein e de lá saiu cerca de quatro meses depois, sem uma parte do pâncreas.

Foi quando acendeu a luz vermelha para Kika, cada vez mais consciente de que o problema de Raul com álcool e cocaína era bem mais sério do que pensava. "Como ele não ficava bêbado ou doidão, isso inicialmente não me chamou a atenção. Eu percebia que bebia bastante, mas não achava que fosse vício, que ele fosse alcoólatra", comenta.

O período de pausa imposto pelo problema de saúde, pela internação, a cirurgia e a recuperação acabou melando os planos de divulgação em São Paulo do disco *Abre-te Sésamo*. Ainda assim, relembra Kika, ele conseguiu ir ao *Programa do Chacrinha*. O velho guerreiro queria o roqueiro entrando em cima de um elefante, mas Raul bateu o pé e foi no lombo de um jegue.

Quando Raul teve alta do hospital, em março de 1981, Kika já estava por volta do sétimo mês de gravidez. Sem gravadora e desacreditado, ele enfrentava uma fase difícil, pois não encontrava empresários dispostos a cuidar de sua carreira. O trabalho se resumia a poucos shows que aconteciam a duras penas, por causa das dificuldades com a saúde. Em algumas ocasiões Raul não conseguia tocar, ou porque estava chapado ou de tanta dor que sentia. Apresentações eram canceladas e a imagem ficava cada vez mais detonada.

Em 1981, duas figuras entraram na vida do roqueiro baiano. Em 28 de maio nasceu, no hospital Matarazzo, em São Paulo, Vivian Costa Seixas, a Vivi, filha dele com Kika.

Acervo pessoal Vivi Seixas

Raul Seixas e a filha Vivi.

Pouco depois foi a vez de aparecer no cenário o fã Sylvio Passos, que no dia 28 de junho fundou, na capital paulista, o fã-clube oficial Raul Rock Club. Assim que soube da novidade, Raul se associou.

O fundador, que passou a ser chamado por Raul de Sylvícola, já tinha sido um apaixonado por bandas de rock internacionais, mas depois de ouvir o roqueiro baiano decidiu encerrar as atividades de outro fã-clube que tinha criado, do Iron Maiden, para se dedicar exclusivamente ao novo ídolo.

O que mais impressionou Sylvio foi o fato de Raul ser brasileiro

Acervo Sylvio Passos

Carteira do fã-clube oficial Raul Rock Club.

e fazer algo que se julgava impossível: compor rock em português. Ao primeiro show ele assistiu em julho do mesmo ano, no extinto teatro Pixinguinha, onde hoje funciona o Sesc Consolação, na região central de São Paulo.

Depois disso, passou a tentar contato com o artista. Chegou a pôr anúncio nos jornais oferecendo pagamento a quem lhe desse alguma informação de como chegar até o roqueiro, um número de telefone que fosse. E conseguiu.

Quando ligou e se apresentou, Raul, chapado e doido para voltar para a televisão, logo pensou que fosse o Silvio Santos: "Oi, Silvio, tudo bem? Sim, eu topo fazer o seu programa." Depois que soube do engano, chamou o jovem fã para comer um macarrãozinho com ele em sua casa. Era o começo de mais uma amizade e parceria intensa.

Sem gravadora, Raul começou a desenvolver projetos autônomos, como o disco independente *Nuit*, que seria produzido pelo novo amigo, Sylvio, e o livro com Paulo Coelho, *As aventuras de Raul Seixas na cidade de Thor*.

Com o filme completamente queimado no mercado por causa dos excessos com drogas, Raul passou dois intermináveis anos batendo na porta das gravadoras.

Foi um tempo difícil. Além das portadas na cara, teve que ouvir de alguns executivos que eles já "estavam vacinados contra Raul Seixas".

Uma das principais apresentações de 1981 aconteceu em setembro, na segunda edição do evento que ficou conhecido como o "Woodstock Brasileiro", o Festival de Águas Claras, que rolou em uma fazenda na pequena Iacanga, a 376 quilômetros de São Paulo. A primeira edição tinha acontecido cinco anos antes.

Muita gente diz que foi sem ter ido, outros têm certeza de que compareceram, mas não se lembram de nada. A falta de memória, dizem, se deve ao altíssimo consumo de maconha e chá de cogumelos durante o evento.

A lenda em torno do festival garante que quem era hippie de responsa baixou por lá. E deve ter sido assim mesmo, porque em cada uma das quatro edições, entre as décadas de 1970 e 1980, a organização contabilizou quase 100 mil pessoas.

Contrariando a ditadura, que tentou proibir sua realização, a polícia, que queria prender todo mundo, e a caretice dos moradores da região, que achavam tudo aquilo uma pouca-vergonha, Águas Claras foi um marco na história dos festivais de música no país e pioneira no formato ao ar livre no Brasil.

No time de artistas, nomes como Gilberto Gil, Hermeto Pascoal, Egberto Gismonti, Alceu Valença e Sandra de Sá. O Maluco Beleza não queria ficar fora dessa e ligou pessoalmente para o hoje advogado Antonio Checchin Junior, o Leivinha, um dos idealizadores e principais responsáveis pela festa hippie.

Raul avisou que fazia questão de ir, mesmo sem receber cachê, como fariam outros artistas. Mas ele estava sem moral no meio, e Leivinha conta que a Bandeirantes, que faria a cobertura, tentou vetar o roqueiro. Mas o organizador não atendeu à emissora e exigiu o artista no festival. "O cast sou eu que faço." E Raul foi.

"Viva a Sociedade Alternativa e vai todo mundo para a puta que pariu!"

O jornalista Cacá Góes era o assessor de imprensa do festival. Ele se diverte ao lembrar dos momentos que passou com Raul. Na semana do evento, foi até a casa de Raul, na rua Rubi, para levá-lo a uma entrevista ao vivo na rádio Excelsior, em um programa transmitido perto da hora do almoço.

Cacá chegou à casa de Raul perto das nove e meia; a entrevista estava agendada para as onze. Logo foi alertado pela esposa, Kika, ao pé do ouvido, para que não o deixasse beber.

No meio do caminho para a rádio, o artista pediu a Cacá que desse uma paradinha: "Companheiro, preciso fazer um xixi. Tô apertado pra caralho", argumentou Raul. O assessor, claro, atendeu ao pedido, estacionou o carro em frente a um bar e ficou esperando.

Quando Cacá percebeu que já tinha passado tempo suficiente para ele fazer de tudo no banheiro, decidiu checar o que estava acontecendo. Encontrou Raul no maior papo com o dono do boteco. Bebendo, claro.

Outro detalhe importante para a compreensão do desfecho dessa história: Raul recebeu o assessor em sua casa, às nove e meia da manhã, segurando um copão de vodca. Lembrando das recomendações da esposa, e usando de toda a diplomacia que a profissão exige, conseguiu arrastar o artista de volta para o carro.

Depois de alguns minutos, no percurso rumo à rádio, Raul novamente pediu que Cacá parasse. "Cara, agora eu realmente tô muito apertado. Preciso parar. Por favor."

Com o combinado de que seria só uma mijadinha rápida, nova parada em outro bar. E a história se repetiu. O resultado, como já se pode prever, é que Raul chegou à rádio chapado. Em dado momento da conversa, possivelmente já de saco cheio, talvez querendo molhar a goela novamente, resolveu mandar um recado aos ouvintes: "Viva a Sociedade Alternativa e vai todo mundo para a puta que pariu!" Depois da esculhambada básica, o programa foi para o intervalo. Fim da entrevista.

Em Iacanga, o roqueiro entrou no palco às cinco da manhã, arregaçando tudo com o endiabrado "Rock do diabo". No meio do show, aproveitando os tempos de hiperinflação, época em que a mãe do então presidente João Figueiredo era lembrada diariamente nas ruas e nos supermercados, Raul aproveitou para mandar seu recado para o encarregado por endireitar (ou entortar de vez) os rumos de uma economia em frangalhos: "Uma proposta para o Delfim Netto: alugar esta porra aqui!" E mandou ver com "Aluga-se".

A censurada "Como vovó já dizia" ele cantou na versão original: "Quem não tem papel dá o recado pelo muro/Quem não tem presente se conforma com o futuro." Raul também dedicou a faixa principal de seu álbum mais recente, *Abre-te Sésamo*, à abertura política no Brasil.

Alguns artistas estiveram no evento mas não se apresentaram, ou fizeram isso fora do palco. Foi o caso de Arnaldo Baptista, ex--Mutantes, que passou por Águas Claras com sua banda, Patrulha do Espaço. Ele não tocou e também não se lembra do que ocorreu. Um dos organizadores do festival garante que o músico passou três horas em cima de uma árvore tocando flauta.

O pai da bossa nova, João Gilberto, tocou sem parar ou reclamar, às cinco da manhã, debaixo de uma baita chuva e no meio da lama para uma multidão de doidões, bêbados e chapados em geral, a maioria viajando na onda do ácido, maconha ou chá de cogumelo.

Mais antenado com a hippiezada, o mítico Jorge Mautner, guru dos tropicalistas, aproveitou para espalhar por lá seu movimento chamado "Kaos", com "K", que seria, segundo explicou, "a harmonia na dissonância". "É coração, emoção, telepatia, sexo livre, ideologia livre, seja para lobisomem, vampiro, negro, amarelo e até mesmo os caras do disco voador", recitou o artista, que também esclareceu que "caos" com "c" era outra coisa, era confusão.

O rei do baião, Luiz Gonzaga, marcou presença também. No palco, perguntou para o público: "É essa que é a Sociedade Alternativa?" A multidão aplaudiu com as mãos para cima. "Então Raul Seixas está com a razão, e eu também estou me alternando", emendou o sanfoneiro, sem perder o ritmo. Gil encerrou o festival elogiando o sucesso do evento, que chamou de "miniguerra cultural".

Os ingressos para o segundo Festival de Águas Claras custavam mil cruzeiros, algo em torno de setenta reais hoje. O valor dava direito a se instalar no camping dentro da fazenda durante os três dias do evento. No entanto, como o lema por ali era "malucos unidos jamais serão vencidos", a grande maioria pulou a cerca de arame farpado e entrou de graça mesmo.

Apesar dos 12 mil ingressos vendidos na segunda edição do festival, em 1981, o público foi de aproximadamente 80 mil pessoas, segundo conta o documentário *O barato de Iacanga*, de Thiago Mattar (2019). Por meio de entrevistas com produtores, artistas e utilizando material garimpado em uma pesquisa que durou cerca de dez anos, o filme conseguiu captar o espírito da festa, um híbrido de ativismo cultural e político. Um fenômeno, ainda mais considerando que a única peça publicitária foram os muitos lambe-lambes colados por toda parte. O resto foi na base do bom e velho boca a boca.

Além das imagens raras de apresentações pouco conhecidas (tem gente, aliás, que ainda acredita que esse festival nunca existiu), o documentário mostra muitas histórias que rolaram por trás dos palcos.

Os shows do primeiro dia começaram cedo, por volta das dez da manhã, seguiram pela tarde e pela noite e entraram madrugada adentro. Uma gigantesca caravana de malucos chegava pela Rodovia Castelo Branco, por Botucatu e Bauru. Dava para ir de trem ou de carro, mas a maioria foi no modo hippie mesmo, de carona.

O sentimento entre quem participava era de comunhão. Todos sabiam que estavam embarcando em uma roubada, sujeito a chuva, lama e até a cacetadas da polícia. Mas ninguém queria perder, e os possíveis desconfortos, bom, esses faziam parte do combo.

Diferentemente da primeira edição, em 1981 teve emissora filmando e muito empresário e produtor do meio artístico de olho no potencial econômico do evento.

A onda por lá foi tão forte que, depois que terminaram as apresentações, uma turma mais pirada entrou numas de ficar por lá, não queria ir embora. A coisa ficou tão louca que alguns diziam que entidades invisíveis estavam orientando a permanecer naquela área para uma missão especial designada pelo além. Possivelmente muitos estavam de olho nos cogumelos que brotavam aos montes todas as manhãs.

O evento fez tanto barulho que ganhou uma edição especial adaptada para a capital chamada Reencontro de Águas Claras, montada no estádio do Palmeiras em dezembro de 1981. Uma versão sem fazenda ou chá de cogumelos, mas quem esteve por lá garante que também foi uma loucura geral.

Apesar do sucesso inquestionável, o público não pagante provocou um prejuízo gigantesco para a organização e até para o comércio da cidade de Iacanga, a quem a produção do festival ficou devendo horrores.

No ano de 1982 as coisas não melhoraram muito para Raul. A vida seguia na cadência de uma montanha-russa, com muitos altos e baixos. Em fevereiro, ele fez um show para cerca de 180 mil pessoas no Festival de Música na Praia, em Santos, litoral sul paulista, que teve até transmissão da TV Cultura.

Pouco depois, em maio, mais uma apresentação, dessa vez em Caieiras, bem próximo à capital paulista. A grana oferecida era boa. O cachê combinado foi de 700 mil cruzeiros, algo como 30 mil reais hoje. Os ingressos, vendidos a preços populares (500 e 1.000 cruzeiros, algo como 25 e 50 reais, respectivamente), esgotaram rápido. Só que deu tudo errado.

O show começou por volta da meia-noite de sábado, 15 de maio. Quando Raul subiu no palco do Centro Esportivo de Caieiras, público, polícia e até a equipe da produção do evento começaram a desconfiar de que não era ele. Aos 36 anos, o roqueiro andava afastado da TV e estava com a aparência diferente por causa dos vários problemas de saúde.

O desempenho do músico não ajudou muito naquela noite, e o público logo começou a gritar: "Imitador! Imitador! Não é ele!" Raul até tentou se explicar, mas as vaias aumentaram. Ele prosseguiu com o show, mas os ânimos foram se exaltando cada vez mais, com alguns mais eufóricos tentando invadir o palco para agredi-lo.

Irritado com a confusão, o cantor disparou a xingar o público e quase foi linchado. Só não foi porque a polícia chegou logo e levou o suposto farsante para a delegacia. E por lá os problemas continuaram. "É o Raul ou não é o Raul?", perguntavam os policiais.

Depois de puxar a barba do artista para conferir se era verdadeira, o delegado de plantão anunciou que conhecia o verdadeiro Raul. Como ele estava sem os documentos, o policial resolveu fazer uma pergunta: "Onde nasceu o Chacrinha?"

Claro que Raul não fazia a menor ideia de onde o Velho Guerreiro tinha nascido. Sem conseguir responder, foi trancafiado em uma cela até os documentos chegarem de táxi, muitas horas depois, por volta das cinco da manhã. Raul teve de sair escoltado.

Na segunda-feira o caso foi parar nas manchetes, como a primeira página do *Jornal da Tarde*: "Tentaram linchar Raul Seixas." O imbróglio virou até filme. Rita Lee interpretou Raul no curta *Tanta estrela por aí...*, de 1991, dirigido por Tadeu Knudsen.

Com Raul sem gravadora e enfrentando problemas financeiros, o casal decidiu pegar a pequena Vivi e ir passar uns tempos na casa dos pais de Kika. Até que, em 1983, logo no início do ano, um telefonema anunciou que a sorte estava mudando. Os ventos enfim pareciam soprar a favor. Do outro lado da linha estava o filho do presidente do grupo Estado, João Lara Mesquita, que tinha acabado de voltar dos Estados Unidos para cuidar da gravadora Eldorado. Ele, por acaso um fã de Raul, queria convidar o artista para ir até a rádio conversar sobre um possível projeto na emissora.

Quase sem conseguir conter o entusiasmo, Kika explicou que o casal estava no Rio e perguntou se a Eldorado mandaria as passagens.

"Estávamos duros. Não tínhamos grana pra nada. A gente andava de ônibus", conta a companheira de Raul. Quando saíam de táxi com Vivi, quem pagava a conta era o sogro de Raul.

As passagens foram emitidas e o casal embarcou para São Paulo. Na reunião com Lara Mesquita, Raul ficou sabendo que a rádio havia exibido um programa especial com canções do roqueiro e tinha sido um sucesso absoluto. Era por isso que o grupo estava animado para gravar um disco com ele.

Ainda em janeiro, Raul assinou com a gravadora Eldorado. Começava ali uma fase mais feliz para Raul e Kika. Junto com a filha Vivi, que estava com oito meses na época, eles voltaram a morar em São Paulo em um belo apartamento alugado pela emissora na alameda Franca, nos Jardins, bairro nobre da capital paulista.

Nesse apartamento foi composta parte das canções do álbum *Raul Seixas*, lançado em abril de 1983 pelo selo Estúdio Eldorado. O primeiro a levar apenas o seu nome. Uma das primeiras músicas a sair do forno, já em São Paulo, foi "DDI (Discagem Direta Interestelar)", inspirada justamente nos novos sistemas de ligação direta no país entre estados e países, DDD e DDI.

"Antes disso a ligação tinha que passar por uma telefonista, central telefônica. A gente morreu de rir fazendo essa música", lembra Kika. A parte da letra composta por ela é uma bronca de Deus via DDI.

Não é só novena, terço e oração
Em vez de resmungar eu quero é ver
vocês em ação!

Outra canção do álbum, "Coisas do coração", foi composta no Rio, em um hotel no Leblon. "Raul adorava um hotel", confirma Kika. O amigo e parceiro Claudio Roberto foi para lá com eles a fim de ajudar nos trabalhos musicais para o próximo disco.

O processo de criação era invariavelmente o mesmo: muito pó, ideias e acordes noite adentro. Kika conta que cheirava uma ou duas carreiras e ia dormir; não aguentava o pique da dupla. E o ritual se repetia: quando ela acordava, sempre tinha música pronta.

Uma das faixas do disco, entretanto, teve um caminho diferente. A iluminada "Coração noturno" foi uma parceria de Raul com seu Raul Varella. Foi composta em São Paulo, ainda na casa no Brooklin, durante uma visita dos pais.

Às quatro da manhã, Raul desceu até o térreo da casa e chamou a mãe, dona Maria Eugênia. "Estou com uma música muito bonita na cabeça, mas meu gravador está quebrado. Se eu não gravar esqueço. Será que o meu pai vai ficar com raiva se eu acordar ele?", perguntou. "Não, meu filho. Seu pai não se zanga, não." Pai e filho sentaram na sala e amanheceram compondo "Coração noturno".

Amanhece, amanhece, amanhece
Amanhece, amanhece o dia
Um leve toque de poesia
Com a certeza que a luz
Que se derrama
Nos traga um pouco, um pouco, um pouco de alegria!

A frieza do relógio
Não compete com a quentura do meu coração
Coração que bate quatro por quatro
Sem lógica, sem lógica e sem nenhuma razão
Bom dia, Sol!
Bom dia, dia!

Soa até meio estranho dizer isso, mas nessa canção Raul revela um lado não muito conhecido seu, desenvolvido espiritualmente, que destoa radicalmente de sua face mais notória, a do junkie que se acaba nas drogas e na bebida. Infelizmente foi essa marca que prevaleceu em seus últimos anos, e que o tragou completamente para um fim triste, dolorido e solitário.

"Tem que ser selado, registrado, carimbado
Avaliado, rotulado se quiser voar!
Se quiser voar..."

("Carimbador maluco", de Raul Seixas, faixa do álbum *Plunct, plact, zuuum*, lançado pela Som Livre em 1983.)

Aparentemente inofensiva, "Carimbador maluco" foi um sucesso no musical infantil da TV Globo, mas o que a maioria não sabe é que a inspiração para a canção veio das ideias subversivas do anarquista Proudhon.

4 POR FAVOR, NÃO DEIXEM A PETECA CAIR

Com as canções do próximo disco prontas, Raul e Kika tiveram a ideia de convidar algum artista para uma participação especial, como já havia rolado com Gilberto Gil e Pepeu Gomes. A canção escolhida foi "Quero mais", composição do casal junto com Claudio Roberto. "Uma beleza, toda tesuda", descreve Kika.

Ela mesma, que ajudava na produção e na assessoria, entrou em contato com Elba Ramalho, mas o roqueiro não andava muito bem-visto no mercado, e a cantora, que estava no auge da carreira, não quis saber. O dueto na faixa "Quero mais" acabou saindo com Wanderléa, que Raul conhecia dos tempos da Jovem Guarda.

O nosso beijo é doce que nem rapadura
É uma dor que não tem cura que é bom de deixar doer
O mundo para enrolado nesse abraço
E no disparo do compasso a gente mexe sem querer

A história de outra faixa do disco lançado pela Eldorado, "Carimbador maluco", começou antes da volta para São Paulo, durante o hiato de 1981 a 1983, quando o artista estava fora das gravadoras, sem ter muito o que fazer. Durante a temporada que o casal passou no Rio, em uma casa emprestada pelos pais de Kika, ela entrou em contato com Augusto César Vannucci, diretor e produtor da TV Globo, um dos poucos na emissora que ainda topavam falar sobre Raul Seixas.

Outros nomes importantes, do núcleo do *Fantástico*, por exemplo, não queriam mais saber dele, por causa de inúmeros e sucessivos canos. Marcava e não ia. Aliás, Kika comenta que foi um milagre Vannucci ter atendido à ligação. Ela telefonou sem o marido saber e deu certo: o diretor a chamou para uma conversa.

Na reunião na TV Globo, ela foi direta: "O Raul está parado há três anos. Ele precisa trabalhar." Vannucci chegou a perguntar se eles estavam passando necessidade, se ela gostaria que ele organizasse um show em benefício dele, e ela disse que não, explicou que estavam duros, mas que sempre pingava algum dinheiro dos direitos autorais, e isso ajudava a pagar as contas, aluguel, supermercado. Carro eles estavam sem. A questão era outra: ele precisava voltar para a TV.

Uma semana depois, Kika recebeu uma ligação do diretor de musicais da Globo, Guto Graça Mello, perguntando se Raul gostaria de fazer uma música para um especial infantil da emissora.

Carimbador maluco rendeu mais um disco de ouro ao artista.

Raul achou estranho. "Música pra criança?", questionou. Mas era a oportunidade de sair do atoleiro, e não só financeiramente. Do ponto de vista artístico, era a chance de dar a volta por cima. O especial *Plunct, Plact, Zuuum*, primeiro de uma série de musicais infantis exibidos em 1983 pela Globo, foi um enorme sucesso. E o grande destaque do programa foi a canção "Carimbador maluco", de Raul, que rendeu mais um disco de ouro ao artista.

Além de compor, Raul interpretou o personagem da música, um burocrata que exigia uma penca de documentos para as crianças embarcarem em uma nave espacial.

A criação dessa canção, segundo Kika, seguiu o protocolo das anteriores. Foi composta durante uma madrugada e pela manhã a companheira do roqueiro ouviu "Carimbador maluco" antes de todo mundo.

Plunct, plact, zuuum

Não vai a lugar nenhum!!

Plunct, plact, zuuum

Não vai a lugar nenhum!!

Tem que ser selado, registrado, carimbado

Avaliado, rotulado se quiser voar!

Se quiser voar

Um dia depois de a canção ficar pronta, o casal foi até a Globo mostrá-la para o diretor Guto Graça Mello. Raul colocou a fita cassete com a gravação e foi acompanhando no violão, todo feliz. O diretor gostou, mas achou muito curtinha. O roqueiro prontamente sugeriu uma solução: "Toca de novo!"

Para muitos fãs foi o fim da picada ver o Maluco Beleza fazendo especial infantil na Globo. Parecia que o terrível sistema havia, enfim, derrotado e corrompido o roqueiro mais subversivo da música brasileira.

O que a maioria não sabia, os censores não viram e talvez nem os diretores do musical tenham percebido na ocasião é que, para compor a música aparentemente inofensiva e até meio besta, Raul buscou inspiração nas ideias subversivas de Pierre-Joseph Proudhon, precurssor do anarquismo moderno.

O trecho que diz "Tem que ser selado, registrado, carimbado, avaliado e rotulado se quiser voar/pra lua a taxa é alta, pro sol: identidade, mas já pro seu foguete viajar pelo universo é preciso meu carimbo dando sim, sim, sim!" é baseado em um texto de Proudhon com dizeres bem semelhantes: "Ser governado é ser guardado à vista, inspecionado, espionado, dirigido, legislado, regulamentado, identificado, doutrinado, aconselhado, controlado, avaliado, pesado, censurado, comandado (...)."

As crianças da época, claro, também não sacaram nada. Mas se divertiram um bocado com a versão infantil do Maluco Beleza no especial — que, aliás, só teve peixe grande.

Fafá de Belém cantou "Sereia", de Nelson Motta e Lulu Santos. Jô Soares fez dois personagens, o Mestre-Cuca e o Rei, e cantou "Planeta doce". Eduardo Dusek viveu um mestre da matemática e interpretou as canções "1 + 1" e "Bom demais". Por fim, Maria Bethânia virou uma fada e cantou "Brincar de viver", composição de Guilherme Arantes.

A gravação, que teve ainda a participação de outros artistas, aconteceu no Teatro Fênix, no Rio de Janeiro, com direção de Augusto César Vannucci e Guto Graça Mello. Exibido no horário nobre de uma sexta-feira, 3 de junho de 1983, no mesmo ano o especial ganhou medalha de prata no International TV Film of New York. O musical teve sua trilha lançada pela Som Livre.

Acervo Sylvio Passos

Raul em 1983 no Sheraton Hotel.

Com o dinheiro desse trabalho, Raul e Kika conseguiram comprar um apartamento na zona oeste de São Paulo, no Itaim Bibi. Mas o pai dela pagou a metade. Nesse apartamento, para onde se mudaram em 1984, Raul conseguiu montar um estúdio maior para compor. As coisas finalmente pareciam começar a entrar nos trilhos.

Acervo Ivald Granato

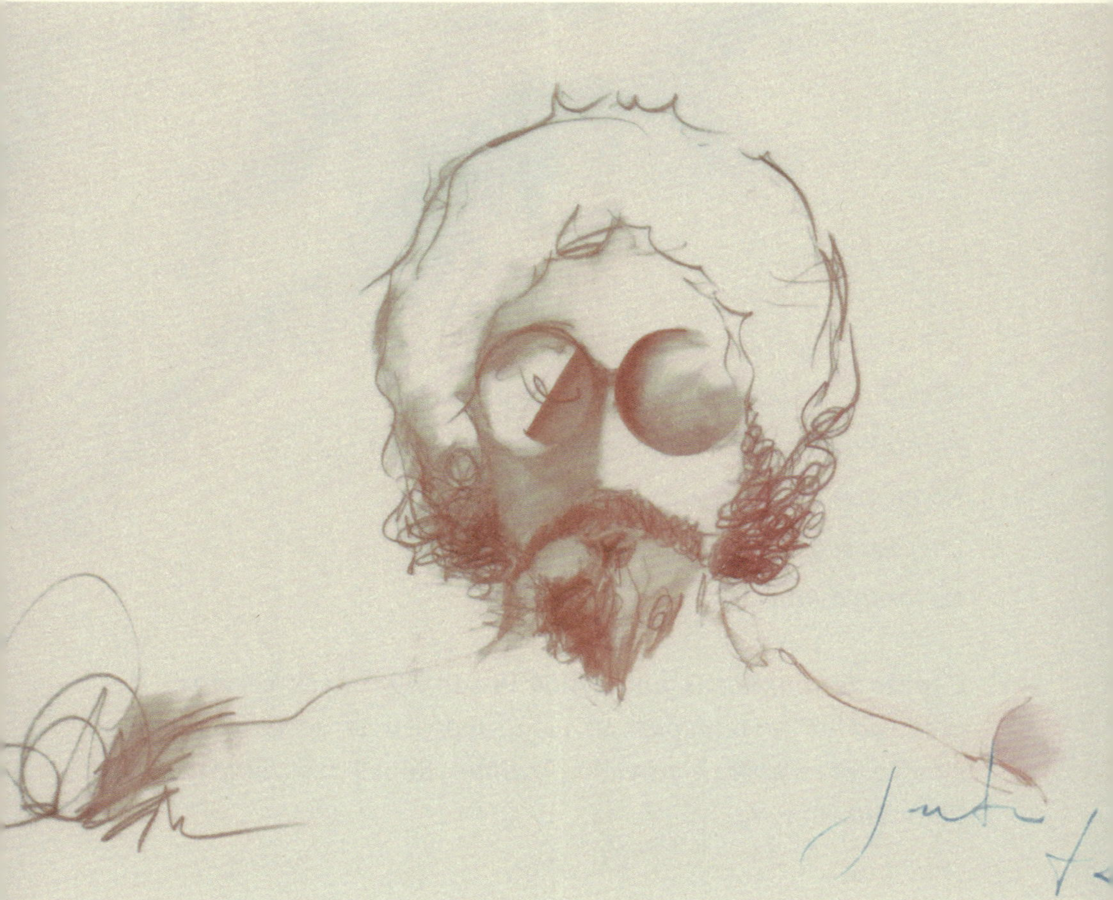

Desenho de 1982, do amigo de Raul, o artista plástico Ivald Granato.

“Os olhos verdes que não puxaram a seus pais
Perninhas grossas no molde bem-feito da mãe
No mês de maio entre as flores nasceu Vivian
Em casa seu nome é ‘pipoca’
De tanto aprontar”

Canção de Raul Seixas para a filha Vivian. A primeira versão de “Segredo da luz” foi feita para Vivi logo após seu nascimento. Depois a canção foi reescrita e gravada no álbum Raul Seixas, *lançado pela Eldorado em 1983.*

5 SE É NOITE ME RENDO ÀS ESTRELAS

O disco *Raul Seixas* foi lançado pelo Estúdio Eldorado no dia 26 de abril de 1983 no Gallery, em São Paulo. O álbum traz parcerias com Kika, Claudio Roberto, o pai do roqueiro, Raul Varella Seixas, e Wilson Aragão, amigo de infância de Raul e parceiro musical. Natural de Piritiba, Aragão compôs com ele "Capim-Guiné", apesar de não ter ido na viagem que o Maluco Beleza fez à pequena cidade ao lado do amigo Beto Sodré.

Três faixas, "Não fosse o Cabral", "Quero mais" e "Babilina", foram censuradas a princípio, mas depois liberadas.

"Carimbador maluco" chegou primeiro no álbum com a trilha do especial infantil da Globo *Plunct, Plact, Zuuum*, lançado pela Som Livre no comecinho de abril. Logo em seguida, a gravadora cedeu a faixa para que fosse incluída no álbum de Raul pela Eldorado, que saiu do forno no final do mesmo mês.

A música passou então a ser encartada nas edições feitas a partir de junho de 1983 em um compacto feito às pressas com um selo branco e até sem logotipo da gravadora, com um som de baixa qualidade.

Em seguida, o compacto foi substituído por outro já com o logotipo da gravadora — isso até se esgotarem os discos que já haviam sido prensados sem a faixa. Depois foi incluída no LP.

Além das duas versões de compactos encartadas em algumas edições do disco, também houve o compacto promocional com "Coração noturno" e "DDI (Discagem Direta Interestelar)", lançado pouco antes do álbum e distribuído nas rádios pelo país, e ainda um compacto simples com "Carimbador maluco" e "Lua cheia", o último da carreira de Raul.

Outra música do disco *Raul Seixas* teve um percurso curioso, que poucos conhecem. A primeira versão da letra de "Segredo da luz" foi composta para a pequena Vivi, pouco depois do nascimento da menina, em maio de 1981. Beto Sodré — que na época tinha se tornado bem próximo de Raul e Kika — é citado na letra.

Os olhos verdes que não puxaram a seus pais
Perninhas grossas no molde bem-feito da mãe
No mês de maio entre as flores nasceu Vivian
Em casa seu nome é "pipoca"
De tanto aprontar
Talvez muito dengo da vó e do Beto
Só quer a quentura do peito e do braço da mãe
Vivian!
Antes de ser batizada sorri para os anjos do céu
Do céu, da sua boca pequena
Com cheiro de flor igualzinha ao pai
    da Vivian!
Fica zarolha olhando,
Aprendendo o que olhar
Fralda borrada, uma outra golfada
    e um gargalhar...
Riso banguelo e eu me acabo de lhe amar
Vivian! oohh, Vivian

Vivian, ou simplesmente Vivi, como é mais conhecida, conviveu pouco com o pai. Mas, das três filhas de Raul Seixas, foi a única que pôde desfrutar alguma convivência com ele.

A letra da canção, Vivi decorou. Se ainda existe o manuscrito original, ela garante que nem sabe onde está. É possível ouvir a versão na internet interpretada pelo cantor e compositor André Prando.

O amigo Sylvio Passos conta ter presenciado boa parte dessa convivência deles, mas lembra também de que logo o clima começou a pesar. Segundo ele, a fase com Kika, apesar da filha pequena, foi de muita bagaceira. "Acontecia de eu chegar na quarta no apartamento deles e só na terça [da outra semana] me dar conta de que a gente estava ali viajando. Era full time."

"Plantei um sítio no sertão de Piritiba
Dois pés de guataíba, caju, manga e cajá
Peguei na enxada como pega um catingueiro
Fiz aceiro botei fogo, 'Vá ver como é que 'tá'"

("Capim-guiné", de Raul Seixas e Wilson Aragão, faixa do álbum *Raul Seixas*, lançado pelo Estúdio Eldorado em 1983.)

A letra original de "Capim-guiné" foi composta em 1979 por Wilson Aragão, nascido e criado em Piritiba. Raul conheceu a música durante uma viagem com o amigo Beto Sodré e a então mulher, Kika, para a pequena cidade do interior baiano, no início da década de 1980. Ele decidiu gravar, mas antes o artista consultou o compositor para saber se poderia mudar o início da música e fazer uma homenagem à região.

6 DANE-SE QUEM NÃO GOSTAR

Apesar de o lançamento pela Eldorado representar uma retomada na carreira, o artista sentia que faltava algo em *Raul Seixas*. Um ponto de vista filosófico, com todas as músicas concebidas através de um certo prisma, como havia acontecido em todos os outros trabalhos.

O álbum de 1983, segundo ele, era uma coleção de momentos, com vários recortes, mas sem uma "guruzada" mais específica.

De qualquer forma, foi um trabalho fundamental para Raul começar a limpar seu nome, que ainda estava queimado no mercado, e também para dar uma turbinada na agenda de shows.

Uma das canções do disco, "Capim-guiné" surgiu em 1980 no hiato após a cirurgia no pâncreas. Logo depois que teve alta, o artista passou uma temporada na Bahia e lá conheceu Beto Sodré, que morava no sexto andar do edifício Nossa Senhora das Graças, no bairro da Graça, em Salvador. Os pais de Raul moravam no quarto andar.

Raul estava de repouso, mas Sodré apareceu com um filme do Elvis para eles assistirem e a partir daí os dois se tornaram grandes amigos. O vizinho também se recuperava de um problema na perna. A dupla chegou a ir junta ao hospital para procedimentos de rotina.

Sodré é de Piritiba, cidadezinha da região da Chapada Diamantina, na Bahia, e sempre falava de lá. Raul quis conhecer. O novo amigo, que por causa do problema na perna tinha descolado uma licença de 45 dias, se animou e lá foram os dois, acompanhados de Kika, nessa época grávida de Vivi.

Kika foi pilotando o velho Fiat. Na estrada, Raul disse que não seria reconhecido na região, de tão distante que era. Sodré discordou e propôs uma aposta de mil cruzeiros acreditando que ele seria reconhecido. E faturou a grana.

Antes de chegarem, ainda na cidade de Mundo Novo, perto de Piritiba, Kika reduziu a marcha para passar por uma lombada. Nisso, alguém dentro de um boteco em frente gritou: "É o Raul Seixas!" Era só o começo.

Ao chegarem em Piritiba, Sodré percebeu que o artista ficou um pouco decepcionado com o assédio, eles tinham combinado que ninguém poderia saber do paradeiro dele e achou que o amigo tinha divulgado a viagem.

"Eu confirmei que não havia dito a ninguém, ele ficou muito desconfiado, mas logo percebeu que sua fama era muitíssimo maior do que ele próprio imaginava", disse Sodré.

Depois, Raul relaxou e até pediu desculpas. Se emocionou com um artista da região que lhe trouxe uma estatueta de madeira com sua imagem. A presença do roqueiro parou a cidade. A prefeitura fechou, lojas abaixaram as portas, vereadores cabularam sessões na Câmara local. Todos queriam tomar umas biritas com o Maluco Beleza.

O roqueiro fez uma via-crúcis pelos botecos da pequena cidade; tocou em todos. Uma procissão seguia em sua direção, muita gente com violão na mão para Raul autografar e, quem sabe, ainda dar uma canja. Foi assim durante manhãs, tardes e noites. Segundo Sodré, "foram 18 dias de bebedeiras e escapadas". Um dia, ele e Kika saíram à procura de Raul e foram encontrá-lo a oitenta quilômetros de Piritiba, na fazenda de uma pessoa que nem conhecia.

Raul gostava das coisas do interior, em especial da linguagem simples, como as da canção "Capim-guiné", que conheceu na viagem em 1980. A letra original foi composta em 1979 por Wilson Aragão, nascido e criado em Piritiba. O início da música era diferente, não citava a cidade.

Comprei um sítio,
plantei um pé de jabuticaba
dois pés de guabiraba
caju, manga, cajá

Era uma canção que Raul gostaria de ter feito. Foi ele mesmo quem disse isso a Beto Sodré, que sugeriu ao amigo gravar a música. De início, o roqueiro não topou.

Um tempo depois, Sodré e Raul tiveram um desentendimento e ficaram sem se falar. Mas quando o roqueiro preparava as músicas para o seu disco pela Eldorado, ligou para o amigo para cantar a versão que tinha feito de "Capim-guiné".

"Ele me ligou à meia-noite para falar da música, eu ouvi e me emocionei bastante, e então ele me pediu para ver se o Wilson Aragão concordava com as mudanças que tinha feito."

Raul também falou por telefone com Aragão e explicou as mudanças que queria fazer. "Vamos botar o nome da sua terra, ela vai ficar famosa no país todo." E assim a primeira versão, que era, "Comprei um sítio, plantei um pé de jabuticaba", virou "Plantei um sítio no sertão de Piritiba".

A ideia de Raul era prestar uma homenagem à região e ao amigo Sodré, que o levou à pequena cidade baiana. "Mas e os dois pés, vai ser de quê?", questionou Aragão. Usando sua conhecida capacidade criativa, nesse caso a serviço da rima e da poesia, o roqueiro, sem rodeios, inventou uma outra planta. "Ele misturou a fruta da letra original, 'guabiraba' com as 'pindaíbas' que tomava", e aí deu a "guataíba", revela o compositor.

Apesar da fama que tem hoje, a tal fruta guataíba não existe, afirma Aragão, "é fake". Só entrou para rimar com Piritiba, confirma Sodré, que conta ter questionado Raul sobre a invenção. "Não existe, mas fica existindo", comentou o roqueiro.

Sodré conta que Aragão concordou com as mudanças e assinou os documentos encaminhados pela gravadora sem nem ouvir a gravação de Raul.

O roqueiro baiano queria ainda incluir Sodré na parceria, como agradecimento por tê-lo levado a Piritiba e por ter sido uma fonte de inspiração e incentivador, mas o amigo piritibense não aceitou.

A letra original, composta ainda nos sombrios tempos da ditadura por Wilson Aragão, é na verdade um desabafo da revolta contra a ação de grileiros que invadiram as terras que seus pais tinham em Morro do Chapéu, a Fazenda Folha Branca, cerca de setenta quilômetros de Piritiba.

Segundo Aragão, quem fosse contra o regime militar dançava, tinha as terras invadidas, com o aval do governo. "Meu pai era oposição e estava preparado para a reforma agrária, mas teve que abandonar tudo e fugir", conta Aragão.

Era ele – seu pai – o sujeito da canção "que com muita raça fez tudo sozinho". Segundo Aragão, da "sussuarana que só fez perversidade" a "dona raposa que só vive na mardade", cada animal na letra da música é um personagem da história. "Tem o gerente do banco, que não emprestou dinheiro para fazer uma cerca, e tem também o delegado e deputados que não deram atenção às denúncias de invasão das terras por grileiros."

Sobrou bronca até para o então presidente Ernesto Geisel, que governou até 1979, ano em que a música foi composta: "'Tá vendo tudo e fica aí parado com cara de veado que viu caxinguelê."

Num planto capim-guiné
Pra boi abaná rabo
Eu 'tô virado do Diabo, eu 'tô retado cum você
'Tá vendo tudo e fica aí parado
Com cara de veado que viu caxinguelê

Sussuarana só fez perversidade
Pardal foi pra cidade
Peruá minha saqué (qué, qué)

Dona raposa só vive na mardade
Me faça a caridade, se vire dê no pé
Sagui trepado no pé da goiabeira

Wilson Aragão conta que não estava na cidade durante a primeira viagem de Raul a Piritiba com Beto Sodré, mas soube de muita história, como a de que o roqueiro teria sido presenteado com um terreno na pequena cidade, mas não chegou a consolidar a propriedade da terrinha, oferecida pelo prefeito.

Dizem que se encontra em Piritiba uma das muitas ruas espalhadas Brasil afora com o nome Raul Seixas. Depois da parceria em "Capim-guiné", Aragão visitou Raul em São Paulo algumas vezes quando ele estava com Lena, sua nova mulher, no Butantã. "A gente ficava o dia todo tomando cerveja e cheirando tudo."

Foi em Piritiba que Raul teve a inspiração para a música "Abre-te Sésamo". A ideia veio de um bairro da cidade só com mansões de políticos locais, que se chama Ali Babá, e de um jornal na época com a manchete: "Figueiredo é Ali Babá e os ministros os 40 ladrões".

De Piritiba, restam as lembranças de outra ocasião em que Raul esteve por lá. "Andávamos de cueca, a cavalo, tomando umas caninhas de bodega em bodega."

Segundo Beto Sodré, foi em Piritiba, durante a primeira viagem, que Raul teve a inspiração para a música "Abre-te Sésamo", faixa título do disco homônimo lançado logo em seguida. A ideia veio de um bairro da pequena cidade só com mansões de políticos locais, que até hoje se chama Ali Babá, e de um jornal que circulou na época com a seguinte manchete: "Figueiredo é Ali Babá e os ministros os 40 ladrões".

O MALUCO BELEZA DOS GRAMADOS

Outro encontro bacana que Raul teve na década de 1980 aconteceu na noite do lançamento do álbum *Raul Seixas*, realizado no Gallery, casa de shows de José Victor Oliva, José Pascowitch e Ugo di Pace. Nesse evento, o roqueiro baiano conheceu Walter Casagrande Júnior, o Casão. Um dos mais talentosos e badalados atacantes do futebol brasileiro, hoje comentarista da TV Globo, também um conhecido amante do rock.

Casão engatava sua carreira no Corinthians e era um dos mais engajados integrantes do movimento chamado Democracia Corintiana, que buscava politizar jogadores e torcedores, chamando a atenção para questões como a importância da redemocratização do país.

Dentro do clube, a iniciativa criou um sistema inédito de autogestão, no qual decisões importantes eram discutidas por todos. De contratações às regras internas — concentração, consumo de bebidas alcoólicas, liberdade de expressar opiniões políticas —, tudo era resolvido no voto. O técnico tinha o mesmo poder que um funcionário ou jogador.

A postura de roqueiro bicho-grilo ativista causava evidente repulsa no então presidente do clube, o conservador Vicente Matheus, empresário espanhol naturalizado brasileiro, mas agradava aos torcedores e a muitos jovens que nem sequer curtiam futebol ou muito menos o Corinthians.

Casagrande, com sua veia contracultural, foi se tornando uma celebridade do mundo pop. Jovem, inquieto e apaixonado por música, decidiu aproveitar a onda para se jogar de cabeça no showbiz e, quem sabe, mudar o mundo. Foi quando conheceu os donos da FWM, uma agência de eventos que andava mal das pernas.

O jogador rapidamente entrou como sócio da empresa, que passou a se chamar Casagrande Produções, e logo agitou uma enorme festa no Parque São Jorge para celebrar o título que o Timão conquistou no Campeonato Paulista de 1982 depois de vencer o São Paulo por 3 a 1, no jogo da decisão.

Ele tocava o escritório com mais dois sócios. No começo não sabia exatamente o que fazer; a agência também trabalhava com modelos, segmento que não era exatamente sua área. Casagrande atuava mais na parte administrativa e era o que detinha o maior percentual na sociedade.

Casão treinava de manhã e à tarde seguia para o escritório. Em março de 1983, quase um ano depois do show da vitória do Corinthians, que tinha feito um baita sucesso, resolveu produzir um show de música para dar uma levantada na agência.

Todos concordavam que a ideia de realizar um espetáculo musical era boa, mas a discussão enroscou quando começaram a tentar definir quem seria o artista. Tinha muita gente boa bombando naquela época. Uma primeira sugestão foi fazer com Simone ou Fagner no Parque do Ibirapuera; outra ideia era reunir Sandra de Sá e Tim Maia na quadra da escola de samba Rosas de Ouro. A terceira alternativa veio do roqueiro Casão: "Quero fazer um show do Raul Seixas."

Chiadeira geral na reunião. "Porra... Raul Seixas?" Como o artista estava meio afastado dos palcos, da TV, a maioria foi contra, argumentando que seria uma roubada. Mas Casão bateu pé e insistiu no roqueiro. O sumiço do artista era mais um ponto a favor, pois havia uma demanda reprimida do público. A ala mais jovem da agência foi na dele.

Definido o artista, começaram a pensar num local bacana. Decidiram que seria em Marília, no interior paulista, onde Raul tem muitos fãs. A data também foi escolhida de maneira estratégica: no mesmo fim de semana de um campeonato de motocross que agitava a região, atraindo jovens de várias partes do país.

Casagrande e a equipe foram até Marília, fecharam data e também local. Alugaram o ginásio do *campus* universitário da cidade, com capacidade para 5 mil pessoas. Faltava apenas falar com o artista. E para essa tarefa ninguém era mais indicado do que o próprio jogador, que começava a atuar também na posição de empresário. As negociações com o roqueiro começaram na noite de lançamento do álbum *Raul Seixas*, no Gallery.

O comportamento do atleta no lançamento mostra por que ele é chamado de "Raul Seixas dos gramados". Durante o evento, a cada meia hora mais ou menos se virava para o roqueiro e dizia: "Já volto." E escapava para dar uma cheiradinha em seu escritório, que ficava próximo à boate.

Ele explica que mantinha um ritual para cheirar, com prato, canudinho e gilete para bater o pó. Em seguida voltava ligadão para a casa de shows. Naquela noite, fez isso umas quatro vezes.

Mas tudo sem Raul ver, conta o ex-jogador em sua autobiografia *Casagrande e seus demônios* (Globo Livros, 2013). "Ele não estava bem, não queria instigá-lo."

As primeiras conversas foram boas, relembra Casão. Embora Raul não fosse fã de futebol, conhecia Casagrande e Sócrates, sabia da Democracia Corinthiana. "Ele era um cara engajado na política também", comenta Casagrande. Era mais por isso do que pela quantidade de gols realizados que o roqueiro sabia quem ele era.

Raul topou fazer o show. Os detalhes foram acertados com o maestro Miguel Cidras, empresário dele na época, mas as conversas sobre a produção do evento ficaram mais com o jogador e o roqueiro.

Enquanto uma parte da equipe de Casagrande praticamente se mudou para Marília com a missão de organizar e divulgar o show, ele aproveitava para se aproximar do ídolo em São Paulo. "Acompanhei o Raul em uns quatro lançamentos do disco de 1983", recorda o ex-jogador.

"Sou um superfã do Raul", admite. Ele afirma que o artista foi uma grande influência em seu estilo de vida, principalmente na adolescência. Hoje, Casagrande, que se dizia um "irresponsável responsável", atualmente longe das drogas e da esbórnia que quase o matou várias vezes, se considera um genuíno "Maluco Beleza".

Casão conta que, quando jogava em Poços de Caldas, em Minas Gerais, ainda com 19 anos, comprou o primeiro carro e pediu a um amigo para gravar uma fita com todas as músicas de Raul Seixas. Sempre que dava, ficava de bobeira com um grupo de amigos na praça da cidade. Estacionava o carro num canto e ficavam ouvindo a fita por horas e horas. Quando acabava, voltava e ouvia novamente, várias vezes.

Era por isso que produzir um show com o lendário Maluco Beleza estava sendo uma grande festa para ele. E de fato, como veremos, embora não como planejado, foi um evento histórico.

Com o legítimo pretexto de falar sobre a organização do show, Casagrande pôde circular com Raul pela noite paulistana. Só lamenta não ter rolado mais espaço para ficarem batendo papo à vontade.

Além do oba-oba da mídia em torno dos dois, com entrevistas e fotos, Raul estava retomando a agenda de shows na esteira do novo disco e andava sempre muito ocupado. Casão, quando encerrava o expediente no gramado, corria para esticar umas carreirinhas e estava quase sempre doidão.

Ele garante nunca ter usado droga com Raul. Até porque sabia que o músico, tal como ele, andava bem descontrolado e era protegido o tempo todo, em especial por Kika.

Aliás, como sempre fazia, ela recomendou para Casão e o sócio, William, com a franqueza que lhe é peculiar: "Não deixem o Raul beber em Marília." Claro que a coisa fugiu do controle.

Tudo seguia como planejado, produção a mil, divulgação rolando forte nas cidades próximas, como Bauru e Tupã. Até que alguns problemas começaram a surgir. Na verdade, começou a dar tudo errado.

A coisa começou a entortar quando a produção percebeu que havia comido bola na data. O dia do grande show de Raul Seixas, 21 de maio, não coincidia com a data do evento de motocross, como tinham planejado. Para piorar, como a universidade não funcionava aos sábados, não havia ônibus até o local. Seria um inferno para as pessoas chegarem — um detalhe que poderia espantar muita gente.

Um dos sócios teve a ideia de sortear uma moto para atrair público. A produção não tinha dinheiro para comprar, mas conseguiu uma em consignação que seria paga mais tarde, com o dinheiro dos ingressos. Planejavam fazer o mesmo com todas as outras despesas envolvidas no evento. Só que não deu certo. Esperavam 5 mil pessoas, apareceram 2 mil. Não dava nem para pagar o cachê do artista.

Por falar nele, algumas horas antes do show, voltando para o quarto do hotel após o almoço, Raul passou pela frente do apartamento de uma turma da produção. Eles estavam com a porta aberta, tomando todas. Convidaram o cantor para entrar e ele foi.

Quem estava naquele quarto de hotel garante que o roqueiro fez um show sensacional enquanto mandava ver na birita com a rapaziada.

Mas à noite a história foi diferente. Raul azedou logo de cara, quando soube que o cachê não seria pago antecipadamente. Ele já havia avisado que essa era uma condição para subir no palco, pagamento antes do show e em espécie. Não rolou. O jeito foi se conformar com um cheque que talvez nem tivesse fundos.

Raul apareceu na frente da plateia com uma hora de atraso e um copo de uísque na mão. O público, que já estava irritado, ficou ainda mais irritado ao ver que o cantor parava a cada música para dar um gole na birita.

Não demorou muito para Raul se irritar com as reclamações da plateia, dar um soco no copo e avisar: "Não canto mais." Cerca de trinta minutos depois de ter começado o show, se mandou. Entrou na perua da produção e foi embora para o hotel.

Além da chiadeira do público, a equipe de Casão ficou sem saber o que fazer com a moto, que não poderia ser sorteada, pois não tinham dinheiro para pagar a consignação.

O mesmo autor da ideia brilhante de sortear a moto deu a solução, do mesmo naipe: encontrar alguém que topasse uma premiação fake por alguns trocados. Mas chamaram a pessoa errada.

A menina que a princípio topou o engodo era filha de um promotor público. Se fingindo de besta ou sem ter entendido direito a maracutaia, a garota apareceu depois do show no camarim com oito amigos e o bilhete premiado fake para exigir a moto, feliz da vida.

A última ideia brilhante da noite foi fazer as malas e fugir da cidade. Sobrou para o Maluco Beleza, que, com exceção do péssimo show, não tinha absolutamente nada a ver com o sorteio fajuto da moto e muito menos com as dívidas da produção com hotel, ginásio etc. Só que, com a fuga repentina da produção, a polícia resolveu fechar a estrada e o roqueiro, que saiu por último, foi parado e precisou se explicar sobre o que nem sabia.

Outro que ficou sabendo das encrencas só mais tarde foi Casagrande, que no dia do show estava a quilômetros de distância, concentrado para um jogo contra a Portuguesa que aconteceria no dia seguinte, domingo de manhã. Ele ficou sabendo depois que a imprensa local levou seu nome para as manchetes: "Casagrande dá chapéu em Marília."

E o pior é que não era exagero da mídia sensacionalista. O rombo foi dos grandes. Nada foi pago: hotel de todo mundo, som, luz, cachê, moto, ginásio. "Ficou tudo na minha mão. Na segunda-feira começaram a estourar as contas", relembra Casão.

No sábado seguinte, 28 de maio de 1983, aconteceu um show de Raul no Ginásio do Sport Club Corinthians. Nesse dia Casagrande teve um pouco mais de tempo para conversar com ele. Foi ao camarim junto com o amigo e também roqueiro Solitinho, ex-goleiro do Timão.

"Raul era um cara viajante, visionário, e os papos dele eram também muito viajantes", observa Casão. Ele conta que o tema de uma das conversas no camarim foi um sonho que o roqueiro teve na noite antes do show, no qual um Deus barbudo surfava nas nuvens.

Casagrande conta que as histórias começaram a ficar tão malucas que ele, sem entender nada, chamou o amigo Solitinho e foram para a plateia ver o show.

Apesar dos prejuízos que teve, Casagrande conta que sente o maior orgulho de ter produzido alguns shows do Raul. Não importa o que deu errado, aliás, pelo contrário: "Eu acho até que tinha que acontecer aquilo mesmo. Eu era muito louco e ele também. Se desse tudo certinho eu ia ficar frustrado. Pô, cara, show do Raul, tudo certinho, sabe?! Deu tudo errado e era pra dar tudo errado mesmo porque eu era todo errado e ele era todo errado."

Segundo o ex-jogador e hoje comentarista de futebol, foram dois shows: em Marília, no Canindé e esse do Corinthians. O campeonato era intenso e tomava muito tempo. Depois Casagrande foi para a Europa, morar na Itália. Estava lá quando Raul morreu, e ficou mal quando recebeu a notícia por telefone.

Acervo Ivald Granato

Pintura de 1982, da série "Pastas" do artista Ivald Granato.

"Ele ia andando pela rua meio apressado
Ele sabia que tava sendo vigiado
Cheguei para ele e disse: 'Ei, amigo, você pode me ceder um cigarro?'
Ele disse: 'Eu dou, mas vá fumar lá do outro lado
Dois homens fumando juntos pode ser muito arriscado!'"

("Metrô linha 743", de Raul Seixas, do álbum homônimo, lançado pela Som Livre em 1984.)

Foi ouvindo um disco de Bob Dylan, de 1965, que Raul se inspirou para compor "Metrô linha 743". A canção segue a mesma batida de "Highway 61 Revisited".

7 FIZ O QUE PUDE, ÀS VEZES FORA DO TOM

Em 29 de janeiro de 1984, aproveitando a fase de vacas gordas, Raul e Kika viajaram para os Estados Unidos. Ele ainda tinha esperança de ver decolar por lá o seu projeto de gravar versões em inglês do disco *Gita*. Também queria ver de perto o que estava rolando na cena musical estrangeira. Os dois ainda deram uma passada na Geórgia para o roqueiro rever a filha Scarlet.

A visita do casal é uma das principais lembranças que a filha tem de Raul. Scarlet foi embora do Brasil em 1977, apenas um ano após seu nascimento no Rio de Janeiro. Do encontro, quando tinha 8 anos, ela se recorda de passear com o pai em um shopping da região e do presente que ganhou dele, um elefante de pelúcia, que guarda até hoje.

Acervo Gloria Vaquer

Raul Seixas, Gloria Vaquer e a filha Scarlet na Geórgia (EUA).

Em Nova York, Raul conheceu Clive Stevens, músico e marido de uma amiga de Kika, Maria Cristina Ruiz. Conheceu também o poeta, jornalista e disc jockey carioca Júlio Barroso, que depois de uma temporada na América criou a banda Gang 90 e as Absurdettes.

A Gang 90 fez sucesso na década de 1980 com sua pegada new wave com fortes traços do experimentalismo beatnik, do qual

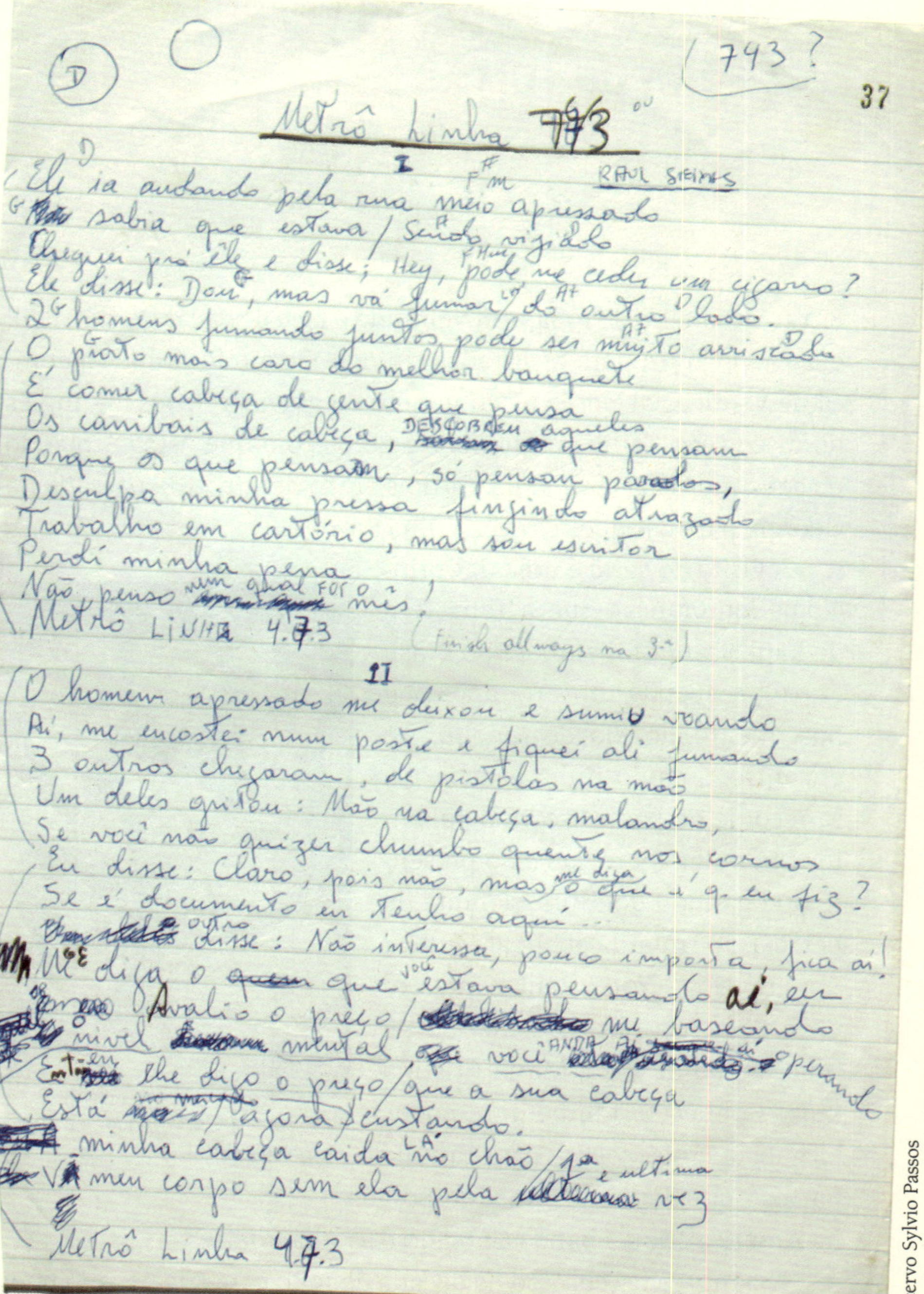
(743?)

37

Metrô Linha 743

I

RAUL SEIXAS

Ele ia andando pela rua meio apressado
Ele sabia que estava / sendo vigiado
Cheguei pra ele e disse: Hey, pode me ceder um cigarro?
Ele disse: Dou, mas vá fumar / do outro lado.
2 homens fumando juntos pode ser muito arriscado
O prato mais caro do melhor banquete
É comer cabeça de gente que pensa
Os canibais de cabeça, descobrem aqueles
Porque os que pensam, só pensam parados,
Desculpa minha pressa fingindo atrazado
Trabalho em cartório, mas sou escritor
Perdi minha pena
Não penso nem qual foi o mês!
Metrô Linha 743

(Finish allways na 3.ª)

II

O homem apressado me deixou e sumiu voando
Aí, me encostei num poste e fiquei ali fumando
3 outros chegaram, de pistolas na mão
Um deles gritou: Mão na cabeça, malandro,
Se você não quizer chumbo quente nos cornos
Eu disse: Claro, pois não, mas me diga o que é q. eu fiz?
Se é documento eu tenho aqui...
O outro disse: Não interessa, pouco importa, fica aí!
Me diga o que você estava pensando aí, eu
Avalio o preço / me baseando
no nível mental que você anda por aí operando
Então eu lhe digo o preço / que a sua cabeça
Está agora / custando.
Minha cabeça caída lá no chão
Vá meu corpo sem ela pela 1.ª e última vez
Metrô Linha 743

Acervo Sylvio Passos

Primeiro manuscrito de "Metrô linha 743".

Barroso era fã. Emplacaram sucessos como "Louco amor", que virou tema da novela homônima da Globo, e ainda participaram do especial infantil *Plunct, Plact, Zuuum* com a música "Será que King Kong é macaca?". Outra canção do grupo, "Dada Globe Orixás", é uma versão em português de "Spaced Out in Paradise", de Clive Stevens.

Raul se animou com o som de Clive e chamou o cara para vir ao Brasil participar de seu próximo disco. No dia 15 de fevereiro de 1984, o casal voltou dos Estados Unidos cheio de ideias para o novo trabalho e com o gringo a tiracolo. Ele ficaria hospedado com eles por uma temporada.

Como o contrato com a Eldorado era de apenas um ano, e com o sucesso de "Carimbador maluco", Raul fechou com a Som Livre para gravar o disco *Metrô linha 743*, lançado em junho de 1984.

Ele e Kika se mudaram temporariamente para o Rio a fim de produzir o novo álbum. Com hotel bancado pela gravadora, o casal começou a trabalhar nas composições e nos arranjos.

Kika tinha sugerido a ele que ouvisse Leonard Cohen, que acabou influenciando Raul a fazer um disco quase somente com violão e voz. Mas foi de um disco de Bob Dylan, de 1965, que ele andava ouvindo dia e noite, que começaram a surgir os contornos da faixa-título "Metrô linha 743". Ela segue a mesma batida seca e dura de "Highway 61 Revisited". Aliás, letra e título sugerem várias semelhanças.

A canção, como sempre, saiu de uma porrada só, numa madrugada, conta Kika. Ela acordou bem cedo e viu, na mesa, o disco *Highway 61 Revisited* ao lado do manuscrito com a gigantesca letra de "Metrô linha 743".

Na canção "Highway 61 Revisited", Dylan fala da estrada mais icônica do blues. Para quem não sabe, foi nessa via, na altura da encruzilhada com a Rota 49, que Robert Johnson teria vendido sua alma ao capeta.

Embora "Metrô linha 743" possa ser considerada uma obra derivada da música de Dylan, Raul tomou outro caminho. O roqueiro

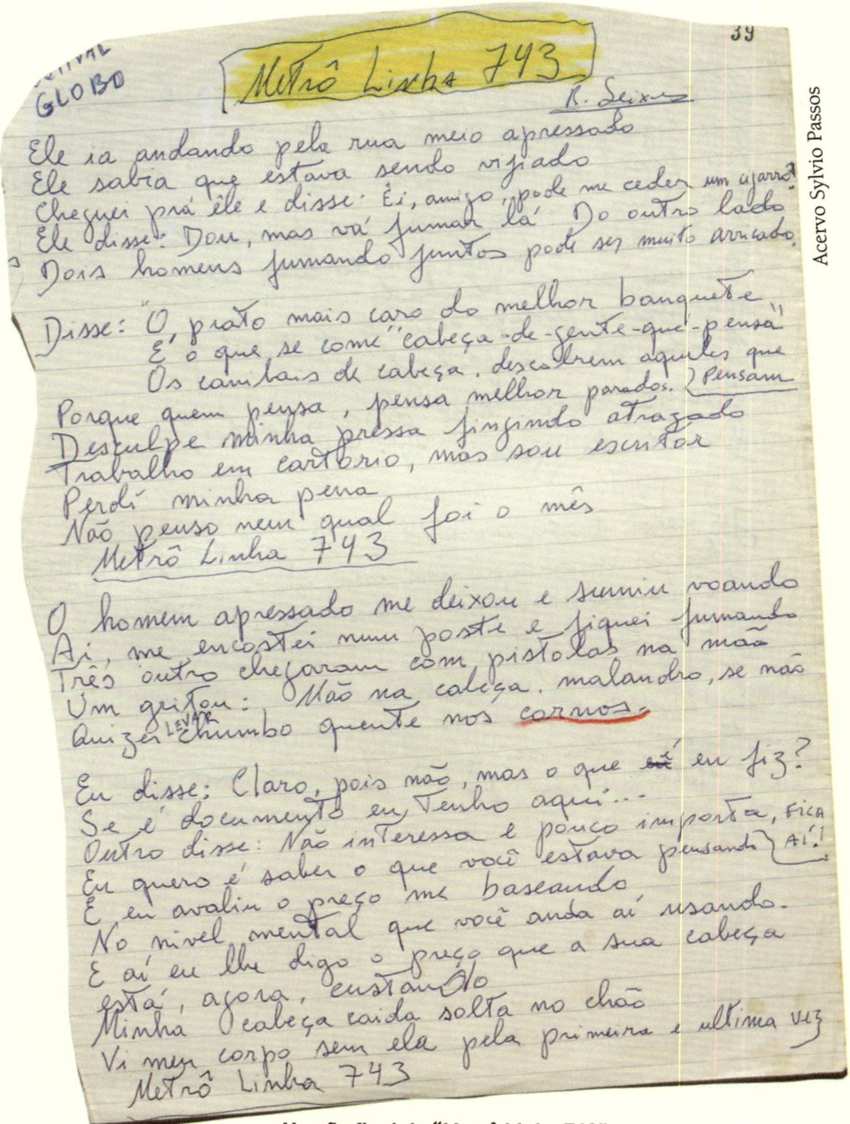

…TIVAL GLOBO

39

Metrô Linha 743

R. Seixas

Ele ia andando pela rua meio apressado
Ele sabia que estava sendo vigiado
Cheguei prá êle e disse: Ei, amigo, pode me ceder um cigarro?
Ele disse: Dou, mas vá fumar lá do outro lado
Dois homens fumando juntos pode ser muito arriscado

Disse: "O prato mais caro do melhor banquete
É o que se come "cabeça-de-gente-que-pensa"
Os canibais de cabeça descobrem aqueles que pensam
Porque quem pensa, pensa melhor parados.
Desculpe minha pressa fingindo atrazado
Trabalho em cartório, mas sou escritor
Perdi minha pena
Não penso nem qual foi o mês
Metrô Linha 743

O homem apressado me deixou e sumiu voando
Aí, me encostei num poste e fiquei fumando
Três outro chegaram com pistolas na mão
Um gritou: Mão na cabeça. malandro, se não
Quizer levar chumbo quente nos cornos.

Eu disse: Claro, pois não, mas o que eu fiz?
Se é documento eu tenho aqui...
Outro disse: Não interessa e pouco importa, fica aí!
Eu quero é saber o que você estava pensando
E eu avalio o preço me baseando
No nivel mental que você anda aí usando.
E aí eu lhe digo o preço que a sua cabeça
está, agora, custando
Minha cabeça caida solta no chão
Vi meu corpo sem ela pela primeira e ultima vez
Metrô Linha 743

Acervo Sylvio Passos

Versão final de "Metrô Linha 743".

trouxe sua canção para o ambiente ainda de repressão, medo, paranoia, perseguição e, sobretudo, falta de liberdade que ainda sufocava o país durante o momento da abertura política no governo do presidente João Figueiredo. A letra, que flerta com a distopia, também chegou a ser comparada com o livro *1984*, de George Orwell, escritor de quem Raul gostava bastante.

Ele ia andando pela rua meio apressado
Ele sabia que tava sendo vigiado
Cheguei para ele e disse: Ei, amigo, você pode me ceder um cigarro?
Ele disse: Eu dou, mas vá fumar lá do outro lado
Dois homens fumando juntos pode ser muito arriscado!
Disse: O prato mais caro do melhor banquete é
O que se come cabeça de gente que pensa
E os canibais de cabeça descobrem aqueles que pensam
Porque quem pensa pensa melhor parado
Desculpe minha pressa, fingindo atrasado
Trabalho em cartório mas sou escritor
Perdi minha pena nem
sei qual foi o mês
Metrô linha 743

Record Collector e 180 Selo Fonográfico

Contracapa de livreto encartado na reedição em vinil pela Record Collector Brasil e 180 Selo Fonográfico do álbum de 1984 Metrô linha 743 (Som Livre).

Como costumava fazer em seus discos, Raul chamou Rick Ferreira para falarem das principais canções do novo álbum. Em *Metrô linha 743* o guitarrista participou de todas as composições, mas no primeiro encontro não falaram sobre a faixa-título. Ele foi ouvir a música só no primeiro dia de gravação.

O guitarrista chiou. "Essa canção não tem métrica, não tem pé nem cabeça, cada hora volta de um jeito, a harmonia uma hora vai pra cá, outra pra lá... Como é que eu vou decorar essa porra? Você tá de sacanagem."

Foto de Calil Neto

Raul Seixas no palco do Festival de Águas Claras, em Iacanga, interior de São Paulo.

A impressão que ele teve era a de que Raul estava tirando a música de improviso. Pediu a Raul que tocasse de novo, e ele repetiu, igualzinho. Aí ele se conformou: "É, a canção existe."

Se a sonoridade do disco tem parentesco com Dylan, a estética preto e branca, crua e rude do álbum foi influenciada por um videoclipe da banda Yes. O da canção "Owner of a Lonely Heart".

Em março as gravações pararam durante o Carnaval, mas não por causa da folia, e sim da agenda de Raul, que participaria da quarta edição do Festival de Águas Claras, em Iacanga. Kika e o músico americano Clive foram juntos.

O assessor do evento, Cacá Góes, conta que, para essa edição, a produção teve a brilhante ideia de colocar um rapaz para ciceronear o cantor e ajudar no que ele precisasse, e com uma recomendação importante: nada de birita.

O problema é que o assistente era um fã incondicional de Raul, que nem precisou pedir muito para ele descolar uma garrafa de uísque dos bons. Resultado: o cantor tocou apenas três músicas e abandonou o show de tão doidão que estava.

A coisa já começou meio torta, para dizer a verdade. Os músicos que costumavam tocar com Raul no estúdio do Rio não puderam ir, e no lugar deles, meio em cima da hora, foram contratados um baterista e um baixista de São Paulo. Sem ensaios e com Raul fora do palco, quem acabou roubando a cena foi Stevens, com seu sintetizador de vento Lyricon.

A edição de 1984 do Festival de Águas Claras teve uma forte presença da mídia, e parte dessa apresentação chegou a ser exibida na TV Gazeta, numa cobertura feita pela produtora Olhar Eletrônico, de Fernando Meirelles e Marcelo Machado. O show terminou com o público atirando coisas no palco.

Esse é só um breve resumo do que rolou na última edição do festival mais bicho-grilo do país. Outra parte quem conta é Laert Sarrumor, do Língua de Trapo, grupo que surgiu na esteira do movimento musical vanguarda paulista, que teve como celeiro o histórico teatro Lira Paulistana, um porão em Pinheiros que abrigava artistas do circuito independente.

Laert conta que queria ir ao festival desde a primeira edição, em 1975, mas, com 17 anos e morando com a mãe, não teve acordo. Na segunda edição, em 1981, já estava no circuito, tocando, mas da turma da vanguarda paulista chamaram só o Premê (Premeditando o Breque).

Em 1983, na terceira edição, o grupo foi convidado, mas o tempo fechou (literalmente) e a lama complicou os acessos. Mais uma vez não teve show do Língua em Iacanga. Mesmo assim, Laert se lembra da empolgação que sentiu apenas por estar perto do ídolo Raul Seixas.

Para o Língua, a coisa só rolou de fato em 1984, na quarta edição do Festival de Águas Claras, em pleno Carnaval. No sábado, dia 3 de março, do Aeroporto de Congonhas a banda embarcou em um ônibus especial com destino a Bauru, de onde seguiu para a Fazenda Santa Virgínia, em Iacanga, para a apresentação no festival.

Laert relembra que o camarim dos artistas era um pequeno circo armado próximo ao palco, onde os músicos, em geral chapados, confraternizavam. Clima de festival de rock mesmo. Depois da apresentação do Língua, uma tempestade de vento interrompeu os shows, ameaçando derrubar o palco. Colunas de som do equipamento da DJ Sonia Abreu chegaram a cair. Foi um fuzuê geral.

Depois da ventania, o festival prosseguiu com um show de Hermeto Pascoal. O próximo seria de Raul Seixas, mas o roqueiro tinha esquecido de levar a guitarra. Quem ajudou o Maluco Beleza foi o guitarrista do Língua, Sérgio Gama, fato que ele narra até hoje, com o peito estufado.

O guitarrista conta que foi procurado pelo empresário de Raul nos bastidores, o tal camarim improvisado. O cara precisava de uma guitarra emprestada. Chegou todo cheio de dedos, afinal, roqueiro esquecer o instrumento vá lá, mas ninguém da equipe dele perceber era o mais engraçado.

Foi uma mistura de alegria e medo, recorda Sérgio. "Era uma honra emprestar minha guitarra para o grande Raul Seixas, mas e se ele desse uma de doido e ferrasse com ela no palco?" O empresário insistiu, disse que era só para fazer uma média, que ele nem ia tocar muito.

O guitarrista topou, meio receoso, mas não sem antes fazer uma exigência. "Quero que o 'homi' venha aqui falar comigo para eu dar uma tietada básica." Rapidamente trouxeram Raul. O roqueiro estava no maior estilão Elvis, com jaqueta de couro, cantou "Let Me Sing, Let Me Sing" e ainda presenteou Sérgio com um monte de palhetas que havia trazido de sua viagem recente aos Estados Unidos.

Atônito e agradecido, Sérgio passou a guitarra para Raul, o abraçou e, segundo ele, os dois foram clicados por vários fotógrafos, mas reclama que até hoje nenhum deles apareceu com uma dessas fotos para ele guardar de lembrança. Ficou tudo na memória, mas bem guardado na ponta dos neurônios.

Terminado o festival em Iacanga, Raul retornou para as gravações das vozes de *Metrô linha 743*, agora em São Paulo, em um estúdio da Som Livre na Barra Funda. Nessa fase, o caldo começou a entornar mais uma vez.

Foto de Calil Neto

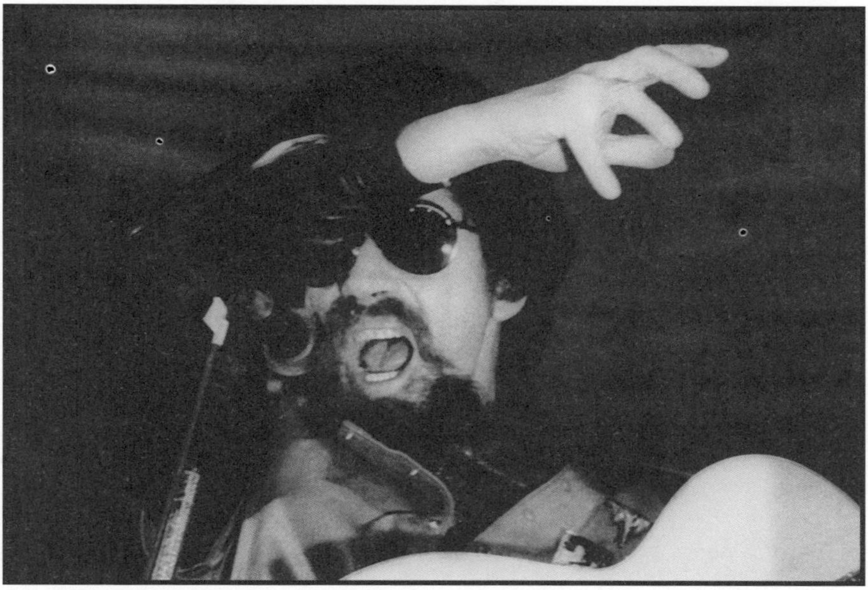

Raul Seixas aproveitou pausa nas gravações de *Metrô linha 743* para participar do Festival de Águas Claras.

Desde o início a produção do disco esteve na mão do então jovem produtor carioca Alexandre Agra, de 25 anos.

"Produzir o Raul foi, de longe, a mais radical de todas as minhas experiências como produtor", afirma Agra.

Apesar da pouca idade e de não conhecer pessoalmente o roqueiro, o rapaz já acumulava alguns quilômetros rodados na área, como compositor e até como discotecário (era assim que se chamavam os atuais DJs) na boate Papillon, no Rio de Janeiro, em 1976.

Ele também atuou na reformulação da rádio Guanabara, recém-comprada na época pelo Grupo Bandeirantes. "Antecipamos a linguagem mais informal dos locutores, depois consagrada na rádio Cidade, e introduzimos mais conteúdo brasileiro na programação", conta.

Depois, Agra trabalhou com Gastão Lamounier Neto na Warner Music, logo após o lançamento do álbum *Por quem os sinos dobram*, de Raul, e lá conheceu Liminha, Mazzola e Midani. Na Warner trabalhou com vários artistas, como Zezé Motta, Elis Regina e Ney Matogrosso.

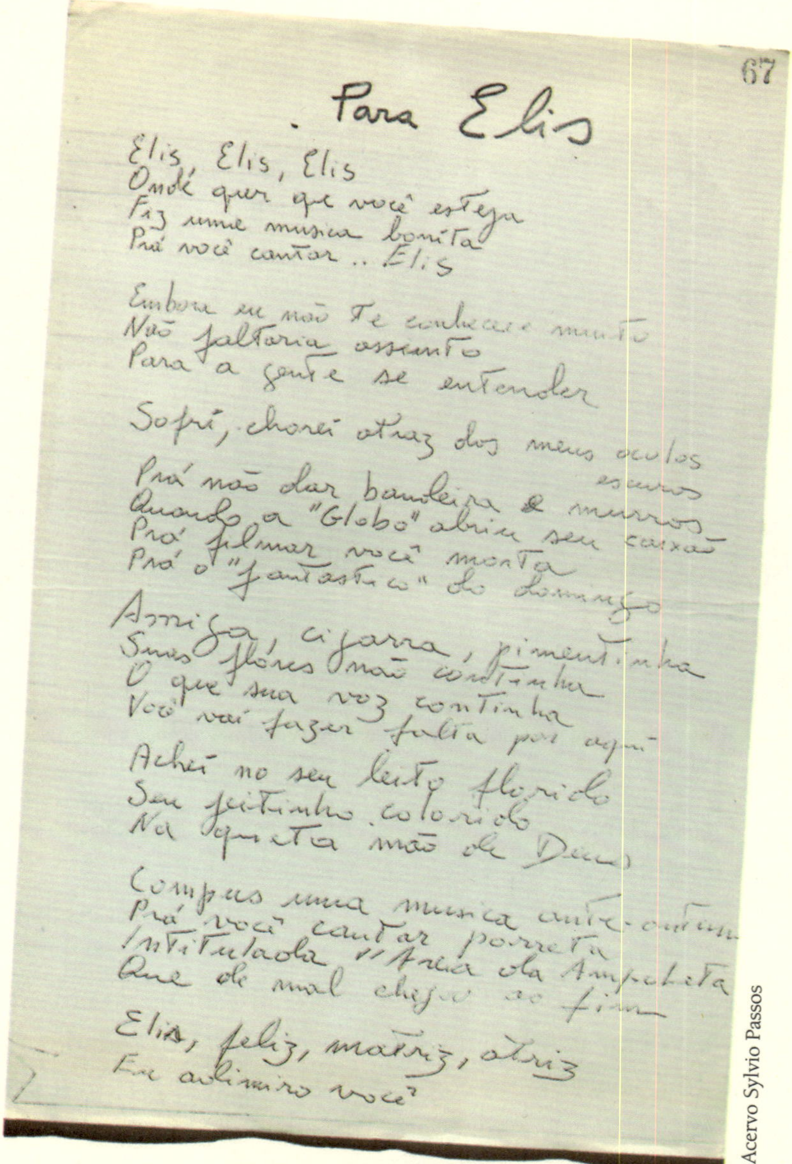
67

Para Elis

Elis, Elis, Elis
Onde quer que você esteja
Fiz uma música bonita
Prá você cantar.. Elis

Embora eu não te conhecesse muito
Não faltaria assunto
Para a gente se entender

Sofri, chorei atraz dos meus óculos escuros
Prá não dar bandeira e murros
Quando a "Globo" abriu seu caixão
Prá filmar você morta
Prá o "Fantástico" do domingo

Amiga, cigarra, pimentinha
Suas flôres não continha
O que sua voz continha
Você vai fazer falta por aqui

Achei no seu leito florido
Seu jeitinho colorido
Na quieta mão de Deus

Compus uma música ante-ontem
Prá você cantar porreta
Intitulada "Ária da Ampulheta"
Que de mal chegou ao fim

Elis, feliz, matriz, atriz
Eu admiro você

Acervo Sylvio Passos

Homenagem de Raul a Elis Regina foi musicada pelo cover Roberto Seixas em 1991.

No fim de 1982, foi chamado pelo diretor da Som Livre Guto Graça Mello para substituir Lulu Santos, que iniciava a carreira solo ainda como Luis Maurício, na Polygram.

Era uma sexta-feira comum, tudo seguia normal no núcleo de projetos especiais onde ele trabalhava, sem novidades. Até que foi chamado na sala da chefia.

Ao sentar, viu um envelope na mesa e em seguida recebeu a notícia de Guto: "Aqui está uma passagem para São Paulo. Preciso que vá pra lá no próximo domingo. Você vai produzir o álbum do Raul Seixas, que te espera na casa dele às seis da tarde."

Espanto e surpresa. Ele, um garoto de 25 anos, estava sendo convocado para produzir o "Raul Seixas do Brasil", apelido dado ao músico pelo grande Tim Maia. No início, a escolha gerou um breve desconforto com Raul, que não conhecia o rapaz. Depois as coisas foram melhorando, e piorando, sucessivamente. Na realidade, quem estava na mira da gravadora para produzir o disco era Sérgio Carvalho, mas, por ser contratado exclusivo da Polygram na época, ficou impedido de participar do projeto.

Enfim, no domingo lá foi Agra, pontualmente, às seis horas, tocar a campainha do apartamento de Raul no Itaim. Quem abriu a porta foi Kika, que ele já conhecia da Warner. Ela havia sido secretária de André Midani. Raul tinha um estúdio dentro do apartamento. A ideia era os dois se conhecerem e o roqueiro apresentar ao produtor o repertório do álbum.

"Não conheci o apartamento do Raul. Entrei direto para o estúdio, onde ficamos por 24 horas, numa imersão total, para conceber o desenho de produção do que veio a ser *Metrô linha 743*", relata o produtor, que saiu de lá só na segunda-feira, no início da noite.

Ele compara a convivência com o artista com montar um cavalo xucro. Segundo ele, Raul era uma força da natureza, imprevisível.

Quando terminaram o álbum, três meses depois, o projeto fonográfico mais longo de toda a sua carreira, o produtor ficou doente. "Exatamente no dia seguinte ao da masterização. Entreguei o trabalho e caí de cama. Esgotado."

Parte desse estresse teve relação com os excessos de Raul, que seguiam numa crescente constante. Logo no primeiro dia em que esteve na casa do artista, assim que entrou no estúdio o produtor deu de cara com uma pequena almofada com, pelo menos, 10 gramas de cocaína.

Mas Agra não se queixou. Na época, aliás, na primeira metade da década de 1980, isso era normal no meio musical. E, convenhamos, é meio assim até hoje.

A droga de certa forma servia ao propósito do encontro, que durou uma noite e um dia. Foi um autêntico blind date, para os dois se conhecerem e conversarem sobre o repertório e, principalmente, sobre o desenho de produção do álbum e de seu conceito. Nesse início, segundo Agra, o clima foi ótimo, cordial e positivo, como todo início de namoro.

O conceito que Raul tinha na cabeça era algo em torno da ideia do preto e branco, da pureza, da rudeza, da essência do início dos primeiros registros fotográficos, conta o produtor.

Durante a primeira fase, da pré-produção ao final das bases, Raul se manteve focado e razoavelmente regular com os horários e compromissos. "Gravávamos todos os dias úteis, numa sequência imersiva e de concentração, como tem que ser o processo de gravação."

Mas os problemas não tardaram a surgir. A partir do momento em que entraram na segunda fase, que envolveu os playbacks dos outros participantes, Raul foi se tornando progressivamente disperso e inconstante.

Ele gostava de gravar a voz na parte da manhã, bem cedo. Acreditava que isso lhe proporcionava um timbre mais grave, de que gostava, mas, para estar no estúdio por volta das nove da manhã, ele ia virado, relembra o produtor.

Agra não se importava de gravar em São Paulo, até gostava. Também não via problemas em gravar pela manhã. Mas nem sempre Raul aparecia. Nesse disco o roqueiro acrescentou à sua biografia mais alguns canos históricos.

Um deles foi quando o produtor carioca chegou ao estúdio numa segunda-feira pela manhã e não encontrou o cantor. Esperou por volta de três horas e nada de ele aparecer. Começou a procurar por toda parte, ligou para Deus e o mundo, mas só depois de alguns dias descobriu seu paradeiro. Ele estava no Rio, havia dias com o cantor Zé Ramalho e o produtor Macarrão, numa das tantas baladas sem fim.

"Macarrão era meu amigo também. Quando descobri, liguei imediatamente para ele e pedi que tirasse o Raul de lá. Àquela altura eu estava mais preocupado com a vida dele do que com qualquer outra coisa, como finalizar o disco, por exemplo", relembra Agra.

Apesar de todos os problemas daquele projeto, Agra se diz feliz pelo resultado, que ele acredita ser o trabalho mais autoral, conceitual e anticomercial de Raul Seixas.

Um detalhe que ele não gosta de lembrar é a presença do músico americano Clive Stevens, que Raul insistiu em incluir no disco. Agra se arrepia só de ouvir o nome. "Foi uma das maiores fraudes que já vi. O cara era muito ruim e cobrou caro. Tive que assinar um cheque de 20 mil dólares para ele. E depois dispensei seus serviços. O Raul ficou puto, mas o cara era um atraso de vida. Era péssimo músico. Não acrescentou nada. Só atrapalhou."

Alexandre Agra afirma que preferiu estancar o processo antes que tivesse de pagar 40 mil dólares. A única participação do músico no álbum é um pequeno solo no final da canção "Meu piano", de Raul, Kika e Claudio Roberto.

Na ficha técnica, Raul registra um crédito irônico ao amigo norte-americano: "O solo mais caro do Brasil."

O álbum *Metrô linha 743* traz novas parcerias com Kika Seixas. Entre elas "Um Messias indeciso", que surgiu a partir de conversas baseadas nos livros *Fernão Capelo Gaivota* e *Ilusões: as aventuras de um Messias indeciso*, de Richard Bach.

Kika também assina "Quero ser o homem que sou (dizendo a verdade)". Mas a letra, segundo ela, é de um cara chamado Adilson Simeone, que eles conheceram num desses inusitados, aleatórios e fortuitos encontros da vida — no caso em questão, em um boteco no Rio.

Durante a balada, o rapaz sacou a letra do bolso, o roqueiro baiano curtiu, resolveu musicar. Kika mexeu um pouco.

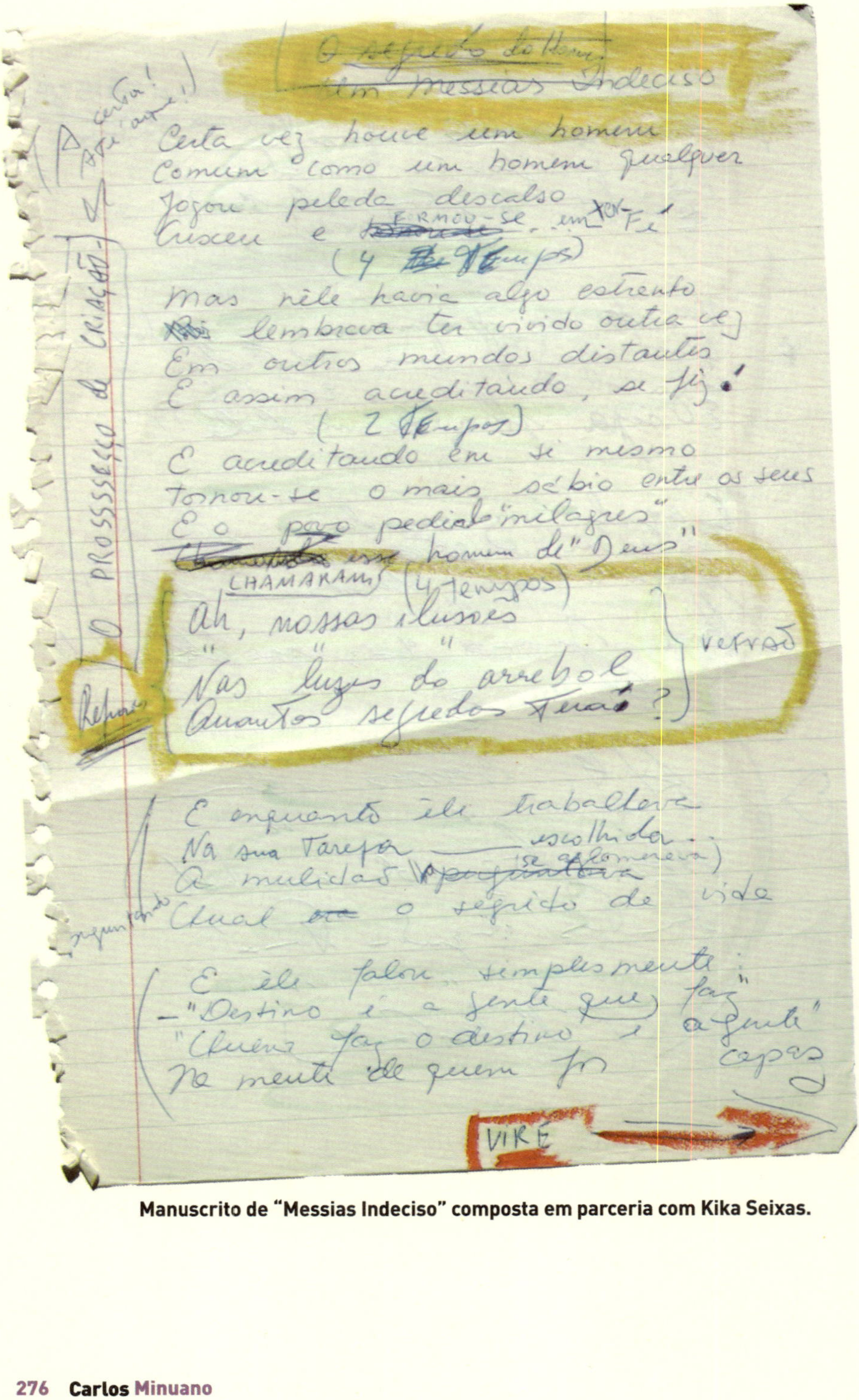

~~O segredo do Homem~~
Um Messias Indeciso

(A certa! Até aqui!)

Certa vez houve um homem
Comum como um homem qualquer
Jogou pelada descalso
Cresceu e firmou-se em ter Fé
(4 tempos)
Mas nêle havia algo estranho
Se lembrava ter vivido outra vez
Em outros mundos distantes
E assim acreditando, se fez!
(2 tempos)
E acreditando em si mesmo
Tornou-se o mais sábio entre os seus
E o povo pedia "milagres"
Chamavam esse homem de "Deus"
(4 tempos)

Refrão
Ah, nossas ilusões
Nas luzes do arrebol
Quantos segredos terão? } refrão

E enquanto êle trabalhava
Na sua tarefa escolhida
A multidão se aglomerava
(perguntando) Qual o segredo da vida

E êle falou simplesmente:
—"Destino é a gente que faz"
"Quem faz o destino é a gente"
Na mente de quem for capaz

O PROSSSESSO de CRIAÇÃO

VIRE

Acervo Sylvio Passos

Manuscrito de "Messias Indeciso" composta em parceria com Kika Seixas.

Acervo Sylvio Passos

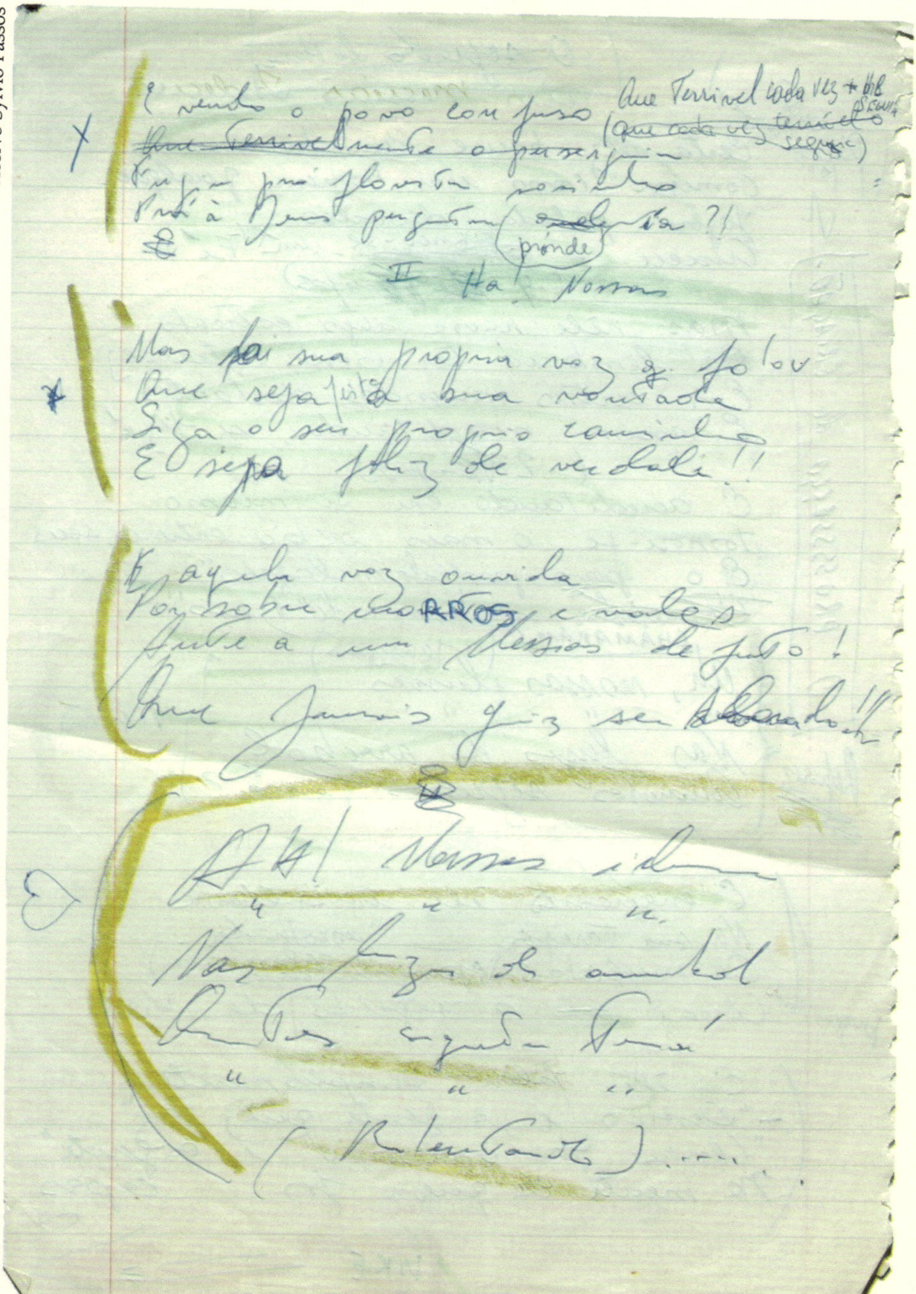
E vendo o povo confuso
Que terrível cada vez + + segue
Fugir pra floresta sozinho
Pra a Deus perguntar pronde?!
II Ha! Nossos

Mas pai sua própria voz já falou
Que seja feita a sua vontade
Siga o seu próprio caminho
E seja feliz de verdade!!

E aquela voz ouvida
Por sobre morros e vales
Serve a um Messias de fato!
Que jamais quis ser adorado!!

AH! Nossos ídolos
" " "
Nas Fogos do arrebol
Ainda hoje seguida Tina
" " "
(Roberto Carlos) ....

Acervo Sylvio Passos

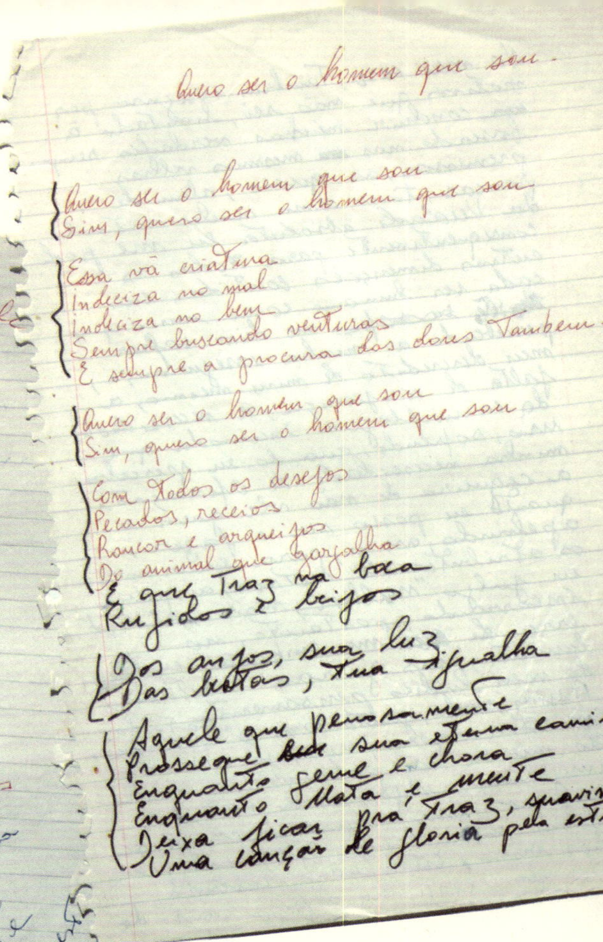

Quero ser o homem que sou.

Quero ser o homem que sou
Sim, quero ser o homem que sou

Essa vã criatura
Indecisa no mal
Indecisa no bem
Sempre buscando venturas
E sempre a procura dos dons Tambem.

Quero ser o homem que sou
Sim, quero ser o homem que sou

Com todos os desejos
Pecados, receios
Rancor e arquejos
Do animal que gargalha
E que traz na boca
Rugidos e beijos

Dos anjos, sua luz
Das bestas, sua igualha

Aquele que penosamente
Prossegue sua eterna cami...
Enquanto geme e chora
Enquanto mata e mente
Deixa ficar pra traz, suavi...
Uma canção de gloria pela est...

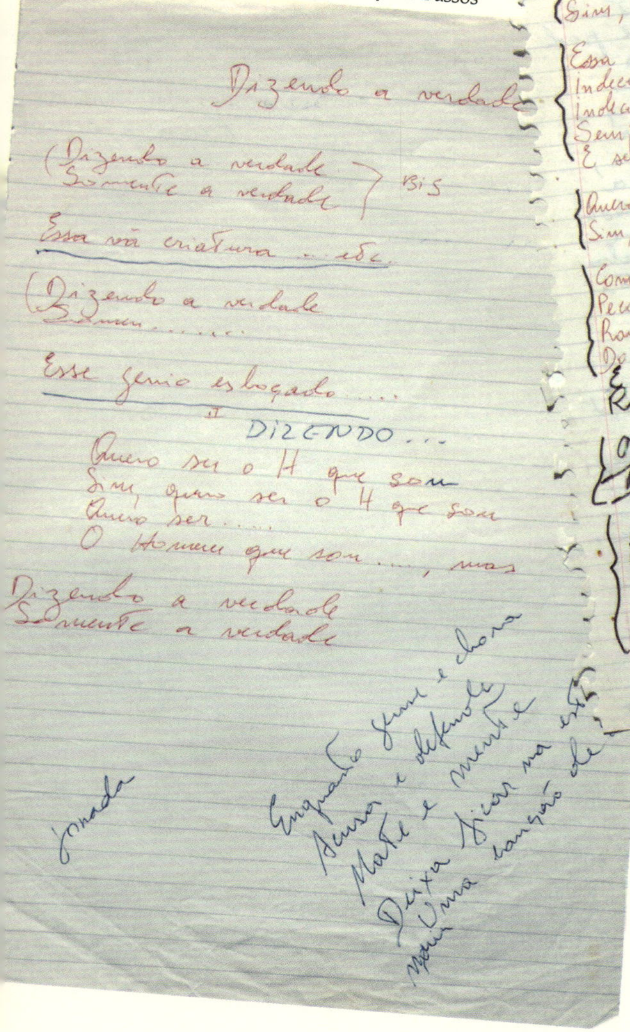

Dizendo a verdade

(Dizendo a verdade
Somente a verdade) BIS
Essa vã criatura ... etc.
(Dizendo a verdade
Somen.......
Esse genio esboçado ...
DIZENDO...
Quero ser o H que sou
Sim, quero ser o H que sou
Quero ser....
O Homem que sou...., mas
Dizendo a verdade
Somente a verdade

Enquanto geme e chora
Acusa e defende
Mata e mente
Deixa ficar na est...
Uma canção de...

Letra de "Quero ser o homem que sou (Dizendo a verdade)" é de um compositor que Raul conheceu em um bar no Rio.

Outra parceria dela no disco é "Canção do vento". Feita para um especial infantil da TV Globo, já havia sido gravada e lançada anteriormente pelo grupo Céu da Boca e lançada em 1983 no LP *A turma do Pererê*. Foi a última composição inédita de Raul Seixas a ser gravada por outro artista com ele ainda em vida. Em sua essência, a ideia da música era falar por meio de metáforas das manifestações dos jovens que varreram o país entre as décadas de 1970 e 1980.

"Mamãe, eu não queria", de Raul Seixas, é outra das muitas releituras que ele fez de canções alheias, nesse caso, de "I Don't Wanna Be a Soldier", de John Lennon, do álbum *Imagine*, de 1971. Raul mudou arranjo e letra e a composição ficou, como outras, sensacional. Kika, nessa faixa, faz a voz da mãe.

Acervo Sylvio Passos

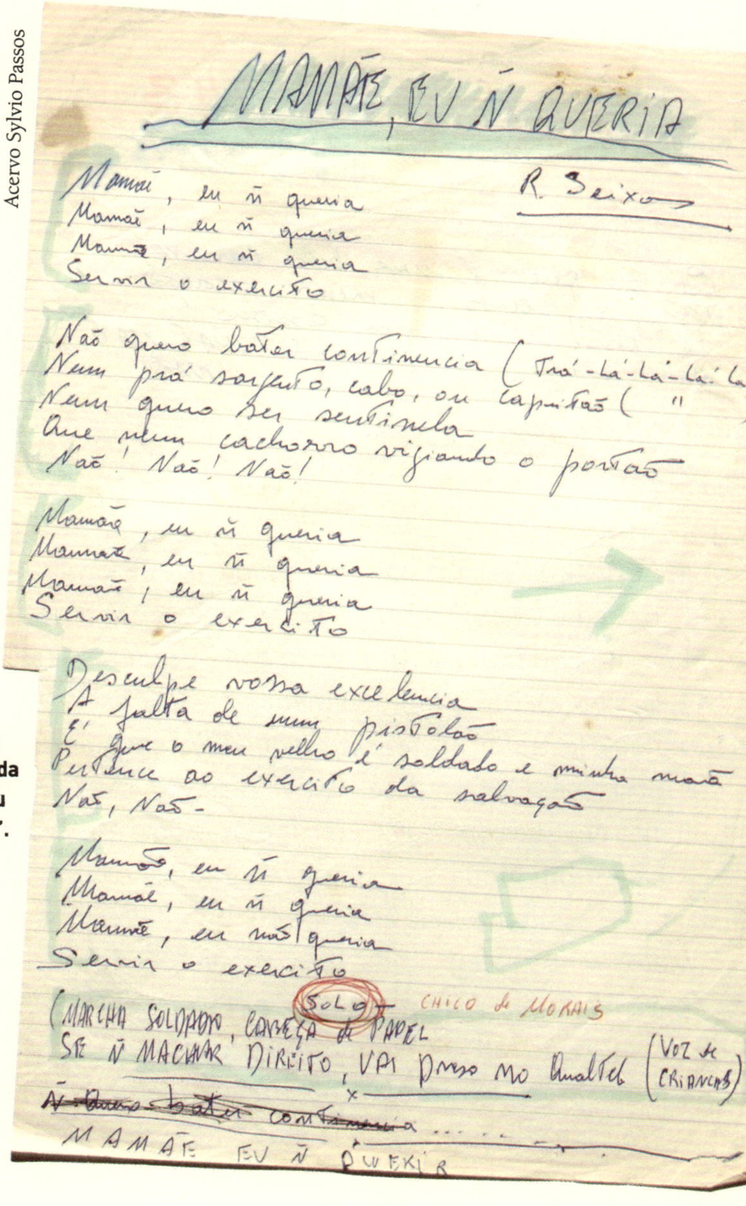

MAMÃE, EU Ñ QUERIA

R. Seixas

Mamãe, eu ñ queria
Mamãe, eu ñ queria
Mamãe, eu ñ queria
Servir o exército

Não quero bater continência (Trá-lá-lá-lá-lá)
Nem prá sargento, cabo, ou capitão (")
Nem quero ser sentinela
Que nem cachorro vigiando o portão
Não! Não! Não!

Mamãe, eu ñ queria
Mamãe, eu ñ queria
Mamãe, eu ñ queria
Servir o exército

Desculpe vossa excelência
A falta de um pistolão
É que o meu velho é soldado e minha mãe
Pertence ao exército da salvação
Não, Não-

Mamãe, eu ñ queria
Mamãe, eu ñ queria
Mamãe, eu não queria
Servir o exército

SOLO — CHICO de MORAIS
(MARCHA SOLDADO, CABEÇA de PAPEL
SE Ñ MARCHAR DIREITO, VAI PRESO NO QUARTEL (VOZ de CRIANÇAS)
~~Ñ Quero bater continência~~ ...
MAMÃE EU Ñ QUERIA

Manuscrito da censurada "Mamãe, eu não queria".

O jornalista Pepe Escobar chamou essa música de "clássico da insubordinação interpretada corretamente por Raul, com voz rasgada, dilacerada". Não causou espanto o veto pela censura para execução pública (shows e reprodução no rádio ou na TV), mesmo após recurso da gravadora.

O disco traz ainda a única parceria com o guitarrista Rick Ferreira, "Mas I Love You (pra ser feliz)". A música surgiu no início da separação com Kika, uma fase de muita briga entre eles. Nessa época Raul estava começando a cheirar éter.

O que é que 'cê quer?
Que eu largue isso aqui?
É só me pedir!
Soldado ou bancário,
garçom ou chofer,
eu paro de ser!

Mais de uma vez Kika foi informada de que Raul estava na escada do prédio usando a droga. Os constrangimentos que ela enfrentava no cotidiano se tornavam cada vez mais insuportáveis. Vivi nessa época tinha mais ou menos 2 anos e estava começando a ir para a escolinha. Entretanto, o que Kika considerava mais pesado mesmo era o fato de ele estar fazendo isso justamente no momento em que começava a recuperar tudo o que tinha perdido.

Kika lembra ainda que até o contato dele com as duas filhas dos outros casamentos ela estava conseguindo recuperar.

Metrô linha 743 tem ainda duas regravações de músicas de Raul da época da Philips, "Trem das sete" e "Eu sou egoísta", que entraram por absoluta falta de composições novas.

Cabe acrescentar que em 2018 o álbum *Metrô linha 743* ganhou uma excelente edição expandida em LP, feita pela Record Collector e pelo Selo Fonográfico 180. Além de reeditar o encarte original do LP, a nova edição traz o release da época, assinado por Kika, e uma revista de 28 páginas com fotos, textos e entrevistas sobre os bastidores da produção do disco.

Com tiragem limitada de mil cópias, metade em vinil transparente e a outra em vinil preto, a edição também incluiu pela primeira vez em disco a faixa "Anarkilópolis", parceria de Raul com Claudio Roberto e Sylvio Passos, gravada nas sessões de 1984 mas que permaneceu inédita até ser lançada, em 2003, no CD *Anarkilópolis* (coletânea que dá ênfase às participações de outros artistas famosos nas gravações com Raul).

Sobre a canção, a única em parceria com Raul que chegou a ser gravada, Sylvio Passos comenta que o roqueiro era um cara professoral. "Adorava ensinar, e eu era um garoto quando nos conhecemos, querendo ser psicólogo ou jornalista, e acabei não sendo nem um nem outro e os dois ao mesmo tempo. Adotei o 'raul-seixismo' como causa, não tem nada de fanatismo, mas o cara foi meu mestre, me mostrou coisas da vida que eu jamais aprenderia mesmo nas melhores universidades."

Ele conta que foi meramente um aluno de Raul. "Ele me dava lições de casa, temas em textos, como se eu estivesse fazendo uma faculdade, não para ter um diploma pregado na parede, mas de conhecimentos práticos."

Foi assim em "Anarkilópolis". O contexto em que a canção surgiu era o país vivendo um momento de fim de ditadura e começo de uma democracia tosca, "com Tancredo e todas essas mentiras que venderam". Por isso o trecho "eu não sou besta para tirar onda de herói/sou vacinado, sou cowboy, cowboy fora da lei".

Raul passou a ele a missão de compor sobre esse personagem, um caubói de uma cidade chamada Anarkilópolis, que é o próprio Brasil, dominada, fodida, arrebentada, e ele recebe uma carta para salvar aquele povo, como um salvador da pátria. "A música trabalha

Acervo Record Collector Brasil

Página de encarte da reedição em vinil do álbum *Metrô linha 743.*

em cima disso, nesse cenário falso de fim de ditadura, porque ela não tinha acabado porra nenhuma, continuava todo mundo vigiado."

Sylvio complementa: "Fiz a letra junto com o Raul, mas foi ele quem lapidou. Fiz aquela coisa tosqueira geral e ele editou. Ele chegava e falava: 'Velho, essa palavra é ridícula, essa outra fica mais bonita, dá uma sonoridade melhor.' Ele dava um tratamento de Midas. Era mestre nisso."

Houve outras versões dessa mesma canção, diz Sylvio. "Ele tentou também fazer com a Kika, com uma pegada mais falada, com uma linha melódica atrás. Ele já tinha o arranjo, a minha versão tinha um ritmo mais country."

Retornando para 1984, o disco *Metrô linha 743* foi lançado no dia 29 de junho. A divulgação teve problemas: vinhetas em preto e branco inspiradas nos filmes de Hitchcock que seriam veiculadas na Globo foram vetadas pela emissora. Raul ficou puto e acabou derrubando um videoclipe para o *Fantástico*.

As vendas também decepcionaram a gravadora. O álbum não teve sequer shows de lançamento. Uma turnê estava nos planos, mas os exageros de Raul com pó e álcool novamente embolaram o meio de campo.

Kika estava no limite, não conseguia mais segurar a barra. Tentou um grupo dos Alcoólicos Anônimos, experimentou psiquiatra, chegou a internar Raul duas vezes — sem ele concordar com isso, ressalta.

"Foi muito duro e humilhante ver ele passar por essa situação. A ambulância em frente ao prédio esperando ele chegar do boteco, sete da manhã, e tudo isso na frente dos porteiros. Eu não podia fazer isso. Era o Raul Seixas. Se ele queria se matar, era uma decisão dele." E nada daquilo adiantava mesmo. Ele retornava e começava tudo novamente.

Ela conta que Raul dava a volta nos psiquiatras, era muito inteligente. Os médicos viravam fãs dele e começavam a entender o papel da bebida e da droga no processo criativo. Com a filha pequena para criar e cansada de ver o marido se acabar com drogas, Kika jogou a toalha, decidiu se separar e voltou para o Rio, e foi morar na casa dos pais. Ela conta que pó e bebida até aguentava, mas éter foi a gota d'água.

Nesse momento, Sylvio Passos começou a ficar mais perto do ídolo, ajudando inclusive a terminar *Metrô linha 743*. Ele assumiu de certa forma as funções que eram da ex-mulher, de assistente para tudo. Ela lembra que nem o número da conta do banco nem a senha Raul sabia.

Muito abalado com a separação, ele afundou ainda mais nas drogas e na bebedeira. Começava mais um ciclo infernal na vida do cantor, com internações e enormes prejuízos para sua imagem e carreira musical. Só voltaria a lançar um novo trabalho em julho de 1987, depois de mais um longo hiato na vida artística, sem gravadora e praticamente sem se apresentar ao vivo desde dezembro de 1985.

Pouco depois da separação, Kika se mudou para os Estados Unidos, e um dos últimos contatos com Raul foi por meio de uma carta que ele escreveu em janeiro de 1989 pedindo que ela voltasse.

"E lá em Serra Pelada, ouro no meio do nada
Dor de barriga desgraçada resolveu me atacar
O show estava começando e eu no escuro me apertando
E autografando sem parar"

("Banquete de lixo", Raul Seixas e Marcelo Nova, faixa do álbum *Panela do diabo*, lançado pela Warner em 1989.)

Este trecho da canção "Banquete de lixo" é a fiel descrição do que aconteceu com Raul em um de seus shows pelos garimpos do Pará em setembro de 1985.

8 FAROESTE AMAZÔNICO

Uma das últimas aventuras de Raul Seixas não foi na mítica cidade de Thor, mas nos garimpos Marupá e Itaituba, em pleno Pará. Na capital do ouro, em 1985, às margens do Tapajós, ele viveu certamente uma de suas viagens mais surreais. Um faroeste amazônico.

Apesar do cenário de bangue-bangue, em frente aos botecos na região, em vez de cavalos, uma infinidade de teco-tecos ficava estacionada.

Foram mais de dez horas de voo, com muitas escalas. Raul e seus agregados embarcaram em um Boeing em São Paulo e, depois de pingar pelo país inteiro, aterrissaram no norte do Pará a bordo de um fusquinha com asas.

Foto de Cristina Villares

Raul bebendo em um bar de Itaituba (PA).

Um dos primeiros convidados para a estranha viagem foi o guitarrista Tony Osanah. Como muitos conterrâneos seus, ele abandonou sua Buenos Aires em 1966 e aportou no Brasil para escapar da truculenta ditadura que assombrava seu país. Logo se tornou um dos *hermanos* mais brasileiros do pedaço. Em 1972, compôs "Cavaleiro de Aruanda", que virou um hino nacional de terreiros de umbanda.

O mais curioso é que o argentino não tinha nenhuma intimidade com a religiosidade africana ou com o culto afro-brasileiro. Sua espiritualidade estava mais para algo do tipo "hippie Hare Krishna". A música nasceu após um encontro pra lá de esquisito. Ele caminhava tranquilamente pelo centro de São Paulo quando, em frente ao antigo prédio do Mappin, na praça Ramos de Azevedo, foi parado por um homem que se colocou na sua frente. Segundo ele, parecia um velho índio.

"O sujeito olhou pra mim e falou que eu precisava de ajuda", relembra Tony. Depois pediu que o acompanhasse e disse que ele nem imaginava o que ia acontecer em sua vida dali para a frente.

O homem era o pai de santo Rolando Tatto, que o levou para um terreiro chamado Tenda de Umbanda Caboclo Tupinambá. Tony explica que depois soube que se tratava de um grande guerreiro, vidente e feiticeiro, enfim, um médium da pesada, "mas sempre do lado de Deus!", ressalta o músico argentino.

Ao voltar para casa, o músico afirma ter "recebido", ou psicografado, letra e melodia de "Cavaleiro de Aruanda" em cerca de cinco minutos. Depois disso sua vida mudou completamente.

A canção foi um sucesso. Ronnie Von a gravou no disco que levou seu nome, lançado ainda em 1972. Depois vários outros artistas a regravaram, como Ney Matogrosso e a maranhense Rita Ribeiro.

Tony Osanah estava em casa, em 1985, quando recebeu a visita de Raul e Lena Coutinho. Depois da separação de Kika, Raul tinha ido passar uma temporada na Bahia e voltou com uma nova companheira, que conheceu no Clarisse Drinks, na orla de Salvador, recém-inaugurada pelo amigo Beto Sodré. Deu uma canja na inauguração e saiu de namorada nova.

Naquela noite, segundo conta Sodré, depois de tocar clássicos de seu cancioneiro, como "Maluco beleza", "Trem das sete" e "Sociedade Alternativa", Raul interrompeu o som e conversou com o público. Agradeceu os aplausos e em seguida disse que as palmas deveriam ser para outra pessoa. Suspense no recinto até ele anunciar: "Meu amigo Roberto Carlos!" Só que para onde ele apontou quem se levantou foi Lena.

Ela, na época, trabalhava como fotógrafa e namorava o diretor de uma sucursal da TV Globo em Salvador. Pouco depois, largou tudo e foi com Raul para São Paulo.

De volta à casa de Tony, Raul contou ao amigo que estava com um show agendado no garimpo de Marupá, no Pará. "Que show é esse?", indagou o argentino. "O nome do show é *Ouro de tolo*", respondeu Raul.

Tony reuniu a banda. Chamou o músico Lívio Benvenuti Júnior, mais conhecido como Nenê, que tinha sido baixista de Os Incríveis entre 1966 e 1972. Nenê topou no ato, assim como o baterista Nelsinho Pavão. Detalhes acertados, grana, data, partiram para os ensaios do repertório, escolhido a dedo por Raul.

No dia da viagem a turma embarcou em um voo da Vasp, ou da Varig (Tony não se lembra), com destino a Porto Velho. Chegando lá, Lena, que tinha o contato do próximo avião, foi procurar o piloto de uma companhia privada e em seguida todos se dirigiram para o monomotor Bandeirante que os levaria até a próxima parada, uma cidadezinha no meio da selva.

O piloto chegou carregando uma garrafa de uísque. Já embarcados, chamou a turma para ficar perto da cabine de comando. "Assim a gente conversa, toma umas." Raul foi o primeiro a se animar com a festa dentro do minúsculo monomotor. Abaixo deles, a imponente selva amazônica com seu oceano de árvores.

Foto de Cristina Villares

Raul em Itaituba durante turnê por garimpos amazônicos.

Durante o voo, entre um gole e outro, o piloto resolveu puxar assunto: "Raul, você sabe pilotar avião?" Atônito, Tony comentou com seus botões. "Pronto, agora fodeu." Nenê começou a dar risada. Já meio chutado das muitas biritas que tinha entornado, o cantor respondeu: "Eu sei lá como se dirige esta porra."

Para se sociabilizar, quebrar o gelo ou tornar a viagem um pouco mais animada, o simpático piloto lançou uma ideia brilhante: "Para vocês perderem o medo, vou fazer umas cambalhotas com a avioneta."

Para tranquilizar os passageiros, o piloto explicou: "O tráfego aéreo a esta hora é quase zero." "Que Deus esteja conosco e nos proteja", murmurou o músico argentino. Então teve início uma série de manobras arriscadas, um sobe e desce chacoalhante e temeroso.

Ainda não satisfeito, o piloto se virou para Raul e disse: "Sou seu fã. Vem pilotar um pouco." Com a avioneta em pleno voo, ele trocou de lugar com Raul e se sentou na poltrona do copiloto, depois de estabilizar o teco-teco a uma altura segura para o cantor assumir o comando.

Depois que Raul se ajeitou no lugar, colocou o *headset* na cabeça e se entendeu com o volante da fusqueta voadora, o piloto a seu lado propôs aumentarem um pouco a altitude. "Vamos mais uns setecentos ou oitocentos metros", orientou. "Como que faz essa porra?", Raul perguntou.

O rapaz começou então a ensiná-lo: "Você tem que puxar o manche pra trás. Os pedais ali são os flapzinhos. Tem que deixar mais aberto pra cima." Raul seguiu as instruções e, enquanto empinava o teco-teco mais uns quinhentos metros, gritou para o guitarrista argentino: "Para o alto, Osanah, que isso é roooock and roll, meu filho!!!"

De uns 2 ou 3 mil, subiram para quase 4 mil metros. Enquanto isso, o piloto começou a conversar, perguntou sobre as roupas que Raul usava nos shows, sobre as músicas, e Raul foi explicando tudo, falando da Sociedade Alternativa, até que o rapaz interrompeu, dizendo para ele se ligar porque estavam perdendo altitude. Ajudou a corrigir o voo e a aventura prosseguiu.

Foto de Cristina Villares

Raul chegou a pilotar um teco-teco na viagem ao garimpo.

"Osanah, tá a fim também?", convidou o piloto. "Rapaz, pelo amor de Deus, que Deus nos acuda", foi a resposta do músico, e passou a vez para Nenê. "Eu já bebi umas tantas. Acho que vamos passar desta para outra melhor", devolveu o baixista. "Vira essa boca pra lá", disse Osanah.

"Bom, deixa eu dar uma revoada, então", disse Osanah. Raul, que tinha se saído bem na direção do teco-teco, se rachava de rir. Nelsinho e Lena a essa altura também rolavam de tanto rir. O piloto também se divertia, mandando bala no uísque.

Osanah ouviu algumas instruções do comandante doidão e na sequência, como se entendesse alguma coisa de pilotagem de avião, propôs: "Vamos afinar os motores? Estou sentindo o da esquerda girar mais rápido que o da direita. Estou vendo aqui no visor que precisamos afinar."

Foto de Cristina Villares

Rasgando os céus amazônicos Raul e banda fizeram festas dentro de monomotores.

Para o bando de músicos chapados de uísque, Osanah estava tão doidão que começou a confundir o teco-teco com uma guitarra — essa, sim, ele sabia afinar como ninguém. A gozação foi geral. As gargalhadas eram tantas que pareciam até chacoalhar ainda mais a avioneta.

"Vai afinar o motor para poder voar?", perguntaram, tirando um sarro do músico argentino. "Sim, isso eu sei. Um motor não pode puxar mais que o outro", devolveu Osanah. E assim eles seguiram, rasgando os céus amazônicos na maior festa dentro do monomotor. Absolutamente chapados e rindo feito doidos. Foi um voo inesquecível.

A banda aterrissou em um aeroporto improvisado em uma pequena clareira no meio da selva. Quando abriram a porta da avioneta, mais um susto. Foram atacados por um gigantesco enxame de carapanãs.

Hora de pousar. Sim, por mais incrível que pareça, eles chegaram intactos. A banda aterrissou em um aeroporto improvisado em uma pequena clareira no meio da selva. Quando abriram a porta da avioneta, mais um susto. Foram atacados por um gigantesco enxame de carapanãs. Para quem não associou o nome ao inseto, é como são chamados no Norte os irritantes e infernais sugadores de sangue conhecidos em outras regiões como pernilongo ou muriçoca.

Um calor bestial fervia o norte do Pará no fim de tarde daquela quinta-feira, 26 de setembro de 1985. Raul e a banda suavam em bicas, derretendo dentro da avioneta estacionada na pista perto de umas poucas árvores, onde aguardavam o voo que os levaria até o garimpo Marupá, rumo ao primeiro show, naquele mesmo dia.

Foram cerca de três horas até a chegada dos dois aviões que levariam toda a equipe. Por lá eles se encontram com Sylvio Passos, que tinha viajado antes de Raul e da banda, junto com Gato Félix, ex-Novos Baianos, que na época da aventura amazônica fazia uns frilas como empresário e produtor de Raul.

Para Sylvio, as lembranças são péssimas. Do centro de São Paulo, o presidente do Raul Rock Club correu, só com a roupa do corpo, para o aeroporto de Congonhas, onde Gato Félix aguardava com as passagens. Sua bagagem quem levou foi Raul, que antes de embarcar passou em sua casa para pegar a mochila de roupas, chapéu, quadros com fotos emolduradas de Raul tocando piano durante um período de internação na clínica Tobias e algumas caixas cheias de discos.

O plano era levantar uns caraminguás por lá, ou um pouco de ouro. Meses antes, o Raul Rock Club havia lançado *Let Me Sing My Rock'n'Roll*. Totalmente independente, foi o primeiro LP lançado por um fã-clube. Vale ouro atualmente.

Quando enfim chegaram os aviões, eram dois monomotores velhos pra cacete e caindo aos pedaços. Nem banco para sentar tinham — o dono havia retirado para aumentar o espaço para a carga.

Raul e Lena Coutinho na chegada a Itaituba (PA).

Foto de Cristina Villares

Raul e a namorada, Lena, os integrantes da banda e todos os demais envolvidos na expedição amazônica teriam de dividir espaço nas avionetas com um carregamento explosivo. Isso mesmo. Um dos teco-tecos levava 250 litros de gasolina e 150 litros de óleo; o outro tinha a bordo quase uma dezena de botijões de gás. Um absurdo, para dizer o mínimo, mas coisa bem comum de se ver naqueles anos agitados durante o auge dos garimpos amazônicos.

E lá foram eles mais uma vez, sentados no chão das minúsculas aeronaves, apertados em meio aos instrumentos. No teco-teco em que estavam Raul e os músicos, outro piloto bebum — era uma prática bem comum naquela época, e possivelmente até hoje, os voos serem conduzidos por pessoas alcoolizadas. "Acho que vamos chegar lá, sim", o comandante dizia, tentando amenizar as vaciladas na direção da avioneta.

Mais um pouso, agora finalmente no garimpo Marupá, para os dois primeiros shows na boate Califórnia. Um seria na quinta, 26, outro na sexta, 27. É o que informa o convite, um pedaço de papel bem vagabundo, que também trazia o preço do espetáculo: 800 mil cruzeiros, com direito a mesa para quatro pessoas. Mas também tinha opção sem mesa, por 200 mil.

O piloto, de nome João Maconha, pediu aos passageiros que não se assustassem, pois o pouso aconteceria perto de um cemitério. Àquela altura da viagem, esse detalhe, convenhamos, era o de menos.

Aterrissaram sob um calor de mais de 40 graus em uma estreita rua de terra. Ao chegarem, foram surpreendidos por uma recepção calorosa. Garimpeiros armados até os dentes, empunhando pistolas, metralhadoras e fuzis, começaram a disparar para o alto logo que o teco-teco pousou. "Foi bala pra todo lado, parecia festejo de revolução", relembra Osanah.

Perto da hora do show, a boate Califórnia já estava lotada. O ouro era visto por toda parte, em correntes com pepitas nos pescoços, pelos dentes, em relógios, sacolas e sabe-se lá mais onde.

Sentindo o clima meio pesado, Gato Félix implorou por uma garrafa de uísque, descolou uma de Johnny Walker e bebeu no gargalo. "Vamos morrer aqui nesta porra", lamentava para o amigo Osanah. Raul e o restante da turma ajudaram a secar a garrafa.

Perto da hora do show, a boate Califórnia já estava lotada. O ouro era visto por toda parte, em correntes com pepitas nos pescoços, pelos dentes, em relógios, sacolas e sabe-se lá mais onde. Uma Coca-Cola custava 20 mil cruzeiros, o Campari era 400 mil. Salgado mesmo era o uísque, 1 milhão. Uma trepadinha valia 200 mil, mas poderia subir para 2 milhões caso o interessado estivesse muito interessado e o material fosse de boa qualidade.

Mas o clima começou a ficar tenso na hora de cantar, porque a voz de Raul estava uma lástima. Ele estava zoado de tanto uísque e cansado da longa viagem. Mas a peãozada não quis saber e já estava se irritando. Lá fora, uma confusão na portaria roubou a atenção. O dono da pista de pouso foi barrado. Sobrou porrada até para o empresário de Raul, Gato Félix.

Alguém viu Raul tomando insulina e logo se espalhou a notícia de que ele estava se drogando. A polícia chegou e, sabendo que a droga estava rolando, quis levar todo mundo em cana.

Alguém viu Raul tomando insulina e logo se espalhou a notícia de que ele estava se drogando. A polícia chegou e, sabendo que a droga estava rolando, quis levar todo mundo em cana. Terror, pânico, tiros para cima. Os músicos até tentaram retomar o show, mas o roqueiro baiano foi atacado por uma dor de barriga fulminante e terminou a noite no banheiro da boate Califórnia, na verdade um buraco feito no chão atrás do puteiro. Lá, ele se escorava na parede com uma das mãos e com a outra distribuía autógrafos para uma fila de fãs.

Escoltada pela polícia, depois de muita confusão e susto, a banda conseguiu ir embora para o hotel, uma palhoça de pau a pique da pior qualidade. Na parede do quarto, escrito a mão, o preço da singular hospedagem: 200 mil cruzeiros. Segundo Nenê Benvenuti, as necessidades fisiológicas tinham de ser feitas no mato mesmo. "Entrar na 'casinha', com aquele buraco fedido, era simplesmente insuportável", relata o músico em seu livro *Os incríveis anos 1960-1970*.

Segundo ele, como no quarto só tinha a cama e nada mais, as malas tinham que ficar no chão, dando acesso a muitas minibaratas, mas nada que representasse um grande problema. "Quando ia pegar alguma roupa, era só balançar bem que elas caíam no chão."

No dia seguinte, Nenê conta que acordou com Raul batendo em sua porta às nove horas da manhã, chamando para o café. Quando abriu a porta, deu de cara com um copo de cachaça, que o músico havia trazido para o desjejum.

À noite, dizem, o outro show foi perfeito, mas quase ninguém apareceu. Estava todo mundo puto com Raul. E o clima voltou a esquentar na hora de seguir viagem para o próximo destino, Itaituba, onde fariam mais duas apresentações. Os garimpeiros não queriam deixar abastecer o teco-teco.

Depois de uma tensa negociação, e de Raul repassar um "agradinho" para o bolso do delegado, enfim conseguiram decolar do garimpo Marupá, rumo a Itaituba, mais uma vez a bordo de um monomotor Bandeirante, alugado de um poderoso traficante do pedaço.

Itaituba é um lugar que por razões óbvias ganhou o apelido de "cidade-pepita", por causa da intensa atividade de mineração de ouro no vale do rio Tapajós. Em 1985, o lugarejo encravado na Transamazônica se resumia a muita poeira, alguns poucos prédios de no máximo três andares, várias discotecas, botecos e puteiros — todos fuleiros — e muitas, mas muitas farmácias. Uma ao lado da outra. Todas convivendo na mais perfeita harmonia para atender à grotesca demanda causada pelos insanos índices de doenças venéreas na região.

Reza a lenda que um dos aeroportos de teco-teco mais agitados do mundo na década de 1980 era o de Itaituba. Somando decolagens e aterrissagens, o número de avionetas que passava por ali era de duzentos por dia. Uma descida ou subida a cada três minutos.

A explicação para a intensa movimentação é que o acesso às dezenas de garimpos da região só era possível de avião. A bordo das muitas microaeronaves, cerca de 15 toneladas de ouro eram retiradas por ano.

Uma equipe de reportagem foi escalada para cobrir o insólito show de Raul Seixas nos garimpos amazônicos. O jornalista Pepe Escobar e a fotógrafa Cristina Villares foram designados para a cobertura da viagem surreal. A dupla trabalhava para a extinta revista *Status*, que na época estava investindo pesado em matérias de aventura.

Pautas casca-grossa eram a especialidade da fotógrafa, que já tinha feito especiais sobre prostituição, caça às baleias e até revirado o Pará atrás de corpos de trabalhadores rurais assassinados.

Raul e Lena Coutinho no aeroporto de Itaituba (PA).

Foto de Cristina Villares

Eles chegaram na sexta-feira, 27 de setembro; Raul e a banda, no sábado.

A divulgação do show em Itaituba tinha sido forte. O jornalista Pepe Escobar, na matéria "Golden hit do diabo", publicada na edição 136 da revista *Status*, em novembro de 1985, conta que Jairo, o dono do Dancing Days Bar, boate arretada às margens da Transamazônica, alardeou para toda a cidade que o pai do rock, Raul Seixas, faria um show no seu estabelecimento. Ninguém acreditou.

Em Itaituba, o primeiro a desembarcar da avioneta foi Gato Félix, que gritou: "Estou vivo!" Em seguida apareceu o argentino Tony Osanah, carregando sua imponente guitarra Giannini de 12 cordas.

E assim que Raul colocou os pés na pequena Itaituba, foi conduzido de jipe, no banco dianteiro, ao lado de Lena. A equipe de reportagem, segundo relata a matéria de Escobar, foi no banco traseiro, comendo muita poeira.

Foto de Cristina Villares

Passeio de jipe por Itaituba antes do show.

Foto de Cristina Villares

Raul acena para a população de Itaituba durante passeio pela cidade.

Atrás vinha um carro-propaganda, uma Kombi caindo aos pedaços na qual o dono da boate se esgoelava no alto-falante anunciando a "atração internacional": "Hoje à noite, na Dancing Days, o carimbador maluco! O maior ídolo do rock brasileiro! O grande Raul Seixas! Não percam!" A cada frase ele soltava um rojão. Só parou quando um falhou e acabou explodindo dentro do carro.

Depois da carreata, uma parte da turma foi para o hotel descansar, mas Raul e a banda foram ensaiar e molhar a goela. Os embalos de sábado à noite prometiam emoções fortes, a julgar pelo público que costumava se acotovelar no Dancing Days Bar. Caubóis, putinhas, putaças, peões, garimpeiros, índios, pistoleiros.

Raul recebeu o cachê antecipado em pepitas de ouro, mas os garimpeiros, a maioria armada até os dentes, não ficaram nada

Foto de Cristina Villares

Em uma Kombi caindo aos pedaços, o dono da boate em que Raul tocou fez a propaganda do show.

Foto de Cristina Villares

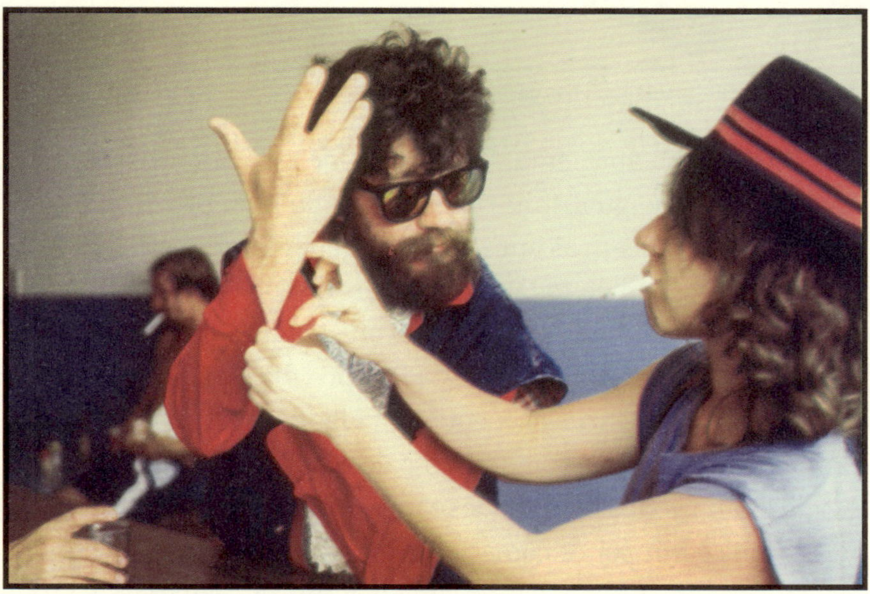

Antes do show, Raul e Lena passaram o dia conhecendo a cidade e bebendo com garimpeiros.

Foto de Cristina Villares

Última apresentação de Raul nos garimpos amazônicos.

contentes com a apresentação. Na verdade, ficaram furiosos. Esperavam um show igualzinho aos da TV, tudo bem produzido, certinho. Mas não foi bem assim. Decepção generalizada.

Raul tinha bebido todas o dia inteiro, desde bem cedo. Na hora do show estava doidaço e fez uma apresentação lastimável. Também pesavam o cansaço acumulado pelos dias viajando e o calor insuportável que fazia na pequena cidade amazônica. Raul mal cantou três músicas e tombou no palco. Saiu arrastado pelos colegas da banda, todos bem zoados também.

Alguns garimpeiros começaram a dar tiros para cima. O tempo fechou, o cenário ficou parecido com um retrato do Velho Oeste. O que era para ser um show de rock virou uma versão amazônica dos filmes de bangue-bangue. Raul e a banda tiveram de sair escoltados. No dia seguinte, para o próximo show, foi necessária a presença do Exército.

No domingo, dia 29 de setembro de 1985, a fotógrafa Cristina Villares estava preocupada. Precisava produzir a foto para a capa da revista: Raul segurando a guitarra no garimpo. E saiu à caça de alguém com uma avioneta para agilizar a pauta.

Ela descobriu que no domingo era bem difícil achar alguém em condições de voar, já que as noites de sábado eram matadoras. Mas indicaram a Cristina um rapaz, de apelido ET, que segundo fontes locais era o melhor piloto de teco-teco da região e estava de bobeira por lá no dia.

Depois de muita procura, ela encontrou o moço de shortinho, bêbado, se banhando nas águas do rio Tapajós. Conversaram um pouco e, apesar de meio chutado, o piloto assegurou estar apto para o serviço. "Estou acostumado", disse ET.

Depois de uma caldeirada de pirarucu, o avião cruzou os céus amazônicos. Por esses estranhos acasos da vida, o monomotor que levava a equipe de reportagem e Raul para fazer a foto de capa da *Status* em um garimpo pertencia a um modelo da Embraer chamado Minuano — mesmo sobrenome do escritor que vos fala.

O piloto escolheu levá-los até o garimpo Água Branca, que na época andava meio caído. Por que lá? "Sou diferente", explicou ET. No caminho, Raul se animou e pediu que ele mostrasse que era bom mesmo tirando um fino da casa do prefeito, riscando as águas do Tapajós com as rodas.

ET, na verdade Clinger Roger, na época tinha 23 anos, mas já acumulava mais de 25 mil horas de voo. Segundo Pepe Escobar, "mais horas de voo que os urubus da região".

Escobar conta que o teco-teco chacoalhava mais do que o traseiro da Rita Cadillac (primeira a fazer show em Serra Pelada, e que se tornou a musa dos garimpos). Não deu outra: depois do almoço, das biritas, com o sobe e desce da avioneta, Raul começou a passar

Foto de Cristina Villares

A fotógrafa Cris Villares e Raul Seixas voando para um garimpo para um ensaio de fotos.

mal. Depois de pousar, teve de arrumar um canto para se deitar, e quando se sentiu melhor para as fotos quase nem havia luz mais.

O argentino Tony, que acompanhou a reportagem nessa tarde de domingo, conta que aquela foi a oportunidade para eles conhecerem um ponto de extração de ouro. Ele afirma que jamais vai esquecer o que viu. "Vi por toda parte uma infinidade de pedras de ouro do tamanho da minha mão."

Segundo ele, os garimpeiros usavam botijões de gás para diluir concentrados de rocha e terra com mercúrio. Este, ao evaporar, deixava apenas o ouro em estado bruto.

Ele conta que ficou triste ao ver aquela cena insólita, o contraste entre aquela montanha de ouro e a realidade de extrema pobreza e miséria no país, e que infelizmente está igual até hoje.

"É esse o ouro de tolo", comentou Raul, também impressionado com a cena.

Eles viram os garimpeiros enfileirados com sacos de ouro à porta de um barraco de madeira caindo aos pedaços, de onde saíam com enormes pacoteiras de dinheiro embrulhadas em jornal ou enfiadas em sacolas velhas de supermercado.

Depois das fotos, Raul e Osanah continuaram passeando pelo garimpo e se depararam com um rapaz montado em uma mangueira que jogava mil litros de água por minuto impulsionada por um potentíssimo motor a diesel. A força do jato arrebentava os barrancos, de onde vertia uma água amarelada que refletia à luz do sol daquele fim de tarde o brilho do ouro que escorria da enorme colina.

No meio do rolê pela área de extração de ouro, Raul foi interrompido por uma garota de mais ou menos 15 anos armada com um revólver e acompanhada por um cachorrinho com cara de poucos amigos. "Queria um autógrafo e uma foto com o Maluco Beleza." Apesar da pouca idade, era dona de uma parte do garimpo.

Foto de Cristina Villares

Último show em Itaituba precisou de escolta do exército.

Ela dormia em um colchão embaixo de uma árvore, armada até os dentes e protegida por dois jagunços. A menina miudinha possuía um barranco no garimpo Água Branca. E foi nesse ponto equidistante entre o bizarro e o surreal que as coisas ficaram ainda mais esquisitas.

O cenário de faroeste, presente durante toda a viagem, obteve um acréscimo: as histórias macabras que assombravam os garimpeiros. Foi a lenda da temida "maldição do ouro" que faz o bangue-bangue amazônico ganhar contornos de filme de terror.

O último show de Raul Seixas em Itaituba teve a presença do Exército. As coisas tornaram a ficar tensas quando ele cantou "Mamãe, eu não queria".

Garimpeiros que enriqueciam da noite para o dia, que se tornavam milionários de maneira quase instantânea, de repente enlouqueciam e torravam tudo na esbórnia, em carrões, avionetas, drogas, sexo, e terminavam na miséria absoluta.

Havia muitos casos assim por lá, de garimpeiros que perdiam tudo e acabavam loucos de verdade. Alguns passavam o resto da vida cavando buracos pela selva feito tatus.

O último show de Raul Seixas em Itaituba teve a presença do Exército. O roqueiro mandou bem, mas as coisas tornaram a ficar tensas, principalmente quando ele cantou "Mamãe, eu não queria".

Não quero bater continência
Nem pra sargento, cabo ou capitão
Nem quero ser sentinela, mamãe
Que nem cachorro vigiando o portão

Não pegou bem. Para azedar o caldo ainda mais, Raul esqueceu de tocar duas músicas que o delegado tinha pedido. Mancada braba.

Tensão subindo, ânimos alterados e mais uma saída escoltada. Era o fim do faroeste amazônico. Ninguém aguentava mais. Com exceção de umas correntinhas e uns aneizinhos de ouro, não levaram nada.

O presidente do fã-clube oficial, Sylvio Passos, coitado, nem os discos que levou para faturar algum dinheiro teve tempo de resgatar. Por ironia, dezenas de exemplares de *Let Me Sing My Rock 'n'roll*, que hoje valem ouro, ficaram perdidos para sempre nos garimpos incrustados na imensidão da selva amazônica. Ele saiu correndo, novamente, só com a roupa do corpo. Péssimas lembranças.

"Soltei a cobra e ela foi direto

Foi pro meio das aranhas

Pra mostrar como é que é certo

Cobra com aranha é que dá pé

Aranha com aranha sempre deu em jacaré"

("Rock das aranha", de Raul Seixas e Claudio Roberto, faixa do álbum *Abre-te Sésamo*, lançado pela CBS em 1980.)

Em dezembro de 1987, Raul Seixas, sem firulas, admitiu em entrevista ao programa Rádio Matraca, *de Laert Sarrumor, do Língua de Trapo, e do jornalista Ayrton Mugnaini Jr., que o seu "Rock das aranha" é de fato uma cópia descarada de "Killer Diller", de Jimmy Breedlove, de 1955. "Meti a mão mesmo", disse Raul.*

9 SEJA BOM OU O QUE NÃO PRESTA

Foi no ano de 1985, entre os dias 11 e 20 de janeiro, que o evento Rock in Rio reuniu em Jacarepaguá, Zona Oeste da Cidade Maravilhosa, mais de um milhão de pessoas para a histórica primeira edição do evento, que reuniu um elenco de estrelas da cena musical nacional e estrangeira. Entre eles, Queen, AC/DC, Ozzy Osbourne, James Taylor, Barão Vermelho, Paralamas do Sucesso, Ney Matogrosso e Rita Lee, Paralamas do Sucesso, Lulu Santos. Houve ainda shows de Elba Ramalho, Alceu Valença e Moraes Moreira, entre outros tantos. Até Erasmo Carlos foi chamado. Mas não chamaram Raul Seixas.

Um dos idealizadores do evento, o empresário Roberto Medina, tentou amenizar. Chegou a afirmar em entrevistas que esqueceu de chamar o roqueiro, assim como também não havia se lembrado de outros nomes importantes. Mas, segundo Beto Sodré, a história não foi bem assim.

Beto conta que Raul não foi ao Rock in Rio porque sua mãe, dona Maria Eugênia, meteu o dedo no suspiro. Ela atendeu à ligação da assessoria de Medina e pediu que não incluíssem Raul no evento para preservar a saúde do filho.

Possivelmente ele nunca soube disso. No mesmo ano, de volta a São Paulo, após se separar de Kika, Raul alugou uma casa na rua Coronel Palimércio de Resende, no Butantã, Zona Oeste da cidade. Foi ali que o produtor cultural Edson Lima encontrou-se com Raul. No dia, o cantor estava de short, camisa regata e chinelo, encostado no balcão de um bar na avenida Vital Brasil. Os dois conversaram sobre o evento carioca.

Segundo o produtor cultural, Raul admitiu que estava muito chateado por não ter sido convidado para o Rock in Rio. "Como podem convidar o Ivan Lins, a Elba Ramalho e ainda chamarem o Erasmo Carlos de rei do rock brasileiro?" E completou: "Eu sou o quê, porra?"

Mesmo sem gravadora, em 1985, Raul lançou um disco no circuito independente, o já citado *Let Me Sing My Rock'n'Roll*, produzido pelo Raul Rock Club. O álbum traz uma introdução e uma vinheta final inéditas, gravadas no estúdio Free em 1979, faixas raras de Raul lançadas em compactos e trilhas de novela. Com a tiragem limitada de mil cópias, é um dos itens mais procurados por fãs e colecionadores.

No fim de 1985, em novembro, Raul foi chamado para participar do evento Gil, 20 Anos-Luz, organizado por Waly Salomão. Foi uma semana de espetáculos no Anhembi, em São Paulo, celebrando dez anos de estrada de Gilberto Gil.

Poucas horas antes de sua participação, ninguém acreditava que Raul subiria mesmo no palco. Ele estava deitado no chão da coxia, passando mal. Quando surgiu no palco, porém, entrou rasgando com "Mamãe, eu não queria". Foi a última vez que cantou ao lado de Gil.

Ainda no mesmo ano, em dezembro, Raul topou dar uma entrevista para o programa *Rádio Matraca*, comandado por Laert Sarrumor, do Língua de Trapo, e pelo jornalista Ayrton Mugnaini Jr., na época veiculado pela rádio USP.

A entrevista, feita para um especial de Natal do programa, foi realizada na manhã de um sábado na nova casa de Raul, no Butantã. Laert e Ayrton chegaram às nove da manhã. Raul já estava bem calibrado, mas a conversa rendeu e foi usada em dois programas.

Além do papo, em que ele falou sobre a recente viagem aos garimpos amazônicos, Raul deu uma canja para o programa, cantando Elvis Presley ao lado de Lena. Gravação precária, realizada em um gravadorzinho bem simples.

Em outra conversa, realizada em 1987 para o mesmo programa, mas na rádio Rock 97 FM, ele admitiu, sem firulas, que o seu "Rock das aranha" é de fato uma cópia descarada de "Killer Diller", de Jimmy Breedlove, de 1955. "Meti a mão mesmo", disse o roqueiro.

Durante o tempo em que morou no Butantã, Raul teve um encontro com o percussionista Dinho Nascimento. Eles praticamente foram vizinhos.

Dinho conta que, quando vivia na Bahia, assistia aos shows do Raulzito e os Panteras no ginásio Antônio Balbino, em Salvador. Tinha 14 anos na época. "Eu trocava tampinhas por um ingresso, nem imaginava ainda ser músico", recorda o percussionista. Quando Dinho, já com sua primeira banda, a afro psicodélica Arembepe, passou pelo Rio para tentar a sorte, Raul também estava por lá, produzindo discos na CBS.

Ainda sem contato algum, os dois se encontravam sempre em uma padaria da avenida Vital Brasil durante o período em que Raul morou no Butantã.

Numa manhã de domingo, um amigo foi até a casa de Dinho e lhe contou que Raul estava no Morro do Querosene (nome popular da Vila Pirajussara, na região do Butantã) e gostaria de conhecê-lo. Eles se encontraram no bar do Alonso, aonde, aliás, ele iria mesmo para comprar leite, como fazia todos os dias. Eram umas nove horas da manhã. Raul estava por lá com Lena, tomando cerveja, os dois virados.

Dinho conhecia Lena da Bahia. Ele começou a conversar com o casal, mas foram importunados por um bebum que ficava tirando sarro, dizendo que não era o Raul coisa nenhuma. O percussionista teve de pôr o homem para correr.

Nesse dia Raul voltou a mencionar uma de suas histórias mais conhecidas, o encontro (fake) com Lennon, que ele tantas vezes insistiu que de fato havia acontecido.

Outro assunto da conversa foi o Rock in Rio. "Ele reclamou da falta de consideração, mas disse também que não participaria mesmo porque o cachê era uma mixaria", comenta Dinho.

Raul e Dinho voltaram a se encontrar junto com Miguel Cidras e chegaram a cogitar uma parceria, que não aconteceu.

Anos depois, Dinho teve a oportunidade de homenagear o roqueiro. Tocou berimbau na música "Mosca na sopa" com Nasi, ex-vocalista do Ira!, na edição de 2009 da Virada Cultural de São Paulo. Foi no palco Toca Raul, que marcava os dez anos da morte do artista.

Em fevereiro de 1986, Raul matutava sobre gravar uma fita em algum estúdio independente para apresentar às gravadoras na esperança de um contrato para lançar um novo trabalho. Com a ajuda de Wanderley Zan e Sylvio Passos, acabou fechando com a Copacabana.

A pequena gravadora paulista, que já havia gravado artistas como Ângela Maria, Maysa e Moacyr Franco, vivia seu auge na época e investia pesado em artistas da música sertaneja, mas se interessou em lançar um disco de Raul.

"Estou sentado em minha cama, tomando o meu café pra fumar..."

A gravação andou devagar, por causa dos problemas de saúde que Raul enfrentava. Parte do ano, aliás, ele passou na Clínica Tobias, em São Paulo, tentando se curar da dependência química de álcool e cocaína.

Internado na clínica, ele soube que três músicas já gravadas para o novo disco tinham sido vetadas pela censura, "Check-up", "Fazendo o que o diabo gosta" e "Não quero mais andar na contramão". Geralmente Raul não gravava faixas a mais. "Preparava o número de canções que teria no disco", conta o guitarrista Rick Ferreira, que visitou o músico na ocasião.

O guitarrista recorda que o encontro foi por volta das quatro da tarde, hora do lanchinho, e que Raul estava sentado na cama, tomando café. Eles falaram sobre as músicas presas na censura, e enquanto pensavam em como resolver a situação, o artista sugeriu fazer um blues. Rick rebateu: "Legal, mas você tem um blues?" Raul pegou o

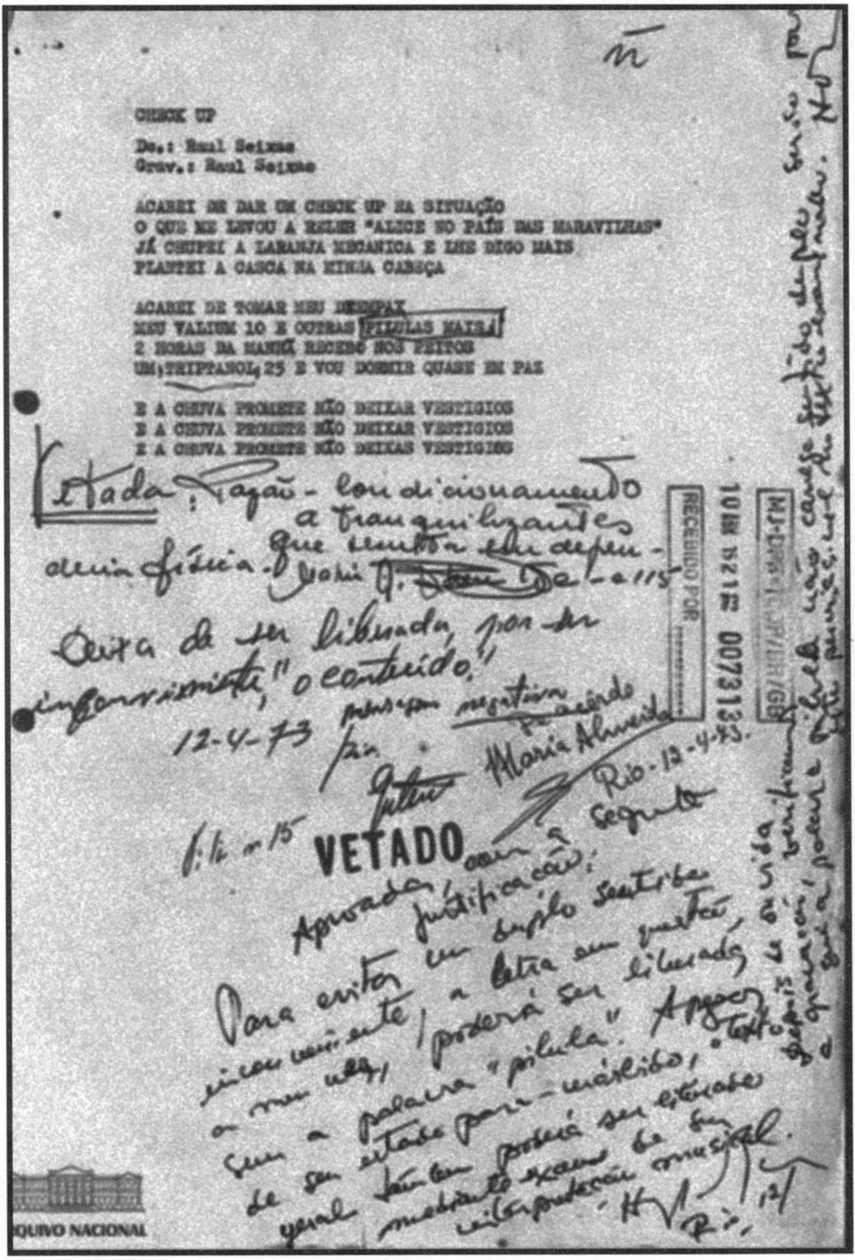

CHECK UP

De.: Raul Seixas
Grav.: Raul Seixas

ACABEI DE DAR UM CHECK UP NA SITUAÇÃO
O QUE ME LEVOU A RELER "ALICE NO PAÍS DAS MARAVILHAS"
JÁ CHUPEI A LARANJA MECANICA E LHE DIGO MAIS
PLANTEI A CASCA NA MINHA CABEÇA

ACABEI DE TOMAR MEU DIEMPAX
MEU VALIUM 10 E OUTRAS PILULAS MAIS
2 HORAS DA MANHÃ RECEBO NOS PEITOS
UM TRIPTANOL 25 E VOU DORMIR QUASE EM PAZ

E A CHUVA PROMETE NÃO DEIXAR VESTIGIOS
E A CHUVA PROMETE NÃO DEIXAR VESTIGIOS
E A CHUVA PROMETE NÃO DEIXAR VESTIGIOS

VETADO

Letra vetada da canção "Check-up".

violão que mantinha no quarto e começou a fazer um riff e a cantar: "Estou sentado em minha cama, tomando o meu café pra fumar..."

Rick comentou: "Porra, que música é essa? Está maneira pra cacete!" Raul respondeu que tinha acabado de ter a ideia. Mas o guitarrista, em vez de terminar a composição junto com ele, disse que estava cansadão e iria para o hotel. "Poderia ter entrado nessa parceria, mas burramente não fiz isso. Foi uma grande moscada na minha vida!", lamentou o guitarrista.

Por imbróglios como esse o álbum *Uah-Bap-Lu-Bap-Lah-Béin--Bum!*, que a Copacabana planejava lançar em 1986, só foi finalizado no ano seguinte, e lançado em julho de 1987.

O disco traz três parcerias de Raul com Claudio Roberto e Lena Coutinho, outras três com Claudio Roberto, uma canção de autoria de Raul e duas versões, uma em inglês da música "Gita" e outra do tango "Cambalache".

As músicas "Check-up", "Fazendo o que o diabo gosta" e "Não quero mais andar na contramão (No No Song)", como já foi dito, não entraram nesse álbum por terem sido vetadas pela censura. Raul diria em entrevistas que tinham sido "retiradas por fraqueza da gravadora".

Outra faixa importante do álbum é "Cowboy fora da lei", um grande sucesso. Foi incluída na trilha da novela *Brega & chique* e em um compacto duplo especial para vitrolas automáticas, junto a músicas de outros artistas do elenco da gravadora.

A canção também teve uma versão instrumental, lançada no LP *Karaokê — Sucesso total*, que traz uma estrofe da letra da música que não foi gravada no disco original, de uma versão anterior da canção.

Já tô de saco cheio dessa nova armação
Só muda o nome, o resto é tudo igual
E aonde quer que eu vá é sempre a mesma embromação
E a raça humana desse jeito se dá mal

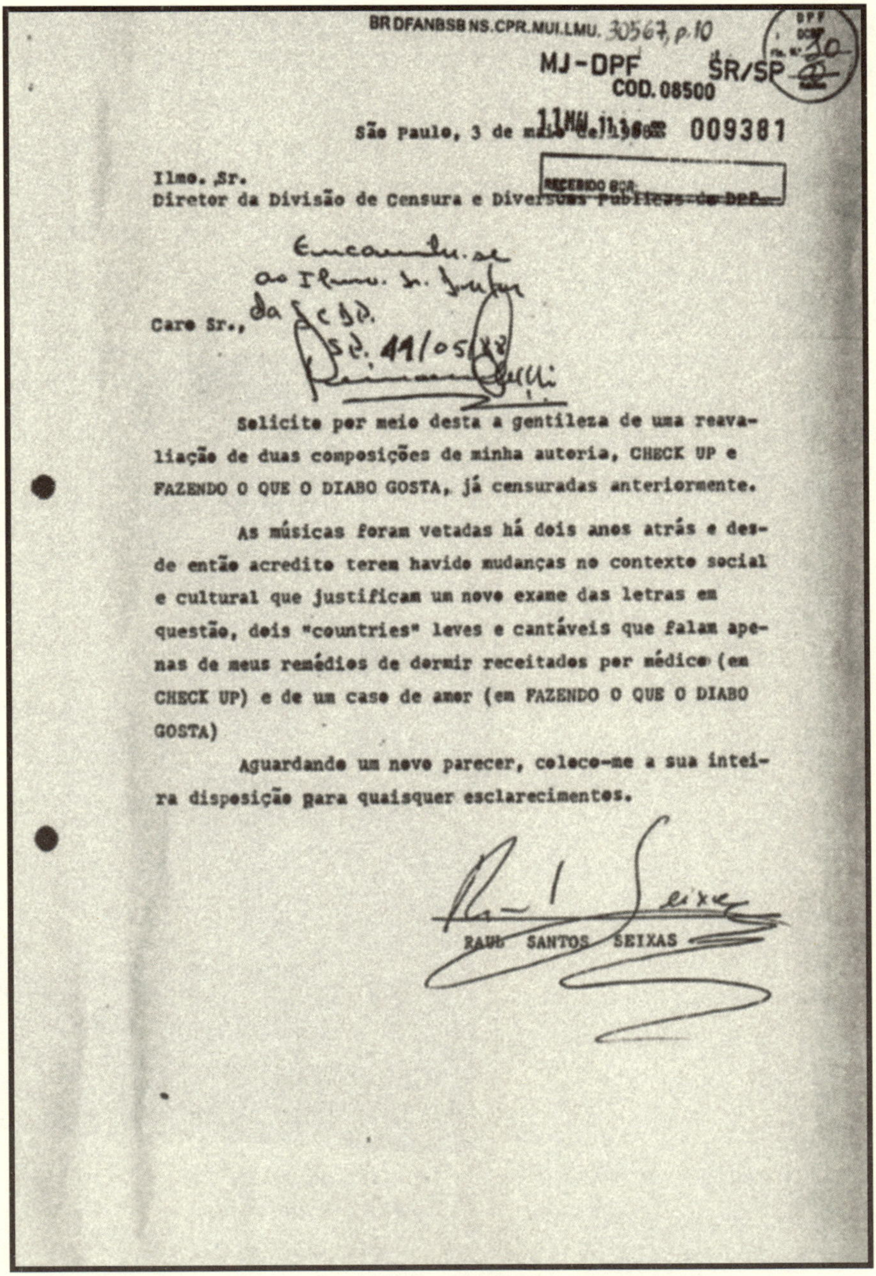

BR DFANBSB NS.CPR.MUI.LMU. 30567, p.10

MJ-DPF SR/SP

COD. 08500

009381

São Paulo, 3 de maio de 1988

Ilmo. Sr.
Diretor da Divisão de Censura e Diversões Públicas do DPF

Encaminhe-se ao Ilmo. Sr. Diretor da SCDP.
SP. 11/05/88

Caro Sr.,

Solicito por meio desta a gentileza de uma reavaliação de duas composições de minha autoria, CHECK UP e FAZENDO O QUE O DIABO GOSTA, já censuradas anteriormente.

As músicas foram vetadas há dois anos atrás e desde então acredito terem havido mudanças no contexto social e cultural que justificam um novo exame das letras em questão, dois "countries" leves e cantáveis que falam apenas de meus remédios de dormir receitados por médico (em CHECK UP) e de um caso de amor (em FAZENDO O QUE O DIABO GOSTA)

Aguardando um novo parecer, coloco-me a sua inteira disposição para quaisquer esclarecimentos.

RAUL SANTOS SEIXAS

Carta de Raul para a divisão de censura pedindo liberação de "Check-up".

Com o sucesso dessa música, que lhe rendeu o terceiro disco de ouro, o roqueiro voltou a aparecer em programas de TV. Chegou a gravar um videoclipe de "Cowboy fora da lei" para a TV Globo.

Também é dessa época a participação de Raul no LP *Duplo sentido,* da banda Camisa de Vênus, na faixa "Muita estrela, pouca constelação", que também foi lançada em um single 12 polegadas.

O último trabalho solo também saiu pela Copacabana. Entre fevereiro e agosto de 1988, Raul gravou o álbum *A pedra do gênesis.* O disco traz quatro músicas de sua autoria: "A lei", "Cavalos alados", "Areia da ampulheta" e a censurada "Check-up", liberada após modificações na letra.

Acervo Sylvio Passos

Foto usada na capa do álbum *A pedra do gênesis.*

A faixa-título, "Pedra do gênesis", é uma parceria com Lena Coutinho e José Roberto Abrahão.

Outras três canções foram compostas com Lena Coutinho, e uma delas é a versão "Não quero mais andar na contramão (No No Song)", que também havia sido vetada pela censura, além de "Fazendo o que o diabo gosta" e "Senhora dona persona".

O disco também traz uma parceria com Claudio Roberto e uma regravação de Zé do Norte e Zé Martins.

As músicas "Não quero mais andar na contramão (No No Song)" e "A lei" também foram lançadas em um LP single promocional.

As gravações foram realizadas em dois locais: no estúdio independente São Paulo, na capital paulista, e nos estúdios da gravadora Copacabana, em São Bernardo do Campo. O disco foi lançado no dia 22 de agosto de 1988, e as vendas foram baixíssimas.

No mesmo ano, de 1988, Raul recebeu a visita de Glória e da filha Scarlet, então com 12 anos. Elas estiveram com ele e Lena em São Paulo.

Durante a viagem para São Paulo, Glória conta que cantou por cerca de seis meses na lendária boate Stardust. Ela encontrava Raul com frequência, mas ele estava muito doente.

A última vez que estiveram juntos, almoçaram, depois dividiram um táxi até o apartamento em que Raul estava morando na Frei Caneca. Ele pediu para Glória voltar para ele, mas a filha, Scarlet, tinha um distúrbio sério na coluna, precisava de uma cirurgia, e elas tiveram que retornar aos Estados Unidos. "Ele saiu do táxi na rua e enquanto eu me distanciava, já bem longe, olhei para trás e vi Raul sozinho no meio da rua, apenas me observando ir embora."

"Eu sei que determinada rua que eu já passei
Não tornará a ouvir o som dos meus passos
Tem uma revista que eu guardo há muitos anos
E que nunca mais eu vou abrir"

("Canto para minha morte", de Raul Seixas e Paulo Coelho, faixa do álbum *Há 10 mil anos atrás*, lançado pela Philips em 1976.)

A canção "Canto para minha morte", composta por Raul e Paulo, foi inspirada no tango "Balada para un loco", do argentino Astor Piazzolla.

10 O SEGREDO DESTA VIDA

No final de 1988, o breve casamento com Lena Coutinho, que ia de mal a pior, foi para o ralo definitivamente. Na opinião do amigo Sylvio Passos, que andava bem por perto na época, dos relacionamentos de Raul aquele tinha sido o mais *trash*.

Depois da separação, mais uma vez era hora de levantar acampamento. O próximo — e último — destino era um pequeno apartamento no centro de São Paulo, no edifício Aliança, na rua Frei Caneca, 1.100.

Raul já conhecia o prédio de uma fuga breve em 1983 e de outras situações. O edifício alugava convenientes apartamentos mobiliados, o chamado apart-hotel.

No dia da mudança, os amigos Sylvio Passos e Marcelo Nova foram dar uma força para o Maluco Beleza. Com apenas um carro de passeio, tiveram de fazer várias viagens da rua Coronel Palimércio de Resende até a Frei Caneca.

O vaivém não podia dar em outra coisa. Saiu música. Numa das últimas viagens, no elevador do edifício Aliança, Raul se deu conta de que faltava algo. "Porra, cadê meu videocassete, bicho?"

A rua no Butantã era pacata, sem saída, e a casa passava um bom tempo vazia, mas bem em frente à porta de Raul havia uma guarita. De dentro dela, o vigia viu o que aconteceu e esclareceu o sumiço: "Dona Lena veio aí e saiu com umas coisas." Ainda no elevador do edifício Aliança, Raul e Marcelo começam a compor "Você roubou o meu videocassete".

Você roubou meu videocassete
Pensando que eu fosse o controle remoto

Pra frente e pra trás só na sua cabeça
E antes que eu me esqueça
"Honey darling"
É melhor desligar

Desde a primeira parceria, em 1987, a já citada "Muita estrela, pouca constelação", Raul e Marcelo começaram a frequentar um a casa do outro. E assim, de forma espontânea, sem obedecer a nenhum critério, começaram a surgir as canções do disco *Panela do diabo*. A inspiração no dia da mudança, dentro do elevador, é só um exemplo.

Também roqueiro e baiano, Marcelo era fã de Raul desde os shows dos Panteras, aos quais assistiu várias vezes em Salvador. Os dois se conheceram em um show da banda Camisa de Vênus em 1984 no Circo Voador, espaço cultural histórico localizado no não menos badalado bairro da Lapa, no Rio.

Quem os apresentou foi Maria Juçá, produtora que até hoje dirige o Circo Voador.

Quando soube, por Maria, que Raul Seixas estaria no show e queria conhecê-lo, Marcelo achou engraçado: "Ah, Juçá, vai contar essa pra outro, entendeu? Raul ironiza todo mundo, é sarcástico com todo mundo. Por que ele viria aqui?"

Ledo engano. Meia hora antes de o show começar, quem chegou ao camarim? Raul Seixas, acompanhado de Kika, que na ocasião ainda estava casada com o artista. Os dois artistas conversaram um pouco, Raul foi convidado a dar uma canja e topou. No palco do Circo Voador, tocaram de improviso uma penca de clássicos do rock.

No ano seguinte, 1985, Marcelo retribuiu o gesto: foi ver um show de Raul em São Paulo, na danceteria Raio Laser, em Moema. Essa casa noturna fez história no circuito *underground* durante a década de 1980.

Nesse dia trocaram telefone e endereço e umas duas semanas depois, num domingo de manhã, por volta das onze horas, toca a campainha do apartamento de Marcelo. Era o casal Raul e sua última esposa, Lena, acompanhados do guitarrista Tony Osanah e de sua mulher.

Depois da visita-surpresa, a amizade entre eles cresceu. "Independia de show ou de composições ou seja lá o que for. Nós saíamos por aí para nos divertir."

A parceria começou a ganhar substância quando Raul e Marcelo iniciaram, também meio que por acaso, uma turnê no final de 1988. Raul passava mais uma temporada na Bahia, e reclamou com o amigo, que também estava por lá, de seus problemas de saúde e da crise financeira que enfrentava, por causa da baixa vendagem de seu último disco e do fim do contrato com a gravadora Copacabana.

Marcelo, que tinha um show agendado na Concha Acústica do Teatro Castro Alves para 18 de setembro daquele ano, chamou o amigo para dividir palco e cachê.

Raul ficou em dúvida: estava fora de forma, não subia nos palcos desde dezembro de 1985. Mas Marcelo tratou de levantar a bola do amigo: "Quem é rei nunca perde a majestade." O show foi um baita sucesso e acabou virando a turnê Anestesia.

No começo, sem mídia nenhuma, as apresentações reuniam duzentas ou trezentas pessoas, conta Marcelo. A ideia da dupla era mesmo estabelecer um trabalho totalmente independente, sem entrevistas para a TV, jornais e revistas.

"Sim, jornais e revistas vendiam naquela época", cutuca o último parceiro de Raul. O fato é que gradualmente o público foi crescendo para quatrocentas pessoas, e de repente os dois se viram tocando para 10 mil pessoas. E aí a mídia, que até então não tinha dado trela para a turnê Anestesia, começou a pedir entrevistas. "Queriam exclusivas e o escambau", relembra Marcelo.

Mas os roqueiros baianos não precisavam mais disso, e combinaram de não dar entrevista nenhuma. Era uma forma de dizer "Agora vão procurar outra coisa pra fazer", em resposta ao descaso que tinham recebido da imprensa no início da turnê.

Nessa fase, novas parcerias musicais começaram a surgir. A primeira canção a sair da tal panela encapetada foi "Rock and Roll". Segundo Marcelo, "traduzia as afinidades em relação a este gênero musical".

Há muito tempo atrás, na velha Bahia
Eu imitava Little Richard e me contorcia
As pessoas se afastavam pensando
que eu tava tendo um ataque de epilepsia

Eles queriam fazer um disco de rock'n'roll, porque percebiam com muita frequência compositores e intérpretes do chamado "rock brasileiro" se justificando, quase que pedindo desculpas: "Ah, nós fazemos rock, mas adoramos MPB, nós adoramos fulano, sicrano."

A ideia de Raul e Marcelo era ir na contramão dessa falácia, ou seja, trabalhar com o som que curtiam desde crianças. "Não tinha por que ficarmos dando desculpa por fazermos o que nós gostávamos de fazer", observa o ex-vocalista do Camisa de Vênus.

Nesse aspecto, ele afirma terem sido individualistas. Sem dar bola para as críticas e sonoridades alheias, decidiram fazer um disco com o som de que gostavam, rock 'n' roll, claro. E assim os contornos do novo álbum começaram a surgir.

É óbvio que o sucesso crescente da turnê não chamou só a atenção da mídia. André Midani estava atento a tudo e, esperto como poucos, logo chamou a dupla para gravar um disco pela Warner.

O contrato assinado por Raul e Marcelo foi para um único álbum, explica Marcelo. "Não havia nem da parte dele nem da minha uma ideia ou projeto de fazer outro disco."

Se Raul não tivesse falecido, a turnê iria até dezembro daquele ano, prossegue o músico. "Depois iríamos seguir nossos caminhos individuais, como sempre. Não éramos uma dupla sertaneja, então não havia nenhum plano de seguir com outro disco", complementa Marcelo.

Raul repassa seus abusos, suas perdas e seus deslizes em "Banquete de lixo".

Celebrando a amizade e o sucesso da turnê programada para terminar no fim de 1989, contrato assinado com a gravadora, a dupla começou a acelerar o processo de composição, que, segundo Marcelo, acontecia a quatro mãos. "Eu fazia uma parte do texto, ele complementava ou vice-versa. Musicalmente também."

Uma exceção foi "Século XXI". Marcelo fez a letra inteira e Raul o arranjo. Para deixar claro que não eram uma nova dupla sertaneja, combinaram que o disco, com dez canções, teria uma composição individual de cada um.

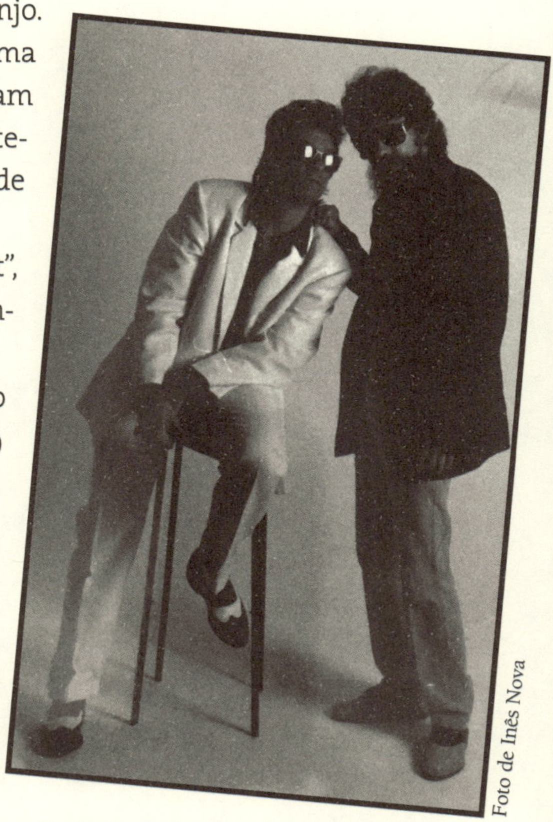
Foto de Inês Nova

Raul Seixas e Marcelo Nova em ensaio de fotos para o álbum *A panela do diabo.*

As duas não parcerias são "Nuit", composição de Raul e Kika, e "Quando eu morri", só de Marcelo.

O álbum foi gravado ao longo do mês de maio e lançado em 19 de agosto de 1989, mas a música "Carpinteiro do universo" foi lançada primeiro em um LP single, em junho do mesmo ano.

Outro disco single foi lançado, com "Pastor João e a igreja invisível", ainda em 1989. Raul e Marcelo ainda participaram do álbum *Estúdio Transamérica ao vivo FM 100,1*, com uma versão ao vivo de "Rock das aranha", no mesmo ano. Em 1990, foi relançado com o título *Estúdio Transamérica*.

O álbum *Panela do diabo* traz oito parcerias de Raul Seixas e Marcelo Nova e uma regravação de "Be-bop-a-lula", de Gene Vincent e Bill "Sheriff Tex" Davis.

Drogas, morte e derrota são temas que aparecem repetidas vezes nas letras das canções do disco. Raul repassa seus abusos, suas perdas e seus deslizes em "Banquete de lixo", enquanto Marcelo lembra das *bad trips* em "Quando eu morri".

Em "Nuit", Raul volta à obra de Crowley. O nome da faixa é de uma deusa egípcia que aparece em *O livro da lei*, que o mago inglês escreveu em 1904. Mas a morte que aparece na canção é de um trecho de *As dores do mundo*, de Schopenhauer ("Quão longa é a noite do tempo sem limites, comparada ao sonho curto da vida").

E quão longa é a noite
A noite eterna do tempo
Se comparada
ao curto sonho da vida

Enquanto preparavam o novo álbum, Raul e Marcelo começaram mais uma turnê. No total, foram cinquenta shows por todo o país. Também voltam a aparecer na TV e em rádios. Estiveram no programa do Jô Soares, no do Faustão, e prometiam um disco com muito rock da pesada.

Durante um dos shows, no Rio, em 1989, Marcelo decidiu fazer uma surpresa para Raul. Ligou para Paulo Coelho, que já fazia sucesso como escritor com *O diário de um mago*, e convidou o ex-letrista para cantar uma música com eles no palco do Canecão.

Sem saber qual canção acompanharia, Paulo aceitou o convite. Chegando lá, teve que encarar "Sociedade Alternativa". Paulo garante só ter ido até o "faz o que tu queres" — porque as ideias do guru Crowley remetem a um passado que ele não gosta nada de lembrar. O show aconteceu no dia 21 de abril de 1989 e atraiu uma multidão. Foi a última vez que os dois estiveram juntos.

Pouco antes de outra apresentação, em Santa Bárbara d'Oeste, pequena cidade do interior paulista, a dupla encontrou o título do disco que fariam juntos. Eles souberam que evangélicos estavam distribuindo panfletos sobre eles na região. O texto não tinha a ver com o show que fariam, mas denunciava uma suposta ligação entre eles e o coisa-ruim. Não tiveram dúvida. Foi um toque para o nome do disco, *Panela do diabo*.

A turnê seguiu até 13 de agosto de 1989. O derradeiro show foi em Brasília, no Ginásio Nilson Nelson. Os dois amigos se viram pela última vez três dias depois, no dia do aniversário de Marcelo, 16 de agosto.

As apresentações teriam uma pausa no fim de semana, e Raul pediu que Marcelo passasse em sua casa para comemorar seu aniversário.

O músico chegou à Frei Caneca e não encontrava lugar para estacionar o carro. Raul então gritou da janela: "Pera aí que eu vou descer!" E como estava foi, de pijama e sapato, até o meio da rua para dar um (último) forte abraço no amigo Marceleza.

Cinco dias depois, Marcelo recebeu uma ligação desesperada de Dalva, empregada de Raul, pedindo que ele fosse até lá porque achava que Raul estava morto.

Às sete da manhã do dia 21 de agosto de 1989, Dalva entrou no quarto de Raul para abrir a janela, como sempre fazia. O roqueiro estava na cama, coberto com um lençol até a altura do peito. Dalva deu uma olhada para ele e saiu para cuidar das suas tarefas.

A moça estranhou o fato de Raul não ter acordado — geralmente bastava um ruído para ele se levantar. Preocupada, foi vê-lo de novo e o encontrou do mesmo jeito, na mesma posição. Foi aí que percebeu que ele estava morto.

Desesperada, Dalva ligou para os amigos do patrão, Marcelo Nova e Jerry Adriani, mas ninguém atendeu. O primeiro com quem conseguiu falar foi José Roberto Romeira Abrahão, o "Zé Roberto", grande amigo do Raul dos tempos do Butantã, parceiro na canção "Pedra do gênesis" e para quem foi dedicada a música "Carpinteiro do universo".

Abrahão lembra que estava no banho, por volta das nove da manhã, quando ouviu a secretária eletrônica desligando. Era Dalva. Ele retornou, ouviu o que tinha acontecido e, sem acreditar, pediu a ela que colocasse um espelho perto das narinas de Raul, para ver se ele ainda respirava. Ela fez isso e voltou dizendo que não.

Foi Abrahão quem ligou para o médico Luciano Stancka. Junto com ele e Marcelo Nova, foi para o apartamento de Raul. O médico constatou que ele estava mesmo morto, provavelmente desde as cinco da manhã.

Marcelo conta que o amigo parecia tranquilo, como se estivesse dormindo. Usava o mesmo pijama listrado de cinco dias antes, data do último abraço na rua Frei Caneca. Abrahão acrescenta que o inchaço que marcara o rosto de Raul pelos últimos anos havia desaparecido. Foi ele quem avisou o irmão, Plínio, e os pais, Maria Eugênia e Raul Varella, que tinham estado em São Paulo para visitar o filho fazia 15 dias.

A mãe comentou depois que ficou abalada por ver o estado de Raul na última visita, e tentou convencê-lo a ir para a Bahia e que ficasse sob seus cuidados, mas o roqueiro não quis; disse que ela já estava muito ocupada com os problemas de saúde que seu Raul Varella vinha enfrentando.

A notícia da morte de Raul Seixas foi divulgada na tarde daquela segunda-feira. Raul morreu vítima de uma parada cardíaca e respiratória causada por hipoglicemia.

Na semana anterior, depois do show em Brasília, Sylvio Passos tinha dado uma passadinha na casa do amigo só para vê-lo. Além de cuidar do fã-clube de Raul, ele trabalhava como vendedor. A visita ao apartamentinho na Frei Caneca aconteceu depois do expediente.

Raul estava lá, "coçando o saco", como descreve Sylvio, assistindo a um VHS de Elvis Presley. Era um filme em preto e branco de 1956.

Era esse o Elvis de que ele gostava e não o hollywoodiano, que depois dominou a cena e ganhou os holofotes.

Sylvio chegou, se ajeitou no sofá e ficou lá vendo o filme com Raul. Silêncio absoluto entre eles, que não precisavam dizer nada. Elvis requebrou na tela da TV por cerca de uma hora.

Pouco antes de a fita terminar, Sylvio olhou para o relógio e se lembrou de que era casado: "Raul, tenho que ir embora, veio. Se não, minha mulher vai me encher de porrada."

Raul o acompanhou até a porta. Quando Sylvio estava para entrar no elevador, viu o amigo pela última vez, só com a cara para fora do apartamento, e o ouviu gritar: "Sylvícola, essa foi a melhor conversa que nós tivemos na nossa vida toda!"

O próximo show da turnê do *Panela do diabo* aconteceria só na outra semana, no Rio. Raul estava com o fim de semana praticamente livre, com exceção de um compromisso: a gravação de uma matéria para o *Globo Repórter* na casa de Sylvio no domingo, dia 20. A pauta era o fã-clube e a ressurreição do Maluco Beleza, que, esquecido pela mídia, andava lotando shows por todo o país ao lado de Marcelo Nova.

O jornalista Ernesto Paglia foi até lá para fazer a reportagem. A produção reuniu dezenas de fãs de Raul na casa de Sylvio, inclusive um que nunca tinha visto o ídolo de perto. Remexeram no baú de relíquias raul-seixistas que o fã guarda até hoje a sete chaves. Lembranças do arco da velha, como uma foto do casamento da avó de Raul, outra da mãe do roqueiro recém-nascida e até uma fronha do travesseiro que Raul ganhou de presente. Essa peça, aliás, exibe uma ilustração no mínimo curiosa, uma gigantesca mosca sobre um prato de sopa, e a frase "eu sou a mosca que pousou em sua sopa".

Acervo Sylvio Passos

Fronha de travesseiro que Raul ganhou da empresa Santista em homenagem ao sucesso da música "Mosca na sopa".

Lembranças de todos os tipos foram mostradas na reportagem, como a famosa capa de bruxo que Raul usou no programa de Silvio Santos. Coisa de maluco, comentou o jornalista Ernesto. Só que o Maluco Beleza em carne e osso estava de saco cheio e não apareceu para gravar a matéria. E não apareceria nunca mais. Não em vida.

Sua última aparição foi no dia seguinte, no velório, realizado no Palácio das Convenções do Anhembi durante a madrugada de segunda para terça-feira. Milhares de jovens apareceram vindos de todos os bairros, muitos da periferia. Camisas estampavam o rosto do pai do rock brasileiro, cartazes eram exibidos com mensagens de despedida, capas de discos em punho. Todos queriam dar adeus ao Maluco Beleza.

Raul repousava num caixão marrom. Através da tampa de vidro era possível ver uma expressão sofrida. Mas estamos falando de Raul Seixas, e é claro que as coisas não seguiram o protocolo dessas ocasiões. Já no velório, em São Paulo, as coisas ficaram muito loucas.

Um rapaz quis beijar o rosto do ídolo e caiu sobre o vidro, que ficou trincado. As músicas de Raul eram entoadas por centenas de pessoas com paixão e fúria, acompanhadas por violões tocados pelos fãs. Montes de sósias do Maluco Beleza se misturavam à multidão.

Poucos artistas foram vistos no Anhembi, segundo reportagens da época. Marcelo Nova explicou o fato à imprensa: "Nós não éramos do 'in' do showbiz." O maestro e empresário Miguel Cidras também esteve no velório.

Perto de amanhecer, a situação ficou mais tensa. Enquanto ave-marias se misturavam à canção "Metamorfose ambulante", garotas se agarravam ao caixão, tentando impedir que ele fosse tirado do salão. O relato é do jornalista Marcos Faerman, publicado no jornal *Zero Hora*.

O corpo de Raul foi conduzido em um carro de bombeiros até o aeroporto de Congonhas, que teve vidraças quebradas por uma multidão de fãs enlouquecidos. De lá, foi levado de táxi-aéreo para a Bahia, para ser sepultado no Cemitério Jardim da Saudade, em Salvador, onde nasceu. Mas não sem muita confusão.

Durante a missa realizada antes do enterro, a igreja do cemitério, àquela altura lotada feito um show de rock, foi invadida por mais ou menos uma centena de malucos, todos gritando "Viva, viva, viva a Sociedade Alternativa!".

O grupo entrou correndo e foi direto para cima do corpo de Raul, a fim de resgatá-lo. Sim, é isso mesmo. Queriam roubar o caixão de Raul Seixas, e tentaram fazer isso carregando o caixão nos ombros. "Era uma multidão enlouquecida. Os malucos sacudiam o caixão. Dava para ouvir o barulho do corpo de Raul batendo lá dentro", contou Marcelo Nova, em depoimento publicado no livro *O galope do tempo*, do jornalista André Barcinski.

Marcelo deu a maior bronca nos malucos: "Caralho, que merda é essa? Onde é que vocês pensam que estão indo? Porra, esse cara que tá aí dentro é o Raul. Vocês estão querendo fazer brincadeira com ele?"

Foi então que um dos líderes da massa se tocou do absurdo que estavam fazendo: "Espera aê. Marceleza tem razão mesmo. Porra, nós viemos aqui pra honrar o cara, não é pra fazer festa, não!"

Segundo Marcelo, foi esse líder do bando que salvou o dia, botou a bola no chão e acalmou a massa. A galera estava mesmo bem louca e queria de qualquer jeito levar o corpo de Raul para passear, beber, fumar maconha. O músico relatou que eles gritavam "Raul não morreu! Ele tá vivo! Vamos levar ele pra tomar uma!".

"Todos ficaram em estado de choque, inclusive eu", admitiu Marcelo. Ele contou também que dona Eugênia assistia a tudo resignada, dizendo: "Se ele pudesse ver isso, ia adorar!"

Contornada a confusão dentro da igreja, levar o caixão de Raul para o túmulo foi outra cena de filme surrealista. Mais doses de rock 'n' roll e confusão. Fãs se jogavam no meio do caminho gritando "Não enterrem Raulzito!".

Em meio a muita discussão, empurra-empurra, chiadeira, broncas, palavras de ordem e esporros, Raul Seixas foi sepultado no dia 22 de agosto de 1989, às cinco da tarde.

Se a morte veio vestida de cetim, nunca saberemos. Somente ele, também, poderia nos contar se, após atravessar a ponte estreita, aquela pela qual um dia todos vamos passar, lhe foi enfim revelado o segredo desta vida. Crenças místicas e religiosas à parte, aqui, deste lado, o que fica é a certeza de que, após sua morte, no dia 21 de agosto de 1989, Raul Seixas se tornou um mito.

Para os fãs ficou a saudade do Maluco Beleza, mas também seu principal legado: um cancioneiro tão imenso quanto rico. O último álbum *A panela do Diabo*, em parceria com Marcelo Nova, vendeu mais de 150 mil cópias no ano do lançamento e rendeu um disco de ouro, que foi entregue à família.

Por fim, como me disse outro dia Marcelo Nova: "Do outro lado de cá, Raulzito, um abraço, meu veio."

Foto de Rui Mendes

Raul em 1987, em sua casa no Butantã, São Paulo, com seu primeiro violão, sentado no famoso baú. Na parede: Chuck Berry, Everly Brothers, Eddie Cochran, Little Richard, Gene Vincent e Buddy Holly.

DISCOGRAFIA ATUALIZADA

Dezembro de 1967 – *Música e alegria Kolynos* (Odeon)
Janeiro de 1968 – *Raulzito e os Panteras* (Odeon)
Julho de 1971 – *Sociedade da Grã-Ordem Kavernista apresenta Sessão das 10* (CBS)
Maio de 1973 – *Os 24 maiores sucessos da era do rock* (Polyfar)
Junho de 1973 – *Krig-ha, Bandolo!* (Philips)
Junho de 1974 – *Gita* (Philips)
Novembro de 1974 – *O rebu* (Som Livre)
Março de 1975 – *Hollywood Rock* (Polydor)
Junho de 1975 – *20 anos de Rock* (Philips)
Novembro de 1975 – *Novo Aeon* (Philips)
Dezembro de 1976 – *Há dez mil anos atrás* (Philips)
Outubro de 1977 – *Raul Rock Seixas* (Fontana)
Outubro de 1977 – *O dia em que a Terra parou* (Warner)
Novembro de 1978 – *Mata virgem* (Warner)
Outubro de1979 – *Por quem os sinos dobram* (Warner)
Outubro de 1980 – *Abre-te Sésamo* (CBS)
Abril de 1983 – *Raul Seixas* (Estúdio Eldorado)
Junho de 1984 – *Raul Seixas ao vivo* (Estúdio Eldorado)
Junho de 1984 – *Metrô linha 743* (Som Livre)
Maio de 1985 – *Let Me Sing My Rock 'n' Roll* (Raul Rock Club)
Julho de 1987 – *Uah-bap-lu-bap-lah-béin-bum!* (Copacabana)
22 de agosto de 1988 – *A pedra do Gênesis* (Copacabana)
19 de agosto de 1989 – *A panela do diabo* (WEA)
Dezembro de 1991 – *Eu, Raul Seixas* (Philips)
Agosto de 1992 – *O baú do Raul* (Philips)
Agosto de 1993 – *Raul vivo* (Estúdio Eldorado)
Outubro de 1994 – *Se o rádio não toca* (Estúdio Eldorado)
Maio de 1998 – *Documento* (MZA)
2013 – *Geração da luz – Clássicos de Raul Seixas metamorfoseados* (Warner)
2014 – *Eu não sou hippie* (Estúdio Eldorado)
2014 – *Isto aqui não é Woodstock, mas um dia pode ser* (Estúdio Eldorado)
2015 – *O último toca Raul – ao vivo no Esporte Clube Pinheiros 1984* (Survivor Music)
2015 – *Direitos Humanos no banquete dos mendigos* (Descobertas)

BIBLIOGRAFIA

Afonso, Luis e Siqueira, Sérgio. *Anos 70 Bahia*. Salvador: Editora Corrupio, 2017.

Alonso, Gustavo. *Quem não tem swing morre com a boca cheia de formiga: Wilson Simonal e os limites de uma memória tropical*. Rio de Janeiro: Record, 2011.

Bahiana, Ana Maria. *Almanaque 1964*. São Paulo: Companhia das Letras, 2014.

Bahiana, Ana Maria. *Almanaque anos 70*. Rio de Janeiro: Ediouro, 2006.

Barcinski, André. *Pavões misteriosos 1974-1983: A explosão da música pop no Brasil*. São Paulo: Três Estrelas, 2014.

Benvenuti, Nenê. *Os incríveis anos 60-70*. São Paulo: Novo Século Editora, 2009.

Carrière, Jean- Claude, *O Mahabharata*. São Paulo: Editora Brasiliense.

Crowley, Aleister. *O livro da lei: liber Al vel legis*. São Paulo: Editora Campus, 2017.

Junior, Walter Casagrande. *Casagrande e seus demônios*. São Paulo: Globo, 2013.

Davies, Hunter. *As letras dos Beatles*. São Paulo: Planeta, 2016.

Gama, Thildo. *Raul Seixas: Entrevistas e depoimentos*. Thildo Gama, organização. São Paulo: Pen Comércio e Comunicações, 1997.

Marmo, Hérica. *A canção do mago: A trajetória musical de Paulo Coelho*. São Paulo: Futuro Comunicação, 2007.

Mazzola, Marco. *Ouvindo estrelas*. São Paulo: Planeta, 2007.

Mírio, Leonardo. *Raul Seixas e o eco de suas palavras*. São Paulo: produção independente, 2017.

Mírio, Leonardo. *Raul nosso de cada um*. São Paulo: produção independente, 2016.

Midani, André. *Do vinil ao download*. Rio de Janeiro: Nova Fronteira, 2015.

Moraes, Nelson. *Um roqueiro no Além; pelo espírito Zílio*. São Paulo: Editora Aulus, 1998.

Monteiro, Denilson. *Dez! Nota dez! Eu sou Carlos Imperial*. São Paulo: Planeta, 2015.

Motta, Nelson. *Noites tropicais: Solos, improvisos e memórias musicais*. Rio de Janeiro: Objetiva, 2001.

Motta, Nelson. *Vale tudo: O som e a fúria de Tim Maia*. Rio de Janeiro: Objetiva, 2007.

Muggiati, Roberto. *Blues: da lama à fama*. Rio de Janeiro: Editora 34, 1995.

Mugnaini Jr., Ayrton. *Raul Seixas. Eu quero é cantar por cantar*. São Paulo: Nova Sampa Editora, 1993.

Passos, Sylvio. *Raul Seixas por ele mesmo*. São Paulo: Martin Claret Editores, 1990.

Passos, Sylvio; Buda, Toninho. *Raul Seixas, uma antologia*. São Paulo: Martin Claret Editores.

Seixas, Raul. *O baú do Raul revirado*. Organização e apresentação de Sílvio Essinger. Rio de Janeiro: Ediouro, 2005.

Soares de Souza, Isaac. *Raul Rock Seixas Brega – A música brega de Raul Seixas*. São Paulo: Novo Aéon Publications, 1996.

Thompson, Hunter. *Medo e delírio em Las Vegas: Uma viagem selvagem ao coração do sonho americano*. São Paulo: Conrad, 2007.

Teixeira, Rosana da Câmara. *Krig-ha, bandolo!: Cuidado, aí vem Raul Seixas*. Rio de Janeiro: 7Letras, 2008.

Terra, Renato. *Uma noite em 67*. São Paulo: Planeta, 2013.

Veloso, Caetano. *Verdade tropical*. São Paulo: Companhia das Letras, 1997.

AGRADECIMENTOS

Meu primeiro agradecimento vai para Raul Seixas, por suas experimentações musicais e filosóficas. A Vivi Seixas, sua filha, pela colaboração na pesquisa em vários momentos do processo de produção deste livro e à sua mãe, Kika Seixas, por compartilhar comigo parte de sua história com Raul e pelo apoio no início do projeto.

Sou grato também ao fundador do Raul Rock Club, Sylvio Passos, que inúmeras vezes me atendeu.

À minha filha, Clara Nana, agradeço pela parceria e gigantesca colaboração na produção deste livro. A Paula Nogueira, pelas contribuições na pesquisa. E ao amigo Eduardo Fahl, que me ajudou a revirar parte das canções censuradas.

Sou grato à amiga Silvia Buarque, que topou sondar com seu pai, Chico Buarque, sobre a saudosa era dos festivais de música, a treta entre o rock e a MPB e a marcha contra a guitarra, na qual o músico e compositor garantiu que não esteve presente.

Agradeço também ao documentarista Thiago Mattar, diretor do filme *O barato de Iacanga*, por sua contribuição com informações preciosas sobre as passagens de Raul Seixas pelo histórico Festival de Águas Claras. Para esse capítulo também foram valorosas as contribuições de Laert Sarrumor e Sérgio Gama (ambos do Língua de Trapo).

Um agradecimento especial também ao colecionador e historiador em formação Junior Oliveira, pelo plantão *full time* para dúvidas sobre os discos e as canções. Ele simplesmente tem todos os vinis, dos compactos mais raros aos bolachões mais improváveis.

Aliás, ele e os amigos colecionadores raul-seixistas, Amerinei Ferreira, de Abaetetuba (PA), Nivaldo Rodrigues, de Catanduva (SP) e Rafael Galfano, de São Paulo (SP) estão por trás da discografia publicada neste livro.

Por uma boa dose de incentivo para esse projeto agradeço ao amigo e produtor cultural Edson Lima, do projeto *O autor na praça*. Foi ele quem trouxe para o livro o Maluco Beleza dos gramados: Casagrande.

Agradeço também à equipe editorial da BestSeller, Raissa, Rayana e Emanoelle, pela paciência e empenho nas tantas idas e vindas de textos e imagens durante a produção deste livro.

Meu muito obrigado também a Rodrigo Lopes, mestre em Bahia do século XIX e professor de História da América da Universidade do Estado da Bahia, que ajudou um bocado com informações sobre a presença norte-americana em Salvador no início do século passado.

Não menos valorosas foram as conversas raul-seixísticas com meu filho, Guilherme Lucca, e com o parceiro Fidel Dias.

Fica também registrada aqui minha gratidão a todos que colaboraram de alguma forma com esta biografia: Alexandre Agra, André Barcinski, Ayrton Mugnaini Jr., Beto Sodré, Bruno Lustosa, Cacá Goes, Carlos Eládio, Carleba, Claudio Roberto, Christiano Garcia, Cristina Villares, Dinho Nascimento, Edson Lima, Edy Star, Flavia Vasconcelos, Franco de Rosa, Fred Cesquim, Gabriela Mousse, Gato Félix, Gloria Vaquer, Guilherme Leme Garcia, Gustavo Machado, Isaac Souza Soares, Inês Nova, Jay Vaquer, Judy Spencer, Junior Oliveira, Lena Coutinho, Leonardo Mírio, Luís Cláudio Garrido, Marcelo Nova, Marcia Melo, Marcia Zanelatto, Marco Mazzola, Margarida Neide, Maycol Zorgete, Paulinho Moska, Paulo Grafitti, Pedro e Alice Granato, Plínio Seixas, Ricardo Barros, Rick Ferreira, Rodrigo Lopes, Rosana da Camara, Rui Mendes, Scarlet Seixas, Simone Seixas, Stephany Brum, Tânia Menna, Tiago Bittencourt, Tony Osanah e Walter Casagrande.

Este livro foi composto na tipologia The Serif Light em corpo 11/16,
e impresso em papel Pólen Soft 80g/m² na gráfica Stamppa.